U0682480

证券市场操作一点通

孙 朦◎编著

中国文史出版社

图书在版编目（CIP）数据

证券市场操作一点通 / 孙朦编著. -- 北京：中国文史出版社，2013.5
ISBN 978-7-5034-3984-1

Ⅰ. ①证… Ⅱ. ①孙… Ⅲ. ①证券市场－基本知识 Ⅳ. ①F830.91

中国版本图书馆 CIP 数据核字(2013)第 083610 号

责任编辑：刘　夏
封面设计：昇昇设计

出版发行：中国文史出版社
网　　址：www.wenshipress.com
社　　址：北京市西城区太平桥大街 23 号　邮编：100811
电　　话：010-66173572　66168268　66192736（发行部）
传　　真：010-66192703
印　　装：北京毅峰迅捷印刷有限公司
经　　销：全国新华书店
开　　本：787 毫米×1092 毫米　1/16
印　　张：21.25
字　　数：220 千字
版　　次：2013 年 9 月北京第 1 版
印　　次：2013 年 9 月第 1 次印刷
定　　价：38.00 元

文史版图书，版权所有，侵权必究。
文史版图书，印装错误可与发行部联系退换。

前 言

截至2011年年底，我国沪、深证券交易所开户数已达1.35亿户，证券投资已经成为我国经济生活的一个重要组成部分。

在当今世界经济舞台上，一个比较显著的现象就是资本市场在各国国民经济中的地位和作用日益显现。相对而言，资本市场所提供的直接融资方式具有优化资源配置、分散经营风险、高效传递信息和参与公司治理等优势，因而能极大地激发经济活力、提升整个国民经济运行效率。在英美等主要发达国家，资本市场规模与国内生产总值（GDP）之比早已经超过了100%。可以毫不夸张地说，没有发达的资本市场体系，就不可能有当今世界的经济成就。

在资本市场的参与者当中，机构投资者的发展及其表现越来越成为人们关注的焦点。在发达国家，资本市场甚至被认为已经进入了机构投资者时代。

证券投资基金，作为机构投资者的典型代表，它脱胎于资本市场并且主要活动于资本市场，其发展深受资本市场的影响。虽然不过百余年的历史，然而其以高速的发展速度至今已经形成了一个相对独立的子系统，在资本市场中的地位越来越重要，产生的影响也越来越大。在当今绝大多数国家中，资本市场与证券投资基金之间都有着不同程度的互动作用。一方面，资本市场的发展与完善决定了证券投资基金的发展程度，例如一国资本市场的深度与广度决定了证券投资基金可实现的业绩空间，从而决定了证券投资基金的经营效率和发展规模。

《证券市场操作一点通》就中国证券投资基金公司的管理和基金的投资行为从理论与实践两个方面展开讨论和分析。通过对国内外证券投资基金发展的历史经验进行总结、归纳，以及对我国证券投资基金发展的启示，探讨符合我国证券投资基金发展和运行的基本规律；通过对比、分析我国证券投资基金的现状，并借鉴国内外的经验和理论研究成果，指出我国证券投资基金管理中存在的问题与风险，并提出了意见和建议。

本书内容体系完整，涵盖证券投资的各知识点；紧密联系当前国内外证券市场的发展实际；配以丰富的案例和思考题、详实的数据与图表，全面地构筑了证券投资学研究框架，不但为投资者提供有用的学习和实践参考，也适合社会各界对于证券投资感兴趣的读者使用与借鉴。

目 录

第一章 了解市场环境

第二章 掌握股市常识

第三章 探寻股票交易

第四章 学会市场操作

第五章 分清市场主力

第六章 详解坐庄行为

第七章 做好交易管理

第一章 了解市场环境

世界主要证券市场发展历史

中国股市现象初探

世界主要证券市场发展历史

世界上最早买卖股票的市场出现在荷兰，时间是1602年。因为荷兰海上贸易发达，刺激大量的资本投入，因而产生了股票发行与交易的需求。第一个股份有限公司是荷兰的东印度公司。因为当时还没有完备的股票流通市场，更没有独立的股票交易所，所以只能靠本地的商人们零星地进行股票买卖中介，股票交易也只能在阿姆斯特丹的综合交易所里与调味品、谷物等商品混和在一起交易。

17世纪后半叶，经济中心转移到了英国，在荷兰创立的股份公司在伦敦得到了飞跃发展。在伦敦最古老的交易所——皇家交易所之中，与商品交易混在一起进行买卖交易的有俄罗斯公司（1553年创建）、东印度公司（1600年创建）等公司的股票。由于买卖交易活跃，所以在皇家交易所进行股票买卖的交易商独立出来，在市内的咖啡馆里进行买卖。1773年在伦敦柴思胡同的约那森咖啡馆中，股票经济商正式组织了第一个证券交易所，即当今伦敦交易所的前身，这就是现代证券市场的原型。1802年伦敦交易所新大厦落成开业，当时在交易所内交易的证券主要是英格兰银行、南海公司和东印度公司的股票。

“南海泡沫事件”是英国证券市场发展史上最重要的事件之一。南海公司成立于1711年，其经营策略主要是通过与政府交易以换取经营特权并以此谋取暴利。当时英国战争负债有一亿英镑，为了应付债券，南海公司与英国政府协议债券重组计划，由南海公司认购总价值近 1000 万英镑的政府债券。作为回报，英国政府对南海公司经营的酒、醋、烟草等商品实行永久性退税政策，并给予对南海（即南美洲）的贸易垄断权。

1719 年，英国政府允许中奖债券与南海公司股票进行转换，随着南美贸易障碍的清除，加之公众对股价上扬的预期，促进了债券向股票的转换，进而又带动股价的上升。次年，南海公司承诺接收全部国债，作为交易条件，政府逐年向公司偿还。为了刺激股票的发行，南海公司允许投资者以分期付款的方式购买新股票。当英国下议院通过接受南海公司交易的议案后，南海公司的股票立即从每股 129 英镑跳升到 160 英镑；而当上议院也通过议案时，股票价格又涨到每股 390 英镑。投资者趋之若鹜，其中包括半数以上的参议员，就连国王也禁不住诱惑，认购了 10 万英镑的股票。由于购买踊跃，股票供不应求，因而价格狂飙，到 7 月，每股又狂飙到 1000 英镑以上，半年涨幅高达 700%。在南海公司股价扶摇直上的示范效应下，全英 170 多家新成立的股份公司的股票以及所有的公司股票，都成了投机对象。一时间，股票价格暴涨，平均涨幅超过 5 倍。

然而当时这些公司的真实业绩与人们期待的投资回报相去甚远，公司股票的市场价格与上市公司实际经营前景完全脱节。1720 年 6 月，为了制止各类“泡沫公司”的膨胀，英国国会通过了“泡沫法案”（The Bubble Act），即“取缔投机行为和诈骗团体法”，自此许多公司被解散，公众开始清醒，对一些公司的怀疑逐渐扩展到南海公司。从 7 月份起，南海股价一落千丈，12 月份更跌至每股 124 英镑，“南海泡沫”由此破灭。“南海泡沫”事件以及“泡沫法案”，对英国证券市场发展造成了重大影响，之后上百年左右的时间股票发行都在受到这个法律的制约，使英国股票市场几乎停滞不前，发展极为迟缓。这种情况一直持续到英国的工业革命。

18 世纪上半叶，随着英国工业革命的不断深入，大量的基础产业建设需要大量的资金投入，刺激了公司股票发行与交易，股票市场开始逐渐活跃起来。这期间由于产业革命取得成功，英国成为世界上最早的"世界工厂"。为了促进工业品的输出，英国一边对海外进行资本输出，一边在国内发展纺织等行业，进而在1830~1840年代发展重工业。在这个过程中，为了加强产业基础而进行的国家公共事业投资以及银行、保险等公司的数量开始急剧增加。首先以股份公司的形式登场的是运河公司的股票，虽然在股票市场进行培育的进展并不大，但其后铁道公司的股票在全国形成了投机热潮，引发了在全国各地开设证券交易所进行股票交易的热潮。至1914年"第一次世界大战"前英国共有22家地方证券交易所。

进入了50年代，伦敦证券市场再次向海外投资急速倾斜。因为被称之为"商人银行"（Merchant Bank）的英国式证券商的活跃，广泛地把美国的铁道债券、印度或澳大利亚的证券等加入了交易对象，从而为确立伦敦作为世界金融中心的地位而迈进了关键性的一步。到1914年，在伦敦交易所上市的证券中有80%是海外证券。因此，伦敦与其说是因为国内产业资本而成长壮大起来的，还不如说是作为海外资本的市场不断扩充而逐渐地扩大起来的。

与此成为对照的是，美国证券市场首先是为了开发运河、铁道等国内产业基础而坚实地发展起来的。提到美国最初的证券市场可能大家都会自然地联想起华尔街，其实美国最早的证券市场是在宾夕法尼亚州的费城。当时费城不但是美国的政治中心，也是美国的金融中心。华尔街则是1653年前后荷兰殖民者们作为交易基地而在曼哈顿岛的南部划分出一部分地方建立起来的。伴随着美国的殖民地经济的发展，华尔街也开始逐步繁荣，证券交易中介商人们所汇集的咖啡馆也不断地增加。最初交易者们聚集在露天街角一起进行买卖，随着经济发展以及投资者上升的热潮所支撑着的证券交易量不断地增加，还特地追加了傍晚的交易时间，同时也出现了刊登着交易价格波动状况的报纸。

由于市场交易混乱与竞争无序，1792年，当时交易量最大的24位经纪商经过秘密协商，制定出了停止不当竞争，只在24人之间进行证券买卖交易，最低手续费为0.25%，每日在梧桐树下聚会交易等正式协议，这就是著名的“梧桐树协议”。这成为美国最早的股票市场，也就是纽约证券交易所的前身。1817年，这些经纪人通过一项正式章程，并定名为“纽约证券交易会”，至此一个集中的证券交易市场基本形成。1863年，“纽约证券交易会”易名为“纽约证券交易所”。

1820年代到1830年代，美国的工业化浪潮为证券业带来了新的发展机遇。这一时期发展水陆运输成为美国经济发展的中心环节。为了筹集道路、桥梁、运河等土木事业的资金，美国发行了联邦债券、州政府债券、民间事业债券、股票等，使证券市场的交易量大幅度地增加，当时市场上最热门的股票就是伊利运河公司的股票。紧跟在运河热之后的交易热点是铁道股票热。Mohawk&Hudson铁道公司是最初上市的铁道股票，其交易从1830年就开始了。之后铁道股票的上市持续地增加，使得在交易所内进行的买卖交易更加活跃。这种情形一直持续直到1837年股价暴跌，其后5年左右华尔街一直是处在一种非常低迷的状态之下。

在1842~1853年期间，电报的发明与建设，加利福尼亚的黄金开采热（美国的西部大开发），对墨西哥战争等因素造成的景气扩大，再次唤醒了美国的经济活力，证券市场也开始逐渐地活跃起来了。其所交易的证券从以铁道股票为中心，逐步扩大到了包含银行股票、保险股票、运河股票等，股票数量与交易量都明显地增加，证券交易中介商人也急剧地增加了。1865年，随着美国南北战争的结束，中断了的铁道建设再度开始继续，经济也开始达到了前所未有的发展。

1920年代，美国经济的高速发展刺激股票市场走强，美国进入“飞扬的二十年代”。1921年8月到1929年9月，道琼斯指数上升了468%。那时人们可以进行保证金交易，即可以用10%的保证金融资购买股票，而股市的繁荣极大地刺激了保证金交易的数量，到1929年10月初，经纪人贷款总额激增至68亿美元的顶峰，比1928年1月的38亿美元高出约80%。

1929年7月，美联储将贴现利率从5%提高到6%。与此同时，美国经济在 8 月到达顶峰后疲态初露，商品批发价格出现了下降，个人收入和工业产值开始停止增长。但市场对此视而不见，终于在经历了长达十多年的牛市后美国股市从 9 月 3 日的 386.1 点开始掉头向下，到 1929 年 10 月 29 日，美国历史上最大的股灾爆发了，单日下跌达 18.5%，美国股市由此进入漫长的熊市。1932 年 6 月 30 日，道琼斯指数跌至 41 点。与股灾前相比，美国钢铁公司的股价由每股 262 美元跌至 21 美元，通用汽车公司从 92 美元跌至 7 美元。

在这场股灾中，数以千计的人跳楼自杀。20 世纪前期美国最富盛名的大经济学家欧文？费雪几天之中损失了几百万美元，顷刻间倾家荡产，从此负债累累，直到 1947 年在穷困潦倒中去世。这次股灾彻底打击了投资者的信心。人们闻股色变，投资心态长期不能恢复。股市暴跌后，投资者损失惨重，消费欲望大减，商品积压更为严重。同时，股市和银行出现危机，企业找不到融资渠道，生产不景气，反过来又加重了股市和银行的危机，国民经济雪上加霜。由于美国在世界经济中占据着重要地位，其经济危机又引发了遍及整个资本主义世界的大萧条：5000 万人失业，无数人流离失所，上千亿美元财富付诸东流，生产停滞，百业凋零。

纽约股市崩溃发生之后，美国参议院即对股市进行了调查，发现有严重的操纵、欺诈和内幕交易行为，1932 年银行倒闭风潮，又暴露出金融界的诸多问题。在痛定思痛、总结教训的基础上，从 1933 年开始，罗斯福政府对证券监管体制进行了根本性的改革，建立了一套行之有效的以法律为基础的监管构架，重树了广大投资者对股市的信心，保证了证券市场此后数十年的平稳发展，并为世界上许多国家所仿效。这样，以 1929 年大股灾为契机，一个现代化的、科学的和有效监管的金融体系在美国宣告诞生。经历了大混乱与大崩溃之后，美国股市终于开始迈向理性、公正和透明。

此后，经过罗斯福新政和二次大战对经济的刺激，美国股市逐渐恢复元气，到 1954 年终于回到了股灾前的水平。其后美国经济持续发展，股市欣欣向荣，继续向上，走出了数轮持续十多年的超级大牛市。期间虽然经历了1973年石油危机、1987年股市崩盘、1998年全球金融危机、2000年网络泡沫破灭、“911恐怖袭击”、安然公司和世界通讯公司财务丑闻等事件等，但美国证券市场依然健康发展。近年来，随着金融创新产品的不断推出，投资人化解市场风险的能力大大提高；全球普遍的低利率带来了资金流动性大大增加；以及大规模金融资产涉足资产重组对市场产生很大的刺激作用，使证券市场的资金和吸引力不断增强，促进了美国证券市场的蓬勃发展，道琼斯指数在突破万点之后继续奋发向上，至今已突破13000点关口。

中国股市现象初探

在具有中国特色的证券市场里，涌现出了很多有别于他国资本市场的现象，值得交易者研究和深思。这里，仅从几个方面来诠释中国股市的表现，以强化交易者对特定市场的认知能力。

一、印花税与中国股市

证券交易印花税是从普通印花税里发展出来的，是专门针对证券交易发生额所征收的一种税。我国税法规定，对证券市场上买卖、继承、赠与所确立的股权转让依据，按确立时实际市场价格计算的金额征收印花税。证券交易印花税是政府增加税收收入的一种手段，同时因为印花税增加了交易者的成本，所以也使得它成为了管理层调控股市涨跌节奏的杀手锏。但是，历年来调整证券交易印花税的实际影响情况如何呢？先看表1：

表 1 历次证券交易印花税调整状况及对中国股市的影响

时间	证券交易印花税调整幅度	对股市的影响
2008 年 4 月 24 日（星期四）	从 3‰调整为 1‰	当日，沪指上涨 9.29%，深指上涨 9.59%，两市只有 3 只股票下跌。但下涨行情只持续了一个月即还原到原有水平，且熊市跌势仍绵绵不绝。
2007 年 5 月 30 日（星期三）	从 1‰调整为 3‰	当日，两市收盘跌幅均超过了 6%，跌停个股达 859 家。沪指连续一周的最大跌幅达到了 22%，随后即开始了报复性反弹，使股指又回到了牛市轨道。
2005 年 1 月 23 日（星期日）	从 2‰调整为 1‰	星期五沪指高涨 2.5%，提前消化了该利好消息，所以 24 日沪指涨幅只有 1.7%。此后，熊市行情未见有起色。
2001 年 11 月 16 日（星期五）	从 4‰调整为 2‰	当日沪指高开 6%，但随后即收巨量长阴，收盘时的涨幅为 1.57%。此后一段时间，沪指虽有小幅上涨，但仍不改熊市走势。
1999 年 6 月 1 日（星期二）	B 股交易印花税降低为 3‰	上证 B 股指数一月内从 38 点升至 62.5 点，涨幅高达 65%。
1998 年 6 月 12 日（星期五）	从 5‰调整为 4‰	沪指当日高涨 265%，但无法改变股指深度回调的趋势。
1997 年 5 月 12 日（星期一）	从 3‰调整为 5‰	沪指当日竟然强势上涨 2.27%，形成牛市顶峰，但此后股指即开始深度回调。
1992 年 6 月 12 日（星期五）	按 3‰税率缴纳印花税	印花税税率未变，但由原来的两市自行征收改成由国家税务总局征收。当日沪指跌 0.54%，几乎没有反应。 盘整一个月后，沪指受综合因素影响跌幅超过 70%。
1991 年 10 月 10 日（星期四）	深市从 6‰下调至 3‰ 沪市开始双边征收 3‰	由于消息走漏，前一日深指大涨 22%，10 月 10 日则大跌 10%；沪指则受制于每日 1%的涨幅限制。此后，牛市行情启动，半年后的沪指升幅高达 694%。

由表1可见，当市场极度低迷时，管理层就会降低证券交易印花税税率，以刺激股市恢复上涨；当市场极度疯狂时，管理层又会提高证券交易印花税税率，以打压股市热情。但是，如果证券交易印花税的调整是处在某一明确的牛市或熊市里，那么它所起的作用是短暂的，多数在一周或一个月后，市场即会恢复原有的牛市或熊市趋势；因为此举不能改变经济面状况，也不能改变股票供求关系，只能代表管理层意愿，并助增或打压投机而已。如果证券交易印花税的调整是处在牛市顶峰或熊市底部，那么也只有在综合因素的影响下，股指才能有所改变；而且，随着人们对证券交易印花税调整作用的认知程度的加深，印花税调整越来越呈现出短期的炒作气氛，它只能起到透露管理层将要控制股市趋势向上或向下的想法，但单一的印花税调整往往难以扭转当时的股市走势。

二、加息/准备金率/CPI与中国股市

加息属于国家调控经济局势的货币政策之一，其他的货币政策还有提高银行存款准备金率等等。尽管国家屡次说明加息不是针对股市投机行为的，但是在2007年中国股市暴涨的时候，央行却连续6次提高存款利率以加快资金回笼；同时，2007年又连续10次提高存款准备金率，限制银行流通的资金供应量。2007年我国的消费者价格指数（CPI）全年平均涨幅为4.8%，而2008年上半年的平均涨幅为7.9%，面对存款利息的严重贬值，2008年上半年，央行却没有一次加息的动作，因为股市从2008年1月就开始明确走熊了。很明显，在国家坚决调控楼市的环境下，民间资金几乎全部涌人了股市，加息政策主要就是针对股市暴涨的行为。

利用加息回笼民间资金，利用提高存款准备金率限制银行资金间接进入股市，利用同步提高贷款利率限制公司以贷款资金进入股市——这三招货币政策同时连续发出，其影响无疑是巨大而深远的。下面来看看1993年以来历次加息时间及其对中国股市的影响。见表2：

表 2　1993 年以来历次加息时间及其对中国股市的影响

时间	加息幅度	市场动态
2007 年 12 月 20 日（星期四）	一年期存款基准利率上调 0.27% 一年期贷款基准利率上调 0.18%	次日沪指涨 1.15%，后开始反转
2007 年 9 月 15 日（星期六）	一年期存、贷款基准利率上调 0.27%	周一沪指涨 2.06%，难改牛市走势
2007 年 8 月 21 日（星期二）	一年期存、贷款基准利率上调 0.27%	次日沪指涨 0.50%，难改牛市走势
2007 年 7 月 20 日（星期五）	一年期存、贷款基准利率上调 0.27%	周一沪指涨 3.81%，难改牛市走势
2007 年 5 月 19 日（星期六）	一年期贷款基准利率上调 0.18%	周一沪指涨 1.04%，难改牛市走势
2007 年 3 月 18 日（星期日）	一年期存、贷款基准利率上调 0.27%	周一沪指涨 2.87%，难改牛市走势
2006 年 8 月 19 日（星期六）	一年期存、贷款基准利率上调 0.27%	周一沪指涨 0.20%，难改牛市走势
2006 年 4 月 28 日（星期五）	一年期贷款基准利率上调 0.27%	周一沪指涨 3.95%，难改牛市走势
2005 年 3 月 17 日（星期四）	提高住房贷款利率	次日沪指跌 1.29%，后继续下跌
2004 年 10 月 29 日（星期五）	一年期存、贷款基准利率上调 0.27%	周一沪指跌 1.15%，继续熊市走势
1993 年 7 月 11 日（星期日）	一年期定期存款利率由 9.18%上调到 10.98%	周一沪指跌 2.56%，后由盘整改为持续下跌
1993 年 5 月 15 日（星期六）	各档次定期存款年利率平均提高 2.18%，各项贷款利率平均提高 0.82%	周一沪指跌 2.35%，后继续下跌

由表2可见，央行在宣布加息政策的时候，多数是在周五晚或周六、周日，为的是给人们一段消化和思考的时间。而且在牛市时，加息消息多数情况下会造成股指低开高走的现象，因为人们相信“利空见光就是利好”。加息会对人们生活的各个方面产生长远的影响，但这需要一段时间来消化，它不能对抽离股市资金起到立竿见影的效果，所以实施于牛市里的加息政策，往往在短期内不能改变牛市的格局；而熊市早期里的加息政策则对股市有较大的影响，这如同雪上加霜；在熊市里的减息政策，同样不能在短期内改变熊市的格局，但它可以刺激部分敏感资金重新选择保值、增值的渠道。

2007年末，我国的广义货币供应量（M2）为403万亿元。从理论上分析，提高准备金率0.5%，就能够冻结银行资金2000亿元；而如果按货币乘数计算，影响的资金供应量将超过8000亿元。从2006年的中国股市大牛市开始，我国的存款准备金率从7.5%一直调整到了2008年6月的17.5%，整整上升了10%，冻结了银行至少4万亿元的资金（截至2008年4月，M2已经接近43万亿元）。如果按货币乘数计算，影响的资金供应量可能达到了16万亿元。见表3：

表3　1998年以来中国历次提高银行存款准备金率的情况

时间	调整幅度
2008年6月15日和25日	存款准备金率调至17.5%
2008年5月20日	存款准备金率调至16.5%
2008年4月25日	存款准备金率调至16.0%
2008年3月25日	存款准备金率调至15.5%
2008年1月25日	存款准备金率调至15.0%
2007年12月25日	存款准备金率调至14.5%
2007年11月26日	存款准备金率调至13.5%
2007年10月25日	存款准备金率调至13.0%
2007年9月25日	存款准备金率调至12.5%
2007年8月15日	存款准备金率调至12%
2007年6月5日	存款准备金率凋至11.5%

续表

时间	调整幅度
2007年5月15日	存款准备金率凋至1.1%
2007年4月16日	存款准备金率调至10.5%
2007年2月25日	存款准备金率凋至10%
2007年1月15日	存款准备金率调至9.5%
2006年11月15日	存款准备金率调至9%
2006年8月15日	存款准备金率调至8.5%
2006年7月5日	存款准备金率调至8%
2004年4月25日	实行差别存款准备金率制度，执行7.5%的存款准备金率
2003年9月21日	存款准备金率调至7%
1999年11月21日	存款准备金率调至6%
1998年3月21日	存款准备金率从13%下调至8%
1988年	紧缩银根，抑制通货膨胀，进一步上调为13%
1987年	紧缩银根，抑制通货膨胀，从10%上调为12%
1985年	为克服存款准备率过高所带来的不利影响，统一定为10%

由表3可见，一年内连续10次调高银行存款准备金率，这在世界货币史上也是前所未有的，美联储连续25次调整利率，但也没有连续10次调高银行存款准备金率。2007~2008年，银行存款准备金率如此高的提速水平，显然不是单纯针对股市的行为。那么，存款准备金率如此猛烈的提速主要是针对什么呢？答案是CPI，即消费者价格指数。再来看看CPI的相关数据：

时间	CPI数据	同比增幅
2008年6月	107.1	17.4%
2008年5月	107.7	18.07%
2008年4月	108.5	16.94%
2008年3月	108.3	16.29%
2008年2月	108.7	17.48%
2008年1月	107.1	18.94%

续表

时间	CPI 数据	同比增幅
2007 年 12 月	106.5	16.72%
2007 年 11 月	106.9	18.45%
2007 年 10 月	106.5	18.47%
2007 年 9 月	106.2	18.5%
2007 年 8 月	106.5	18.09%
2007 年 7 月	105.6	18.48%
2007 年 6 月	104.4	17.06%
2007 年 5 月	103.4	16.74%
2007 年 4 月	103.0	17.1%
2007 年 3 月	103.3	17.3%
2007 年 2 月	102.7	17.8%
2007 年 1 月	102.2	15.9%

在消费者价格指数（CPI）持续高涨时，就会形成较高的通货膨胀率。所谓通货膨胀率就是货币超发部分与实际需要的货币量之比，用以反映通货膨胀和货币贬值的程度。一个国家必须保证自己的货币供给保持一定的数量，在总商品和劳务的供应保持不变的情况下，如果发行的纸币过多，就会造成纸币大幅贬值、物价快速上涨的通货膨胀现象。

为了降低通货膨胀率，就需要回笼流通市场中的资金，同时限制银行的资金供应量，于是加息和提高银行存款准备金率就成为了央行的必然举措。但是就中国目前的经济状况而言，加息政策无疑会助增人民币增值的速度，使国际游资在低汇率和高利率的双重“利好”下涌人中国，从而形成充满水分的巨大外汇储备量。由此一来，提高银行存款准备金率显然比加息更具有优势，这就是为什么 2007 年巾国 10 次提高银行存款准备金率却只有 6 次加息的原因；另一个原因则是，提高银行存款准备金率针对的主要是银行和企业，而加息则是针对全社会的储蓄大众，影响面更大的政策自然会使用得更加慎重。

综上所述，要想在股市中获得成功，交易者还必须具有一定的经济学知识，平时多加留意宏观面动向。从大局策略来旁观中国股市，将是长线交易者的必修功课，也是短线交易者顺势而为的基础。文章看得再多那也是别人的东西，只有自己摸索和思考，才能领悟核心的东西。

三、中国股市本质特征解析

1. 中国股市是一个“政策市”

尽管真正意义上的中国当代股市已经发展了 19 年，但和国外成熟证券市场相比，还属于幼儿期，因此，国家政策干预股市的行为经常发生，其作用也尤为明显。20 世纪 20 年代，华尔街曾经信奉“最少干预的政府就是最好的政府”，迎来的却是 1929 年的股市暴跌和长达 11 余年的经济危机，直到美国开始用政策干预股市、用制度管理股市，美国股市才取得了长足的进步。即使是以自由金融出名的香港股市，也曾在 1987 年美国股市的暴跌声中闭市了四天，又于 1998 年动用政府资源进行了“香港金融保卫战”。但由于世界各地证券市场管理体制和市场发展情况各有差异，所以不同国家政策的作用方式和影响程度各有区别。

2. 中国股市是一个“资金市”

任何一个国家的股市都是由资金堆砌起来的，股价节节攀升的背后就是资金不断累积或轮番炒作的结果。但是这一过程，中国股市和美国股市是有所不同的。美国股市可以用存量资金不断轮炒而抬升股价或维持股价（长期投资有长期投资的轮炒方式），而中国股市如果没有了新鲜资金的供应，马上就会陷入熊市不能自拔，其根本原因在于资金投资的对象有较大的差异。

3. 中国股市是一个“圈钱市”

股票市场成立的本质是为股份制公司的股票建立一个自由交易的场所，同时方便上市公司以发行新股或增发的形式获得融资。但中国是以国有公司为主、其他所有制公司为辅的国家，所以中国股市从一开始建立就脱离不了为国有公司融资的性质。当中国将计划经济的大权交给市场经济之时，诸多国企也就基本上就走上了自负盈亏的道路。但是国有公司的性质和机制几乎早已决定了其竞争力偏低的命运，因而需要国家政策不断进行扶持，需要银行及股票市场不断提供资金；而中国的地方经济特色又很明显，这就形成了大批质地不良的国有公司被地方政府包装上市，以获得资本进行再生产，从而充实地方政府的税收来源。本就是国有公司，再加上融资来得轻松，于是上市公司重融资、轻经营、重投资、轻管理等恶劣现象此起彼伏，连续三年不分红利的上市公司竟然可以达到半数，并形成了“一年上市、二年亏损、三年重组”的怪圈，于是人们只有将中国股市称为“圈钱市”。市场所说的“扩容猛于虎”，其实指的就是“圈钱猛于虎”。

股市具有融资、资源配置、价格发现三大功能，其中，优化资源配置是股市的基本功能。但是我国在刚创建股票市场时，本着的却是为国企脱困的愿望，这等于一开始就扭曲了股市的基本功能。在中国股市的早期，公司上市不是竞争的结果，而是指标内定的结果。没有竞争力的公司只要能拿到上市的指标，就可以通过上市来筹集大量资金，不仅不用付利息，而且还无人监督资金的使用，这样的好事谁不愿做呢？这就是滋生“圈钱市”的根本原因。在这种环境下，不少公司为了上市而送现金、送股票、送小姐等，不择手段。本来公司为实现“圈钱”的目的就消耗了大量的公关成本，一旦“圈钱”的意图实现后，接下来的到处打点、肆意挥霍、以权牟私等现象也就不足为怪了。与此同时，上市公司内部管理往往缺乏民主与法制的监督机制，致使家长式管理和专制独裁管理蔚然成风，没有人想对中小投资股东负责，多数管理层心里想的就是如何保住自己的位置，以便更好地享受上市公司的优惠待遇。

4. 中国股市是一个“投机市”

中国股市本质上是为国有公司脱困而建立的一个融资场所，这里面的大部分上市公司属于国有公司，而国有公司除了有特定的行业垄断优势和国家信用优势外，基本上没有什么竞争力。国企上市公司没有竞争力，跟公司管理者只是政府的一名“打工者”有关，他们由政府任命，自然只用对政府负责而非对股东负责；同时也跟公司国有法人股不能流通有关，掌握着大部分股份的股东不能分享股市里的收益，自然就很难对股市负责。

5. 中国股市是一个“题材市”

既然中国股市没有多大的投资价值，社会闲散资金又须寻找投资渠道和投资机会，于是股市里的题材和概念层出不穷，吸引着一波又一波的参与者疯狂角逐。对于“题材”，没有一个明确的概念，凡是引发股价上涨的因素都可以称作为题材。比如重组、并购、扭亏、预增、整体上市、网络游戏、数字电视、农产品涨价、创业板概念等等，当然，明显的“业绩”和“成长”也属于题材，比如高派送、高成长的蓝筹股会反复上涨，实际上就是炒年报题材。既然是“题材”，那么就往往是预期性的利好消息，而不是已完全发生或兑现的事实。“买预期”是资本市场与商品市场的本质区别，在国内缺乏投资价值的环境下，任何微小的“题材”都可能掀起市场波澜，将“买预期”的行情演绎得淋漓尽致。

6. 中国股市是一个“生死营”

很多交易者心中只有投资和投机的概念，但这些概念都无法透露出股市的残酷性。实际上，股市是人类经验中除了战争之外的最大规模的角斗场。在这里，除了你之外，其余所有的相关者都是你的潜在对手，他们都在算计如何将你的资金划到他的口袋，使你的资金在还没有进场时就开始流失。这些对象包括上市公司、国家税务总局、证券公司、证券登记结算公司、咨询机构、股评人士、基金公司、庄家、机构、大户、散户等等。这不是一对一的战斗，而是以一对万的战斗，对手从四面八方向你扑来，诱惑你、打击你、刺探你、欺骗你、愚弄你、消灭你。无论你有没有意识到，你的资金就这么从屏幕上减少了、消失了，直到你醒觉这跟想象中的投资几乎是完全相反时，你才知道这里是一个“生死营”。

7. 中国股市将有重大的突破

尽管中国股市问题重重，但是其发展成绩也是有目共睹的。从1790年美国在宾夕法尼亚州的费城成立他们最早的证券交易所至今，美国证券市场用了218年的艰难历程才树立了道琼斯工业指数迄今的万点高峰；而中国当代股票市场从1990年发展至今，不过才19年的历史，但是其爆发出来的蓬勃气势，却令世界为之瞩目。

随着中国股市的不断扩容与改革，随着公募基金和社保基金的不断壮大，随着QFII等各类国际资金的不断涌入，中国证券市场的参与力量、证券结构、市场容量、交易制度、监管政策等正在经历着巨大的飞跃。

掌握股市常识

股票概述

公司简介

市场透视

交易规则

股票概述

一、什么是股票

1. 股票的由来

当一个公司属于起步阶段的小公司时，经营者可以通过向亲戚朋友筹集资金来满足经营所需，但是随着经营规模的扩大和竞争程度的提高，无论是经营者自身的资本积累，还是有限的借贷资本，都难以满足公司扩张的巨额资金需求。于是公司就会以出让股权的名义向社会公众筹集资金，同时建立股份有限公司。社会公众之所以愿意购买公司股权，是因为公司发展前景良好，且有不菲的收益回报。为了确认投资者和公司之间的权益关系，股份公司会发行一张纸样的凭证：股票，投资者购买股票后就可以成为该公司的股东，以出资额为限对公司负有限责任，同时具有分享公司收益的权利。到后来，有的投资者不想持有该股票了，有的投资者因为缺钱而急需卖掉这份权益，而另外的投资者则对该公司股权早有购买之心，于是就出现了股票买卖的流通市场，股票交易市场也就随之产生。

2. 股票的概念

股票是股份证书的简称，是股份公司为筹集资金而发行给股东作为持股凭证并借以取得股息和红利的一种有价证券，每股股票都代表股东拥有公司一个基本单位的所有权。股票是股份公司资本的构成部分，可以转让、买卖或抵押，是资本市场上一种长期的信用工具。

人们获取股票通常有四种途径：一是作为股份有限公司的发起人而获得股票，如我国许多上市公司都是由国有独资公司转为股份制公司的，原公司的部分财产就转为股份公司的股本，原有公司就成为股份公司的发起人股东；二是在股份有限公司向社会募集资金时，自然人或法人出资购买股票，这种股票通常被称为原始股；三是在二级流通市场上通过出资的方式受让他人手中持有的股票，这种股票一般称为流通股；四是通过他人赠与或依法继承而获得股票。

3. 股票的内容

股票作为一种重要的金融工具，需要经中国证券监督管理委员会的核准才能发行，且在股票的制作程序、记载内容和记载方式上都必须符合有关规定。一般情况下，股票上应备注以下内容：

(1) 发行股票的股份有限公司的全称及其注册登记的日期与地址。

(2) 发行股票的总额、股数及每股金额。

(3) 股票的票面金额及其所代表的股份数量。

(4) 股票的类别。普通股票均不注明类别，但如果是特别股票，就应标明股票的种类。

(5) 股票的发行日期及股票编号。如果是记名股票，则需要标明股票持有者的姓名。

(6) 股票发行公司的董事长或董事签章，主管机关或核定发行登记机构的签章。

(7) 印有供转让股票时所用的表格。

(8) 股票发行公司认为应当载明的注意事项。

如果投资者在股份公司向社会公众筹集资金时购买其发行的股票，那么就会在股票上面看到上述内容。但是，股份公司一旦上市之后，投资者在证券市场上买到的股票就不再是纸质股票了，而是一种由证券登记结算公司所保管的电子凭证，该凭证上记录着投资者买买股票的名称、时间和数量。这种虚拟化的股票更适合大量、快速的流通，方便市场保存与结算。

4. 股票的作用

股票被投资者购买后，会产生五种作用：

(1) 代表持有人出资参与公司投资的证明；

(2) 代表持有人有权参加股东大会，对公司经营发表意见；

(3) 代表持有人可以凭借股票参加公司的利润分配和剩余财产分配；

(4) 代表持有人以出资额承担由公司经营不善所带来的亏损；

(5) 代表持有人在公司增发新股时有优先认购的权利。

股票对于发行者而言，也会产生四种作用：

(1) 扩大了筹资的来源，且不用承诺支付利息；

(2) 分散了股权集中的风险，赋予了公司更大的经营自由度；

(3) 在公司经营业绩持续上升时，股价走高将使公司资本整体增值；

(4) 提高了公司的知名度，同时容易获得政府的政策扶持。

5. 股票的特征

股票作为一种有价证券，具有以下的基本特征：

(1) 长久性

股票投资是一种没有期限的长期投资，股票一旦被购买，只要股票发行公司存在，任何股票持有者都不能退股（即不能向股票发行公司要求抽回本金），但可以出售或转赠股票。

(2) 责权性

股票持有者就是股份有限公司的股东，具有参与股份公司盈利分配的权利，也具有承担有限责任的义务，还有权或通过其代理人出席股东大会、选举董事会并参与公司的经营决策。

(3) 收益性

股票不仅可以为投资者带来分红的收益和送股的权益，而且可以在股票市场或场下交易中溢价卖出，以获得超额的投资回报。

(4) 风险性

上市公司不一定每年都会分红，其股票价格也不一定会一直上涨，反而有可能会一直跌到投资者所购买的价格之下。如果上市公司破产或退市，则投资者可能血本无归。

(5) 流通性

股票可以在股票市场上随时转让，也可以继承、赠与、抵押，但不能退股。所以，股票也是一种流通性很强的流动资产。

(6) 波动性

由于股票可以在股票市场交易，而股票在交易时受市场因素和非市场因素的影响，其价格常常会发生变化，与投资者当初购买时的价格不一致。

6. 股票与债券的区别

股票与债券都是有价证券，是证券市场上的两大主要金融工具。两者同在一级市场上发行，又同在二级市场上转让流通。对于公司来说，两者都是可以通过公开发行来募集资本的融资手段，但两者却有明显的区别。如：

(1) 发行主体不同

国家和地方的公共团体、公司都可以发行债券；而股票则只能是股份制公司才可以发行。

(2) 收益稳定性不同

债券在购买之前的利率就已确定，购买者到期就可以获得固定利息，其收益跟公司经营好坏无关；而股票购买者只能获取股息收益和差价收益，且股息派发要根据公司经营好坏来进行。

(3) 保本能力不同

债券到期可连本带利获得收益，如同公司外债一样；而股票本金一旦交给公司，就不能再收回，只要公司存在，就永远归公司支配，但公司一旦破产，购买者可能连本金都保不住。

(4) 权益性质不同

债券表示的是购买者对公司的债权关系；而股票表示的是购买者对公司的所有权关系。这意味着债券持有者无权过问公司经营状况，而股票持有者则有权过问公司经营状况。

(5) 投资风险不同

债券只是一般的投资对象，其交易转让的周转率比股票低；而股票是金融市场上的主要投资对象，其交易转让的周转率高，市场价格波动幅度大，具有高收益、高风险的特性。

(6) 纳税情况不同

在缴纳公司所得税之前，债券的利息会作为费用从收益中减除，这样公司所交的所得税相对较少，而净利润相对增多；股票的股息则不属于公司的费用，只能从公司完税后的净利润中支付，因而无法减少公司所得税的支付，且使公司净利润减少。这一点，往往是公司在选择发行债券或发行股票时会重点考虑的因素。

需要注意的是，当债券市场的收益率较高时，将会吸引大量的社会资金购买债券，从而导致股票市场的资金供应减少，致使股价普遍下跌；反之，当股票市场异常火暴时，债券市场往往不景气。但是，对于同一个公司所发行的债券和股票而言，它们却常常会呈现出同步涨跌的趋势，只是涨跌的程度不同（一般而言，股票的涨跌幅度远远大于债券的涨跌幅度）。

二、股票的分类

股票的分类有很多种，下面简要介绍一些主要的分类。

1. 按股东权利分类

按照股东权利的不同，我国股票可以分为普通股股票和优先股股票。

(1) 普通股

普通股是相对于优先股而言的，是公司资本构成中最普通、最基本的股份，其发行范围最广且发行量最大。普通股的股息和分红不是在购买时约定的，而是根据股票发行公司的经营业绩来确定的，若公司经营业绩好，普通股股息就会高，若公司经营业绩差，普通股股息可能就没有。普通股是股份公司中高风险、高收益的一种股份，我们在证券市场交易的股票都属于普通股。

注意，普通股股东也具有优先认股权，即当公司增发新的普通股时，现有股东有权优先购买新发行的股票，以维持其在公司的持股比例。为了确保普通股股东的权益，有的公司还发行认股权证，即发行能够在一定时期内以一定价格购买一定数目的普通股的凭证，该凭证可以出售、转让或任由其过期失效。一般公司在配股时，会规定股权登记日，股东只有在该日期内登记并缴付股款，方能优先认购新股。通常在股权登记日内购买的股票称为附权股，在股权登记日以后购买的股票则称为除权股，即在股权登记日以后购买该股票时不再附有认股权。

(2) 优先股

优先股是股份公司发行的在分配红利和剩余财产时比普通股具有优先权的股份。由于优先股通常预先明确股息收益率，该收益不会根据公司经营情况而增减，所以优先股股票实际上是股份公司一种举债集资的形式，持有者往往没有选举权和被选举权，对股份公司的重大经营决策也无投票权。此外，优先股也是一种没有期限的权益凭证，持有者虽然不能随时要求股份公司退股，但该股份却可以依照股票上所附加的赎回条款由股份公司赎回。

公司发行优先股时，主要以保险安全型投资者为发行对象，而对于富有冒险精神的投资者而言，普通股则更具有魅力。两种不同性质的股票的发行，目的在于吸引具有不同兴趣的资本加入。

2. 按投资主体分类

在国外，股份公司的股票只有普通股和优先股之分，但在我国，由于特殊的公有制基础，导致我国股票若按投资主体分类，可以分为国有股、法人股、职工股和社会公众股。

(1) 国有股

国有股是指有权代表国家投资的部门或机构以国有资产向公司投资所形成的股份（也包括以公司现有国有资产折算而成的股份）。由于我国大部分股份制公司都是由原国有大中型企业改制而来的，因此，国有股在公司股权中占有很大的比重。股改前，国有股占上市公司总市值50%左右。

(2) 法人股

法人股是指公司法人或具有法人资格的事业单位和社会团体以其依法可经营的资产向公司非上市流通股部分投资所形成的股份。法人股又可分为境内发起法人股、外资法人股和募集法人股。股改前，法人股占上市公司总市值20%左右。

(3) 公司职工股

公司职工股是指本公司职工在公司公开向社会发行股票时按发行价格所认购的股份。按照《股票发行和交易管理暂行条例》规定，公司职工股的股本数额不得超过拟向社会公众发行股本总额的10%。但目前股份公司在发行股份时已取消了职工股这一类别，均以流通股代替。

(4) 内部职工股

在我国进行股份制试点的初期，曾出现过一批不向社会公开发行的股票。在当时，只对法人和公司内部职工募集股份的股份有限公司被称为定向募集公司，内部职工作为投资者所持有的公司发行的股份即被称为内部职工股。1993年，国务院规定停止内部职工股的审批和发行。

(5) 社会公众股

社会公众股是指我国境内个人和机构以其合法财产向公司可上市流通股部分投资所形成的股份。这是一种可完全流通的股份，只是部分战略机构投资者和股份公司高管受相关条款限制，在一定时期内不得随意出售其所持有的股票，所以这部分股票又称为限售流通股。

随着股改的成功实施，至2010年，我国上市公司所有股份均可实现流通，只有部分国有股和法人股会因控股需要而不能随意出售。

3. 按上市地点分类

按照股份公司上市交易的地点不同，我国股票可分为A股、8股、H股、N股和S股。

(1) A股

A股的正式名称是人民币普通股票。它是由我国境内公司发行，供境内机构、组织或个人（不含台、港、澳投资者）以人民币认购和交易的普通股股票。

(2) B股

B股的正式名称是人民币特种股票。它是以人民币标明面值，以外币认购和买卖，在境内证券交易所上市交易，公司的注册地和上市地都在境内的股票。

(3) H股

H股是注册地在内地、上市地在香港的外资股。香港的英文是HongKong，取其第一个拼音的首个字母，在港上市的外资股就叫H股。由于中国在同际上被称为红色中国，因而带有大陆概念的H股又叫“红筹股”。

(4) N股

N股是注册地在内地、上市地在纽约的外资股。纽约的第一个英文字母是“N”，在纽约上市的外资股就叫N股。

(5) S股

S股是注册地在内地、上市地在新加坡的外资股。新加坡的第一个英文字母是“S”，在新加坡上市的外资股就叫S股。

4. 按公司业绩分类

按照上市公司经营业绩的好坏，我国股票可分为绩优股、垃圾股、ST股、*ST股和PT股。

(1) 绩优股

绩优股就是业绩优良公司的股票。在中国证券市场上，每股税后利润在所有上市公司中排在前25%的股票，或公司上市后净资产收益率连续三年超过10%的股票，就属于绩优股。绩优股具有较高的投资回报和投资价值，因而总是受到长期投资者和稳健型投资者的青睐。绩优股又被称作“蓝筹股”，这是因为在西方赌场中，蓝色筹码最值钱，红色筹码次之，白色筹码再次之，投资者把这些行话套用到股票上就有了这一称谓。

(2) 垃圾股

垃圾股是相对于绩优股而言的，指的是经营业绩较差的公司的股票。这类上市公司由于行业前景不好，或者由于自身经营不善等，每年盈利能力很低，甚至进入了亏损行列。这类股票在市场上的表现通常萎靡不振，交易也往往不太活跃。除非有重大的重组信息或基本面出现重大转变，否则此类公司的股票不值得投资者购买。

(3) ST股

根据1998年实施的股票上市规则，我国将对财务状况或其他状况出现异常的上市公司的股票交易进行特别处理，由于“特别处理”的英文是Specialtreatment（缩写是“ST”），所以此类股票就简称为ST股。在上市公司的股票交易被实行特别处理期间，该公司须遵循下列规定：

①股票名称改为原股票名称前加“ST”，例如“ST围农”；

②股票报价日的涨/跌幅限制为5%；

③上市公司的中期报告必须经过审计。

只要上市公司满足以下五种情形之一，就会被戴上 ST 的帽子：

①最近一个会计年度的审计结果表明其股东权益为负值。

②最近一个会计年度的财务会计报告被会计师事务所出具了无法表示意见或者否定意见的审计报告。

③当上市公司向证交所提出申请并获准撤销 *ST 后，最近一个会计年度的审计结果表明公司主营业务未正常运营，或者扣除非经常性损益后的净利润为负值。

④南于自然灾害、重大事故等导致公司生产经营活动受到严重影响且预计在三个月以内不能恢复正常。

⑤主要银行账号被冻结。

(4) *ST 股

如果说 ST 股是存在退市风险的股票，那么 *ST 股就是即将退市的股票了，这类公司的经营状况比 ST 公司还要糟糕（该类股票的日涨/跌幅限制也是 5%）。

上市公司只要满足以下六种情形之一，就会被戴上 *ST 的帽子：

①最近两年连续亏损（以最近两年年度报告披露的当年经审计的净利润为依据）。

②因财务会计报告存在重大会计差错或虚假记载，公司主动改正或被证监会责令改正后，对以前年度财务会计报告进行追溯调整时，导致最近两年连续亏损。

③因财务会计报告存在重大会计差错或虚假记载，被证监会责令改正但未在规定期限内改正，且公司股票已停牌两个月。

④未在法定期限内披露年度报告或中期报告，且公司股票已停牌两个月。

⑤公司可能被解散。

⑥法院受理关于公司破产的案件，公司可能被依法宣告破产。

(5) PT股

根据《公司法》和《证券法》的规定，上市公司出现连续三年亏损等情况，其股票将暂停上市一年，并在这一年内实施“特别转让服务”。南于“特别转让服务”的英文是Particular Transfer（缩写是“PT”），所以此类股票就简称为PT股（如“PT南洋”等）。

特别转让服务的特别之处在于：股票转让行为只能在每周五的开市时间内进行；股票转让的申报价不得超过上一次转让价格的正负5%；交易所在收市后一次性对该股票当天所有有效申报按集合竞价的方式进行撮合，所有符合成交条件的委托盘均按某一价格进行成交；成交数据不计入指数和市场统计之中，转让信息也不在交易所行情中显示，只由指定报刊专栏在次日进行公告。

由此可见，最近一年亏损的公司将被“ST”处理，最近两年连续亏损的公司将被“*ST”处理；最近三年连续亏损的公司将被“PT”处理，最近四年连续亏损的公司才会被退市处理。于是为了规避连续3年亏损导致暂停上市的厄运，许多*ST公司会利用报表和重组玩“二一二”的亏损游戏。即：连续两年亏损，然而来个扭亏为盈. 接着再连续两年亏损，又来一个扭亏为盈，如此规避暂停上市的风险。这也是中国股市的一大奇观。

一般而言，交易者是不应该去买卖这些垃圾股的，但某些股票里面也确实有“黄金”，在美国也有专门处理和炒作垃圾股的机构。这三类股票的最大价值在于资产重组和时局扭转，以下四种原因决定了这三类股票仍然会在我国股市“高烧不退”：

其一，我国股份公司上市不是由市场竞争机制来决定的，而是根据各地政府手握的上市指标来操作的，但各地上市指标有限，且即使有指标的公司也可能受当时证券市场融资氛围的影响而无法上市，所以这些即将退市的上市公司就具有了，独特的“壳资源”价值。

其二，一家公司从改制、辅导、保荐、审批、发行到上市，不仅要经历一个较长时间的准备过程，还要完成一系列繁琐的工作程序，而且上市资格的最终获得还要受制于产业政策、上市指标与市场需求，因此“买壳上市”或“借壳上市”便受到了资本市场的重视。

其三，上市公司最大的债权人一般都是银行及其他金融机构，如果上市公司申清破产或退市，那么银行数十亿元的贷款就会血本无归。因此，银行迫切希望这些公司能进行资产重组或破产重整，然后通过“债转股”来保全债权，同时获取后期更大的股权转让收益。

其四，为了减少股民的灾难性损失，避免扩大不利的社会影响，股市监管层也常常默许此类公司的报表重组行为或实际重组动作，以减少上市公司退市的案例。这一方面是在鼓励有实力的公司参与重组，另一方面也可有效化解垃圾股退市的风险。

正是因为曲线上市是市场本身的一种强烈需求，也正是因为乌鸡变凤凰的故事确实出现过，所以中国股市里的退市制度名存实亡，使得庄家对垃圾股的炒作更加有恃无恐，由此诞生了一系列的垃圾股行情。但重组的动机、谈判的和谐、合作的方式、资金到位状况、政策障碍等，都会给公司重组结果蒙上不确定的阴影，没有慧眼的交易者最好避而远之，这是内幕人士玩的游戏。

5. 按流通股份分类

按照上市公司流通股份的大小，我国股票也可以分为大盘股和小盘股等。

(1) 大盘股

所谓大盘股就是流通股数量巨大的股票，至于什么样的量称为巨大，和当时的市场状况有关。比如 2000 年以前，流通盘为 5 亿股的股票就可以称得上是大盘股了，而到了 2008 年上半年，10 亿~30 亿股流通盘以内的股票才属于大盘股，沪深两市共有 60 只；30 亿~180 亿股流通盘以内的股票则属于超级大盘股，沪深两市共有 23 只。

(2) 小盘股

所谓小盘股就是流通股数量很小的股票，至于什么样的量称为很小，也和当时的市场状况有关。比如 2000 年以前，流通盘为 2000 万股以内的股票称之为小盘股，而到了 2008 年上半年，2000 万股流通盘以内的股票只能称为袖珍盘股，沪深两市共有 25 只；2000 万~1 亿股流通盘以内的股票才属于小盘股，沪深两市共有 380 只。

三、股票的价格

股票的价格在不同的阶段有不同的表达方式，如：

1. 股票面值

股票面值是指股份公司在所发行的股票票面上标明的票面金额，它以元/股为单位，用来表明每一张股票所包含的资本数额。将持股人持股数量与总股本相除，就可以得出持股人在该公司所占的股权比例。上海和深圳证券交易所流通的股票面值均为壹元，即每股 1 元。

2. 股票发行价

当股票上市发行时，上市公司从自身利益以及确保股票上市成功等角度出发，对上市的股票不按面值发行，而是制订一个较为合理的价格来发行，这个价格就称为股票的发行价。一般来说，股价都会超过 1 元/股来发行，即上市公司都会采用溢价发行的方式来发行股票。

3. 股票市价

股票市价是指股票在交易过程中由交易双方所达成的成交价. 通常所指的股票价格就是指股票市价。股票市价直接反映着股票市场的行情，是投资者购买股票时最关心的问题。由于受众多因素的影响，股票市价经常处于变化之中。这个时候，它跟股票的面值已经没有关系了。

4. 股票清算价格

股票的清算价格是指股份公司因破产或倒闭而进行清算时，每股股票所代表的实际价值。公司在破产清算时，其财产价值是以当时实际的销售价格来计算的，所以其售价一般都会远低于公司的账面价值，导致此时的股票价格与过去的价格有很大的出入。

公司简介

一、上市公司

1. 股票上市条件

根据2006年《中华人民共和国证券法》中第五十条的规定，股份有限公司申请股票上市应当符合下列条件：

(1) 股票经国务院证券监督管理机构核准已公开发行；

(2) 公司股本总额不少于人民币3000万元；

(3) 公开发行的股份达到公司股份总数的25%以上；公司股本总额超过人民币四亿元的，公开发行股份的比例为10%以上；

(4) 公司最近三年无重大违法行为，财务会计报告无虚假记载。

注意，中国的股份制公司已经有5万多家，其中不少股份制公司都面向公众发行了股票.且有很多股票已经在当地市场上流通，但是这么多的股份制公司之中，目前却只有约1600家公司的股票被批准在上海和深圳的交易所上市流通。上市公司股票与非上市公司股票的主要区别在流通性上，前者的股票可自由流通和买卖，后者的股票则只能私下交易。

2. 公司信息披露

交易者每天都会见到许多上市公司的公告，一些重大内容的披露会对公司股价走势产生重要的影响，由此，了解上市公司有多少事项是需要披露的，也就成为交易者在交易前必须知道的情况了。以下摘录于2007年2月1日中国证监会发布的《上市公司信息披露管理办法》：

第十九条：上市公司应当披露的定期报告包括年度报告、中期报告和季度报告。

凡是对投资者的投资决策有重大影响的信息，均应当披露。年度报告中的财务会计报告应当经具有证券、期货相关业务资格的会计师事务所审计。

第二十条：年度报告应当在每个会计年度结束之日起4个月内，中期报告应当在每个会计年度的上半年结束之日起2个月内，季度报告应当在每个会计年度第3个月、第9个月结束后的1个月内编制完成并披露。第一季度季度报告的披露时间不得早于上一年度年度报告的披露时间。

第二十五条：上市公司预计经营业绩发生亏损或者发生大幅变动的，应当及时进行业绩预告。

第二十六条：定期报告披露前出现业绩泄露，或者出现业绩传闻且公司证券及其衍生品种交易出现异常波动的，上市公司应当及时披露本报告期相关财务数据。

第三十条：发生可能对上市公司证券及其衍生品种交易价格产生较大影响的重大事件，投资者尚未得知时，上市公司应当立即披露，说明事件的起因、目前的状态和可能产生的影响。

前款所称重大事件包括：

（一）公司的经营方针和经营范围的重大变化；

（二）公司的重大投资行为和重大的购置财产的决定；

（三）公司订立重要合同，可能对公司的资产、负债、权益和经营成果产生重要影响；

（四）公司发生重大债务和未能清偿到期重大债务的违约情况，或者发生大额赔偿责任；

（五）公司发生重大亏损或者重大损失；

（六）公司生产经营的外部条件发生的重大变化；

（七）公司的董事、1/3以上监事或者经理发生变动，董事长或者经理无法履行职责；

（八）持有公司5%以上股份的股东或者实际控制人，其持有股份或者控制公司的情况发生较大变化；

（九）公司减资、合并、分立、解散及申请破产的决定，或者依法进入破产程序、被责令关闭；

（十）涉及公司的重大诉讼、仲裁，股东大会、董事会决议被依法撤销或者宣告无效；

（十一）公司涉嫌违法违规被有权机关调查，或者受到刑事处罚、重大行政处罚，公司董事、监事、高级管理人员涉嫌违法违纪被有权机关调查或者采取强制措施；

（十二）新公布的法律、法规、规章、行业政策可能对公司产生重大影响；

（十三）董事会就发行新股或者其他再融资方案、股权激励方案形成相关决议；

（十四）法院裁决禁止控股股东转让其所持股份，任一股东所持公司5%以上股份被质押、冻结、司法拍卖、托管、设定信托或者被依法限制表决权；

（十五）主要资产被查封、扣押、冻结或者被抵押、质押；

（十六）主要或者全部业务陷入停顿；

（十七）对外提供重大担保；

（十八）获得大额政府补贴等可能对公司资产、负债、权益或者经营成果产生重大影响的额外收益；

（十九）变更会计政策、会计估计；

（二十）因前期已披露的信息存在差错、未按规定披露或者虚假记载，被有关机关责令改正或者经董事会决定进行更正；

（二十一）中国证监会规定的其他情形。

第三十一条：上市公司应当在最先发生的以下任一时点，及时履行重大事件的信息披露义务：

(一) 董事会或者监事会就该重大事件形成决议时；

(二) 有关各方就该重大事件签署意向书或者协议时；

(三) 董事、监事或者高级管理人员知悉该重大事件发生并报告时。

在前款规定的时点之前出现下列情形之一的，上市公司应当及时披露相关事项的现状、可能影响事件进展的风险因素：

(一) 该重大事件难以保密；

(二) 该重大事件已经泄露或者市场出现传闻；

(三) 公司证券及其衍生品种出现异常交易情况。

临时性报告除了上面所提到的“重要事件”披露外，还包括以下三个方面：

(1) 重要会议公告

董事会会议公告、监事会会议公告、股东大会会议公告是临时公告的常规性组成部分。

董事会每年至少召开两次会议，每次会议应于召开10日前通知全体董事，会议应由半数以上董事出席方可举行；董事会的决议必须经超过半数的董事通过，董事会通过的决议在会议结束后，如决议涉及信息披露义务的，应在第一时间（不超过两个工作日）拟就公告，在指定报刊刊登。

监事会会议公告的披露，参照董事会会议公告要求。

股东大会应每年召开一次年会。股东出席股东大会，所持每一股份有一定的表决权. 股东大会所做出的决议必须经过出席会议的股东所持表决权的半数以上通过。

(2) 利润分配公告

公司的利润分配方案必须在指定媒体上公开披露。中期进行分红派息的公司，其分配方案必须在中期财务报告经过具有从事证券业务资格的会计师事务所审计后拟定。

(3) 配股公告

公司应在确定的股权登记日前至少10个工作日公布配股说明书，配股说明书刊登后，公司应就该配股说明书至少再刊登一次提示性公告，以保证信息准确和广泛转达。通常公司应在自签署配股说明书的日期起，到配股缴款结束日止，6个月内完成配股的全部工作。配股缴款结束后，公司在20个工作日内完成新增股份登记和验资，交易所在收到有关报告后择时安排配股的上市交易。

通常而言，公告除了有说明性的公告外，还有澄清性公告和警告性公告。澄清性公告是指在任何公共传播媒介中出现的消息可能对公司股票价格产生误导性影响时，公司对消息作出的公开澄清。需澄清的内容包括：上市公司从未发生也未拟定中的事项，上市公司正在拟定中但从未公开披露的事项。警告性公告则是指公司因某重要投资或经营行为正在进行中，且无法保证该行为成功又无法保证关联人不泄露相关信息，但预计该信息会对股价有所影响时，对投资者作出的公告。

3. 停牌制度

根据《股票上市规则》规定，停牌分为三种：例行停牌，紧急停牌，连续停牌。下面简要介绍一下。

例行停牌是指在披露定期报告、召开股东大会、披露权益分派公告的当天停牌一小时的行为。如果公告是在非工作日披露，则顺延至其后的第一个交易日上午补停一个小时。

紧急停牌又叫临时停牌，是指因重大信息需澄清或因股票交易异常而引发的随时停牌行为。如2007年8月，深交所在中小企业板股票上市首日交易监控和风险控制中曾有规定：当股票上市首日盘中涨幅与开盘涨幅之差首次达到±50%时，对其实施临时停牌15分钟；盘中涨幅与开盘涨幅之差首次达到±90%时，对其实施临时停牌15分钟；盘中涨幅与开盘涨幅之差首次达到±150%时，对其实施临时停牌30分钟；盘中涨幅与开盘涨幅之差首次达到±200%时，对其实施临时停牌30分钟。

连续停牌是指因重大重组过程中难以做到信息保密，无法及时进行披露，且频繁披露将损害公司利益的情况下，公司股票将连续多日被实施停牌的行为。

一般而言，例行停牌是在信息已经披露的情况下进行的停牌，而紧急停牌和连续停牌则是在信息尚未披露的情况下进行的停牌。至于停牌的作用，往往有三点：一是提示重大信息，二是保证投资者的公平知情权，三是规避股价的意外波动。

4. 股票退市条件

现行上市公司退市办法主要包括中国证监会于2001年颁布的《亏损上市公司暂停上市和终止其上市实施办法（修订)》及其2003年的补充规定，其主要原则是：

(1) 上市公司连续三年亏损将暂停上市。

(2) 暂停上市后一年内，如果继续亏损将被终止上市。

(3) 暂停上市后一年内，如果盈利且被交易所认可将恢复上市。

二、股票发行相关

1. 股票发行价格

当股票发行公司计划发行股票时（包括股票首次公开发行和后来的增发、配股等行为)，就需要根据实际情况确定一个发行价格以推销股票。一般而言，股票可以采用以下三种价格发行：

(1) 平价发行

即按股票的票面金额（一般为1元/股）为发行价格。采用股东分摊的发行方式时，一般按股票的面值进行平价发行，不受股票市场行情的左右。

(2) 时价发行

即以流通市场上某日的股票收盘价格来确定发行价格。这种价格一般远高于股票面值，两二者的差价称溢价，溢价带来的收益归股票发行公司所有，纳入公司的资本公积金之中。

(3) 中间价发行

即取股票面值和市场价格的中间值作为股票的发行价格。这种价格通常在公司需要增资但又需要照顾原有股东的情况下采用。对于增发和配股而言，将发行价格定在低于时价约5%~10%的水平上是比较合理的。

对于首次公开发行的股票，很多证券公司会先估出一个适当的发行价格，而这个价格在预估时往往会参考以下四个因素：

(1) 参考上市公司上市前最近三年来平均每股税后纯利乘上已上市的类似的其他公司股票最近三年来的平均利润率，这方面的数据占确定最终股票发行价格的40%；

(2) 参考上市公司上市前最近四年来平均每股所获股息除以已上市的类似的其他公司股票最近三年来的平均股息率，这方面的数据占确定最终股票发行价格的20%；

(3) 参考上市公司上市前最近的每股资产净值，这方面的数据占确定最终股票发行价格的20%。

(4) 参考上市公司当年预计的股利除以银行一年期的定期储蓄存款利率，这方面的数据也占确定最终股票发行价格的20%。

将以上四个百分比数据加总后，再与同行业类似的其他公司股票近期的股价相乘，就可以得出一个大致的、合理的新股发行价格。

这里所指的股票发行方式是指IPO (Initial Public Offerings：首次公开发行)。首次公开发行是指一家公司第一次将它的股份向社会公众出售，出售过程完成后该公司即可申请到证交所挂牌交易的股票发行方式。首次公开发行的股票在上市发行之前，一般上市公司会与证券公司签定代理发行合同，确定股票发行方式. 明确各方面的责任。

我国的股票发行通常是由中间机构来完成的，一般有以下三种方式：

(1) 代销发行

代销发行是指上市公司发行股票时委托证券公司代为推销，证券公司代销股票时只向上市公司收取一定代理手续费的发行方法。如果在销售截止日期到达时，证券公司代销的股票尚未销售完毕，那么未售出股票将退还给发行公司，证券公司不承担任何发行责任。对于不急于在短期内筹集到大量资金或有上市融资经验的公司而言，该方法可以节约股票的发行成本。

(2) 承销发行

承销发行又称余股承购，该方式意味着股票发行者与证券公司签订推销合同时，会明确规定在约定期限内，如果证券公司实际推销的结果未能达到合同规定的发行数额，其差额部分由证券公司自己掏钱购买。这种发行方法的特点是能够保证完成股票的发行额度，一般较受发行者的欢迎，但因中介机构需要承担一定的发行风险，所以承销费高于代销的手续费。

(3) 包销发行

包销发行是指代理股票发行的证券公司一次性将上市公司新发行的全部或部分股票承购下来，并垫支相当于股票发行价格的全部资本的发行方式。如果上市公司股票发行的数量太大，一家证券公司包销有困难，可以由几家证券公司联合起来包销，这几家公司就叫承销团。当然，包销的折扣也是很可观的。该发行方式适合急于获得现金或社会知名度不高的上市公司采纳。

3 配股与增发

配股与增发实际上都是上市公司向社会公开发行新股、筹集资金的行为，但两者却略有区别。

(1) 配股

配股是上市公司向现有股东按持股比例配售公司新增股票的行为，其本意是向老股东筹集资本，以保全老股东对公司的持股比例不变。当部分老股东不愿参加公司的配股时，配股权就会转让给他老股东。配股之后，股东数量不会增加，但总股本会增加：如果股东全体参与配售，则各股东的持股比例没有变动；如果部分股东放弃配售，则放弃配售的股东持股比例会下降，参与配售的股东持股比例会上升。依照惯例，公司配股时原股东有优先认购权，且配股价一般低于现有的市面价格。欲参与配股的原股东可察看配股公司的配股说明书，以了解配股时间和配股价格。

按照《中国证监会关于1996年上市公司配股工作的通知》，对于非国家重点建设项目和非技改项目，上市公司一次配股发行的股份总数，不得超过该公司前一次发行并募足股份后其普通股股份总数的30%，即每10股最多配3股。此举旨在防止上市公司恶意“圈钱”的行为。

(2) 增发

增发是上市公司向社会公众或向特定群体增加发行股票而筹集资金的行为。向特定群体增发叫定向增发，实际上就是海外常见的私募发行，只针对特定的投资者和机构。增发之后，该公司股东数量将会增加，总股本也将随之增加，原有股东持股比例也会发生变化。获准增发公司的股票价格的确定，可以在新股发行之前向投资者发出招股意向书，根据投资者的认购意向来确定新股发行价格，在发行价格确定后再公告结果。一般来说，增发的新股定价与股票市价比较接近。

2002年7月20日证监会发布的《关于上市公司增发新股有关条件的通知》中第5条规定：增发新股的股份数量超过公司股份总数20%的，其增发提案还须获得出席股东大会的流通股股东所持表决权的半数以上通过。因此，很多公司的增发上限都会低于总股本的20%。

(3) 转配股

转配股是上市公司在配股时，国有股或法人股股东由于缺乏现金等原因将配股权转让给社会公众并由之认购的股份。转配股是我国股票市场特有的品种，它产生于1994年至1997年。根据中国证监会的有关规定，转配股过去一直不能上市流通，但在2000年3月，中国证监会决定转配股从当年4月开始，用24个月左右的时间逐步实现上市流通，于是引发了一波转配股的热潮，使大量投机者获得了巨额财富。目前，我国证券市场上已无转配股。

需要注意，配股和增发都是需要股东付钱来购买股票的，它们不属于上市公司发给投资者的红利。即使上市公司当年没有盈利甚至亏损，只要符合某些必要的条件，上市公司同样可以增发或配股，以解决公司当时的资金紧迫状况。一般来说，当市场上股票数量很少而市场需求很高时，价格略低的增发或配股会受到市场欢迎；但在市场低迷或在扩容高峰时，增发或配股则会受到市场摒弃。

老股东是否选择配股以追加对上市公司的投资，可根据上市公司的经营业绩、配股资金的投向及效益的高低来进行判断。如果配股上市公司的净资产收益率还达不到同期居民储蓄存款利率，这样的上市公司显然就不值得投资者追加投资。注意，当一个上市公司确定配股以后，如果配股权证不能流通，其配股就带有强制性，且因配股实施后股票就要除权，价格就要下跌，所以原有股东若不参加配股，就要遭受市值下降的损失。此时，持股者应考虑是否在配股前将股票抛出。

在一个成熟的证券市场上，配股是不受股东欢迎的，因为公司配股行为往往是公司经营不善或倒闭的前兆。一般来说，当一个上市公司资金短缺时，它首先应向金融机构融通资金以解燃眉之急，银行等金融机构不会拒绝一个经营有方、发展前景较好的上市公司的贷款要求，只有经营不善的公司才会向老股东伸手要钱以渡难关，也只有不关心股东权益的公司才会总想着用股权换现金的行为；而根据我国的有关规定，上市公司每年有30%的配股额度，不配股就等于浪费了指标，因此许多上市公司纯粹是为了配股而配股，所筹资金并不一定有合适的项目可以投资，于是往往拿着这些配股资金存人银行或炒股票、炒房产。可见，配股行为其实是对中小股东权益的一种伤害，特别是那些大股东极力赞成配股但却不出资参加配股的上市公司，更是有从股票市场恶意“圈钱”的嫌疑，招致市场厌恶和恐惧。

三、股票收益相关

1. 股息和红利的概念

股息是股东定期按一定比例从上市公司分取的盈利；红利则是在上市公司分派股息之后，如果还有利润可供分配，那么经过董事会同意，可按持股比例继续向股东进行分配的利润。获取股息和红利，是一部分投资者投资上市公司的基本目的，也是投资者的基本收益权利。

股东一年的股息和红利有多少，要看上市公司的税后利润而不是看其全年收入额。一个高成本运营的公司或因汇率大幅增长而导致亏损的公司，其利润往往是不多的，税后利润就更少了。一般来说，每股分红派息的金额都不会高于每股税后利润（除非有前一年度节转下来的利润），因为公司还要将部分利润计提到公积金里。如果公司的股息政策倾向于公司的长远发展，那么公司往往会少分红派息或不分红派息，从而直接将利润转为资本公积金，以满足公司扩张经营的需要。

股息和红利作为投资者的所得收益，是需要缴纳个人所得税的。在我国税法中曾有规定，持股人必须缴纳股票收益（股息和红利）所得税，其纳税比例根据股票的面额计算，超过一年期定期储蓄存款利率的部分要缴纳20%的所得税。这部分税款由上市公司在发放股息和红利前就代投资者扣缴了，如同公司代员工扣缴超额工资中的个人所得税一样。注意，股息和红利的征税方式往往会有变动，如2005年6月13日，国家税务总局规定：对个人投资者从上市公司取得的股息红利所得，暂减按50%计入个人应纳税所得额，依照现行税法规定计征个人所得税。

2. 股息和红利的发放原则

上市公司盈利后，其利润分配顺序如下：

(1) 缴纳公司所得税；

(2) 弥补以前年度的亏损；

(3) 提取法定盈余公积金；

(4) 提取任意盈余公积金；

(5) 支付优先股股息；

(6) 支付普通股股息。

需要注意，股份公司当年无利润时，不得向股东分配股利，但在用法定盈余公积金弥补亏损后，经股东大会特别决议，可以按照不超过股票面值6%的比例用法定盈余公积金分配股利，在分配股利后，公司法定盈余公积金不得低于注册资本金的25%。公司发生的年度亏损，可以用下一年度实现的税前利润弥补；下一年度税前利润不足弥补的，可以在5年内延续弥补；5年内不足弥补的，应当用税后利润弥补。此外，公司发生的年度亏损以及超过用利润抵补亏损时所规定之期限的，也可以用以前年度提取的盈余公积金来弥补，但公司以前年度亏损未弥补完时，不得提取法定盈余公积金，而在提取法定盈余公积金之前，不得向投资者分配利润。

上市公司在依上述原则分红派息时，还须注意相关的法规限制。比如：

(1) 上市公司在无力偿付到期债务或者实施分红派息后将无力偿付债务时，不得分派股息和红利，即使是公司的资产总额超过了公司所欠债务总额也不行。

(2) 上市公司分配股息和红利时，不得违反公司所签订的有关约束股息、红利分配的合同条款。

(3) 上市公司分派股息和红利时，不得影响公司资产结构及其正常运转，不得使公司的法定资本有所减少。

(4) 公司董事会的自行限制。主要表现在分派股息和红利时，不得动用公司董事会为了扩大再生产或应付意外风险而从公司利润中提取的留存收益部分。

(5) 分红派息必须执行同股同利的原则。具体表现为持有同一种类股票的股东在分红派息的数额、形式、时间等内容上不得存在差别，但公司章程另有规定的可例外（如一些上市公司在分红派息时，给个人股送股票而给法人股或国有股派现金，即是一种不公平的行为)。

3. 股息和红利的发放方式

在我国，股息和红利的发放方式大致有现金股利和股票股利两种。

(1) 现金股利

现金股利是上市公司以货币形式支付给股东的股息或红利，也是最普通的股利发放形式。如每股派息多少元，就是现金股利。

(2) 股票股利

股票股利是上市公司用股票的形式向股东分派的股利，也就是通常所说的送红股。这也是我国股票市场上常见的一种股利发放形式，具体包括送股和转股两种形式。

送股的依据来自公司的年度税后利润，只有在公司有盈余的情况下，才能向股东送红股。采用送红股的股利发放形式实际上是将应分给股东的现金留在公司作为发展之用，它与公司不分红派息没有本质上的区别。因为此举虽然使股东手中的股票增加了，但公司的总股本也由此增大了，在公司利润没有变化的情况下，每股净资产的含量就会减少，所以股东手中股票的总资产含量是没有变化的。在国外，送股并不一是利好消息，它只是因股价太高而采取的一种分拆股价的方式。但是送红股也具有三个特殊的价值：一是送红股之后市场可能会有一个“填权”的动作，使持股者的总体收益有所提高；二是送股除权后的股价会有所降低，从长期来看具有一定的市场吸引力；三是当上市公司将本年度不分配利润滚存至下一年或促使公司扩张经营时，公司下一年度的红利数额往往会增大，使持股者可以获得更好的投资回报，这也是部分投机者总是在市场上寻找高资本公积金股票的原因。

转股的依据则来自于公司的资本公积金，它不受公司本年度可分配利润的多少及时间的限制，只要将公司账面上的资本公积金减少一些，再增加相应的注册资本金就可以了（股本增大)，因此转增股本严格来说也不是对股东的分红回报。需要注意的是，股份公司用资本公积金转增股本不具有股息、红利分配的性质，投资者取得的转增股本数额也不用纳税；而送股则类似于股息、红利分配，投资者取得的红股数额会作为个人所得计征个人所得税。

可见，送红股与派现金相比，两者都是上市公司对股东的回报，只不过是回报的方式不同而已。但送红股与派现金也有特定的区别：如果将这两者与银行存款相比较，现金红利类似于存本取息，即投资者将资金存入银行后，每年取息一次；而送红股却类似于计复利的存款方式，银行每过一定时期便将投资者的应得利息转为本金，使利息再生利息，期满后一次付清。但是送股这种回报方式也有一定的风险，因为将盈利投入再生产是一种再投资行为，会产生诸多的不确定结果，如公司可能将上一年度应分配的红利化为了固定资产沉淀，无法使公司产生更好的盈利。这样，送红股就不如送现金了，投资者取得现金后还可选择投资其他回报率较高的资产。

一般来说.倾向于现金分红的公司往往现金流量充裕且无大规模的扩张计划，而倾向于送股的公司则往往现金不充裕或有特定的扩张计划。但是，如果公司已经发生了严重亏损或没有多少利润，却还要坚持用资本公积金来转增股，那么就往往只是一种通过“高转赠股”题材来炒作股价的手段罢了。需要注意，我国上市公司的股权代表基本上都是上市公司的经营管理人员，受切身利益的影响，经营管理人员通常都会赞同公司的发展与扩张，所以在我国上市公司的分红中，送红股的现象非常普遍（国外的上市公司主要以送现金红利为主）。

通常而言，判断一家公司是否具有高分配的能力，主要是看两点：一是看其历年来有无高分配的习惯；二是看其每股未分配利润和每股资本公积金的状况。如果每股未分配利润达到或超过 1 元，该公司就具备了每 10 股送 5 股或每 10 股送 5 元的能力；如果每股资本公积金达到或超过 1 元，该公司就具备了每 10 股转赠 5 股的能力。这样的股票往往会被长线交易者看重，也会被短线投机者利用。

4. 股息和红利的发放程序

根据上市公司的信息披露管理条例，我国上市公司必须在财会年度结束的120天之内公布年度财务报告，且在年度报告中公布利润分配预案，所以，上市公司的分红派息工作一般都会集中在次年的第二和第三季度进行。但在实际操作中，有的上市公司在一年内会进行两次会计决算，一次是在营业年度中期时，另一次是在营业年度终结时。相应地，这些公司可能会向股东分派两次股利，以吸引投资者长期投资。但年度中期分派股利不同于年终分派股利，它只能在中期以前的利润余额内分派，且必须是在预期本年度终结时不可能出现亏损的前提下才能进行。

根据《中华人民共和国公司法》规定，上市公司分红的基本程序是：首先由公司董事会根据公司盈利水平和股息政策确定股利分派方案，然后提交股东大会审议通过方能生效，董事会再依据股利分配方案向股东宣布消息，并在规定的付息日以约定的方式派发股息或红利。注意，很多高配送公告出现时，都会在市场上推动其股价走高，所以交易者需要关注这些公告的发布时间和内容。按公告的时间排序，此类公告包括董事会的利润分配预案公告、股东大会的审议结果公告、具体的利润分配公告。

5. 除权与除息

当一家上市公司宣布上年度有利润可供分配并准备予以实施时，该股票就称为含权股，因为持有该股票就享有分红派息的权利。上市公司在送股、派息或配股时，需要定出一个日子，以界定哪些股东可以参加分红或参与配股，定出的这个日子就是股权登记日。在股权登记日这一天仍持有或买进该公司股票的投资者可以获取此次分红或参与此次配股，这部分股东名册由证券登记结算公司统计在案，届时券商会自动将应送红股、现金红利或配股数量划至这些股东的账户上。

股权登记日之后的第一个交易日就是除权日或除息日，这意味着该日股票中含有的分红权利将予以解除，该日购入该公司股票的股东不再享有分红配股的权利。除权和除息的目的是为了维护股权登记日前后买人该股票的投资者的利益公平性。比如，一个1亿股本的公司进行了每10股送10股的送红股动作，当时公司每股收益为1元，股价为10元，总市值为10亿元；股权登记日之后的第一个交易日，所有老股东均获得了每10股送10股的利益，公司总股本增加到了2亿股，每股收益则被降低到了0.5元；这样，若交易者当天仍用10元来购买该公司股票，则该股票的含金量将大大降低；只有将每股价格同步降到5元，才能保持其10亿元的总市值不变，保持每股10倍的市盈率不变——如此，在股权登记日前后，购买该股投资者的利益和机会才是均等的。

在股票除权或除息日，证券交易所都要计算出股票的除权价或除息价，以作为投资者在除权日或除息日开盘时的参考价。除权价或除息价实际上是将股权登记日的收盘价予以降低，但具体降低多少有一个公式可以计算：

除息价=股权登记日的收盘价-每股应分现金红利

送股除权价=（除权前日收盘价+送股价格×每股送股率）÷（1+每股送股率）

配股除权价=（除权前日收盘价+配股价格×每股配股率）÷（1+每般配股率）

既送红利又送股的除权价=（股权登记日的收盘价-每股应分现金红利+送股价格×每股送股率）÷（1+每股送股率）

注意，配股和送股在技术处理上是一回事，只是送股股价是按股权登记日当日的收盘价来计算的，而配股的股价则是上市公司早就给出了的。前者是将股票利益直接送给老股东，而后者则是要老股东按一个较低的价格来认购股票，同样是给了老股东优惠。但是这些所谓的利益和优惠对于持股者而言，在短期内是难以看到实质性收益的，因为除权或除息后股价就会下降，持股者的资产总值并没有任何改变。

在除权或除息日的当天，被除权或除息的股票名称前面可能会加上两个英文字母，如沪市用“XR”表示除权，“XD”表示除息，“DR”表示既除息又除权；深市则无标记。沪市送股到账和上市交易日为R+1日（R为股权登记日），现金股息的到账目为R+2日.配股缴款起始日为R+1日，缴款期通常为10个交易日，配股代码为700xxx；深市送股到账和上市交易日以及现金股息的到账日均为R+2日，配股缴款起始日电是R+2日，缴款期通常是10个交易日，配股代码为8xxx。若投资者所持股票具有配股资格，投资者可在自己的账户内查询配股数量，至于有关配股的信息，投资者可查阅该公司配股之前刊登在三大证券报上的《配股说明书》。

此外，有几个名词需要注意：股票在除权后，若交易市价高于除权价，则获得送股或配股者会因市场差价而获利，这一现象称之为“填权”；股票在除权后，若交易市价低于除权价，则获得送股或配股者会因市场差价而亏损，这一现象称之为“贴权”；股票在除权前夕，由于送、配股消息导致股价大幄飙升，这一现象称之为“抢权”。

市场透视

一、市场的组织体

1. 证券监管机构

我国的证券监管机构是中国证券监督管理委员会，简称证监会。它是国务院直属机构，是全国证券期货市场的主管部门，按照国务院授权履行行政管理职能，依照法律、法规对全国证券、期货业进行集中统一监管，以维护证券市场秩序，保障其合法运行。

1992年10月，国务院证券委员会和中国证券监督管理委员会宣告成立，标志着中国证券市场统一监管体制开始形成。1997年，国务院决定将上海、深圳证券交易所统一划归中国证监会监管，同时在上海和深圳两市设立中国证监会证券监管专员办公室，对地方证券监管部门实行垂直领导。1998年4月，根据国务院机构改革方案，国务院证券委与中国证监会合并组成国务院直属正部级事业单位。经过这些改革后，中国证监会职能明显加强，集中统一的全国证券监管体制基本形成。

中国证监会的基本职能是：加强对证券期货业的监管，强化对证券期货交易所、上市公司、证券期货经营机构、证券投资基金管理公司、证券期货投资咨询机构和从事证券期货中介业务的其他机构的监管，提高信息披露质量。同时负责组织拟订有关证券市场的法律、法规草案，研究制定有关证券市场的方针、政策和规章，制定证券市场发展规划和年度计划，指导、协调、监督和检查各地区、各有关部门与证券市场有关的事项，对期货市场试点工作进行指导、规划和协调，等等。

2. 证券交易机构

我国的证券交易机构是证券交易所，它是依据国家有关法律，经政府证券主管机关批准设立的集中进行证券交易的有形场所。我国有两个证券交易所：上海证券交易所和深圳证券交易所。一般来说，证券交易所有助于保证股票市场运行的连续性，实现资金的有效配置，形成合理的交易价格，减少证券投资的风险；但是，证券交易所也会产生诸多问题，导致证券价格扭曲变形。

在国外，证券交易所分为公司制和会员制两种。这两种证券交易所均可以由政府或公共团体出资经营，也可以由私人出资经营，还可以由政府与私人共同出资经营。公司制证券交易所以营利为目的，提供交易场所和服务人员，方便证券商交易与交割；会员制证券交易所则不以营利为目的，由会员自治自律、互相约束，参与经营的会员可以参加股票的买卖与交割。上海证券交易所和深圳证券交易所就属于会员制交易所。

证券交易所的职责是：提供股票交易的场所和设施，制定证券交易所的业务规则，审核批准股票上市申请，组织、监督股票交易活动，提供和管理证券交易所的股票时时信息，等等。

3. 证券经营机构

证券经营机构也称证券商或证券经纪人，是证券市场的中介人，是专门经营证券业务并从中获利的企业法人。其作用有两点：一是在发行市场上充当证券筹资者与证券投资者的中介人，二是在流通市场上充当证券买卖的中介人。

我国主要的汪券经营机构有两类：

(1) 证券公司。证券公司是我国直接从事证券发行与交易业务的具有法人资格的证券经营机构。其业务范围主要有：代理证券发行，证券自营，代理证券交易，代理证券还本付息和支付红利，接受客户委托代收证券本息、红利，代办过户等。

(2) 信托投资公司。信托投资公司是以盈利为目的并以受托人身份经营信托业务的金融机构。它除了办理信托投资业务外，还可设立证券部办理证券业务，其业务范围主要有：证券的代销及包销，证券的代理买卖及自营，证券的咨询、保管及代理还本付息等。

4. 证券服务机构

证券服务机构是为证券经营和证券交易服务的机构。我国的证券服务机构主要有：

(1) 证券登记结算公司。证券登记结算公司是为证券的发行和交易活动办理证券登记、存管、结算业务的中介服务机构，是不以营利为目的的法人。证券登记结算公司的设立必须经国务院证券监督管理机构的批准，该系统的运转好坏、效率高低、稳定程度等，对证券市场安全、高效、有序运行有着极其重要的影响。其三大职能是：证券登记、证券托管、证券清算。

(2) 证券评级公司。证券评级公司是专门从事有价证券评级业务的企业法人，一般都是独立的、非官方的，其主要业务是对有价证券的发行公司进行客观、准确、真实的评级，并负责提供评级结果及有关资料。就目前来看，我国部分证券公司正在从事这样的工作。

(3) 其他证券服务机构。包括证券投资咨询公司、证券信息公司、资产评估机构、会计师事务所、律师事务所等。根据我国有关法规的规定，证券服务机构的设立需要按照工商管理法规的要求办理注册，从事证券服务业务必须得到证监会和有关主管部门的批准。

二、股票发行市场

股票市场包括股票发行市场和股票流通市场，是股票发行、买卖和转让的场所。发行市场是流通市场的基础和前提，发行市场的规模决定了流通市场的规模，影响着流通市场的交易价格。在一定时期内，如果发行市场规模过小，容易使流通市场供需脱节，造成过度投机，股价飓升；如果发行节奏过快，股票供过于求，又会使股价下滑，市场低迷，反过来影响发行市场的筹资。所以，发行市场和流通市场是相互依存、互为补充的整体。

1. 发行市场的概念

发行市场是通过发行股票进行筹资活动的市场，它一方面为资本的需求者提供筹集资金的渠道，另一方面又为资本的供应者提供投资场所。发行市场是实现资本职能转化的场所，通过发行股票可以把社会闲散资金转化为生产资本。由于发行活动是股市一切活动的源头和起点，故又称发行市场为一级市场。

2. 发行市场的特点

发行市场的特点主要有两个：一是无固定场所，可以在银行、信托投资公司和证券公司等处发行股票，也可以在市场上公开出售新股；二是没有统一的发行时间，由股票发行者根据自己的需要和市场行情自行决定何时发行。

3. 发行市场的构成

发行市场由股票发行者、股票承销商和股票投资者组成。发行者的股票发行规模和投资者的实际投资能力，决定着发行市场的股票容量和发行程度；同时，为了确保发行事务顺利进行，使发行者和投资者都能顺畅地实现自己的目的，承贿和包销股票的中介发行市场也就由此产生。这样，发行市场就以承销商为中心，一手连接发行者，一手连接投资者，展开股票发行活动。

4. 股票发行的方式

根据不同的分类方法，股票发行方式可以概括如下：

(1) 根据发行的对象不同，股票发行可分为公开发行与不公开发行。

公开发行又称“公募”，是指没有特定的发行对象而向社会广大投资者公开推销股票的方式。采用这种方式，公司可以扩大股东的范嗣，防止股票被少数人操纵；同时也有利于提高公司的知名度，为以后筹集更多的资金打下基础。公开发行可以采用股份公司直接发售的方法，也可以支付一定的发行费用通过中介机构来代理发行。

不公开发行又叫“私募”，是指发行者只针对特定的对象推销股票的方式。这种方式通常在两种情况下采用：一是股东配股，又称股东分摊，即股份公司按股票面值向原有股东分配该公司的新股认购权，此时新股发行价格往往低于市场价格，股东常常乐于认购；二是私人配股，又称第三者分摊，即股份公司将新股票分售给股东以外的本公司职工、往来客户等与公司有特殊关系的第三者，以示照顾。由于不公开发行的对象是既定的，因此不仅可以节省代销新股的手续费，还可以调动外部股东和内部员工的积极性，项固和发展公司的公共关系。但不公开发行的股票不能公开在市场上出售，且私募行为也会降低公司的知名度，还存在股票被杀价和公司被控股的危险。

(2) 根据发行者推销股票方式的不同，股票发行可分为直接发行与间接发行。

直接发行又叫直接招股，是指股份公司自己承担股票发行的一切事务，直接向认购者推销股票的方式。直接发行方式要求发行者熟悉招股手续、精通招股技术并具备一定的发行条件，如果认购额达不到计划招股额时，新建股份公司的发起人或现有股份公司的董事会必须出面认购未出售的股票，因而该方式只适用于有既定发行对象或发行风险少、手续简单的股票。在一般情况下，不公开发行的股票或公开发行有困难的股票，或有把握实现巨额私募以节省发行费用的大股份公司的股票，才会采用直接发行的方式。

间接发行又称间接招股，是指发行者委托证券发行中介机构出售股票的方式。这些中介机构作为股票的推销者，办理一切发行事务，承担一定的发行风险并从中提取相应的收益。股票的间接发行有三种方法：一是代销，二是承销，三是包销，前面已有介绍，这里就不再重复。股票间接发行时究竟采用哪一种方法，发行者和推销者考虑的角度是不同的，需要双方协商确定。一般说来，发行者主要考虑自己在市场上的信誉、用款时间、发行成本和对推销者的信任程度；推销者则主要考虑所承担的风险和所能获取的收益。

(3) 根据投资者认购股票时是否交纳资金，股票发行可分为有偿增资、无偿增资和搭配增资。

有偿增资是指认购者必须按股票的发行价格支付现款方能获得股票的发行方式。一般公开发行的股票和私募中的股东配股、私人配股都采用有偿增资的方式进行发售。采用这种方式发行股票，可以直接从外界募集股本，增加股份公司的资本金。

无偿增资是指认购者不必向股份公司缴纳现金就可获得股票的发行方式，发行对象只限于原有股东。采用这种方式发行股票，不能直接从外部募集股本，只能依靠减少公司的公积金或盈余结存来增加公司的资本金。送股和转股就属于无偿增资的方式，它们按比例将新股票无偿赠送给原有股东，其目的是为了使股东获益或为了调整资本结构，以增强股东信心和公司信誉。

搭配增资是指股份公司在向原有股东分摊新股时，仅让股东支付发行价格的一部分就可获得一定数额股票的方式。例如股东认购面额为100元的股票时，只需支付80元即可，其余部分由公司的公积金充抵。这种发行方式也是对原有股东的一种优惠，配股就往往属于这种发行方式。

三、股票流通市场

1. 流通市场的概念

股票流通市场是已经发行的股票按时价进行转让、买卖和流通的市场，包括交易所市场和场外交易市场两个部分。由于它是建立在发行市场基础之上的，因此又称作二级市场。相对于发行市场而言，股票流通市场的结构和交易活动比发行市场更为复杂，其作用和影响力也更大。流通市场一方面为股票持有者提供随时变现的机会，另一方面又为投资者提供随时投资的机会，这与发行市场的一次性行为是有本质区别的。

2. 流通市场的功能

股票流通市场包含了股票流通的一切活动，它的存在和发展为股票发行者创造了有利的筹资环境，同时，投资者也可以根据自己的投资计划和市场变动情况随时买卖股票，在股票和现金之间随意转换，并由此增强股票的流动性和安全性。股票流通市场的价格是反映经济动向的晴雨表，能灵敏地反映市场资金供求状况、市场股票供求状况、行业前景和政治形势等变化，是进行经济预测和分析的重要指标。对于公司来说，股权转移和股票行情则是其投资经营的指示器，能为公司及时提供信息，有助于公司作出经营决策和改善经营管理。

3. 股票交易的方式

股票流通市场的交易方式种类繁多，从不同的角度可以分为以下三类：

(1) 按买卖双方决定价格的形式不同，可以分为议价买卖和竞价买卖。

议价买卖是指买方和卖方一对一的面谈，通过讨价还价来达成买卖的交易方式。它是场外交易中常见的一种交易方式，一般在股票无法上市、交易量少、需要保密或为了节省佣金等情况下才会采用。

竞价买卖是指买卖双方都是由若干人组成的群体，由双方公开进行双向买卖竞争而形成的交易方式。在此，买方可以自由地选择卖方，卖方也可以自由地选择买方，产生的价格比较合理。竞价买卖是证券交易所中买卖股票的主要方式。

(2) 按达成交易的方式不同，可以分为直接交易和间接交易。

直接交易是指买卖双方直接洽谈，股票由买卖双方自行清算交割，在整个交易过程中不涉及任何中介的交易方式。场外交易中的绝大部分就属于直接交易。

间接交易是指买卖双方不直接见面联系，而是委托中介人进行股票买卖的交易方式。证券交易所中的经纪人制度就是典型的间接交易方式。

(3) 按交割期限的不同，可以分为现货交易和期货交易。

现货交易是指指股票买卖成交以后，马上办理交割清算手续，当场钱货两清的交易方式。

期货交易是指股票成交后，按合同规定的价格、数量过若干时期再进行交割清算的交易方式。

4. 流通市场的组成

流通市场的构成要素主要有：股票持有人，在此为卖方；投资者，在此为买方；为股票交易提供流通、转让便利条件的中介机构，如证券公司或证券交易所。流通市场主要由以下四种类型的市场组成：

(1) 交易所市场

交易所市场是股票流通市场中最重要的组成部分，也是交易所会员、证券自营商或证券经纪人在证券市场内集中买卖股票的场所，是二级市场的主体。它具有固定的交易场所和固定的交易时间，接受和办理符合有关法律规定的股票买卖，使原股票持有人和新投资者有机会在市场上通过经纪人进行自由买卖、成交、结算和交割。

(2) 场外交易市场

场外交易市场又称柜台市场或店头市场，它与交易所市场共同构成一个完整的证券交易市场体系。场外交易市场在美国比在任何其他国家都要发达，因为美国的证券交易委员会对证券在交易所挂牌上市的要求非常高，一般的中小公司无法达到.所以许多公司的证券不可能甚至也不愿意在交易所挂牌流通，其股票往往依靠场外交易市场进行交易，也就是在专门的交易柜台或私下会晤时进行买卖。当然.这里交易的大多是纸制股票，和交易所里的电子股票是有区别的。

(3) 第三交易市场

第三交易市场是在柜台市场上买卖已在交易所挂牌上市证券的统称。这一部分交易原属于柜台市场的范围，但因近年来交易量增大，其地位日益提高，以至许多人都认为它实际上已变成了一个独立的交易市场。第三交易市场是为了适应大额投资者的需要而发展起来的。一方面，这是机构投资者降低交易佣金的需要，另一方面，也是不具备交易所会员资格的券商低成本招揽业务的结果。在我国没有这种市场，但有大宗交易方式可以解决机构投资者的大宗交易问题。

(4) 第四交易市场

第四交易市场是投资者直接进行证券交易的市场。在这个市场上，证券交易由买卖双方直接协商办理，不用通过任何中介机构。如美国的全美证券交易商协会自动报价系统，即纳斯达克证券市场就属于第四交易市场。利用第四交易市场进行交易的一般都是大企业和机构投资者，通过该市场的计算机网络进行交易，其交易行为更加隐蔽，交易成本更加低廉。由于我国的证券市场还不成熟，目前尚不具备发展第四交易市场的条件。

交易规则

一、开户相关事项

1. 开设证券账户

我国实行的是无纸化的股票交易，投资者虽然是股票的拥有者，但不占有股票实物，所有的股票都采取记账式，且都按规定托管在证券登记结算公司。所以投资者需要开设一个证券账户，以保管自己的股票，记录自己交易股票的过程。证券账户实际上是投资者在交易所进行交易时的身份证，有了这个身份证，交易所才知道是谁、在什么时候、交易了多少数量的什么股票。拥有了证券交易账户后，投资者就可以凭借上面的编号到证券公司查询自己所交易的股票了。

证券账户有不同的种类。目前，上海、深圳两个交易所的证券账户主要分为自然人证券账户、法人证券账户；A 股证券账户；B 股证券账户以及基金账户等。上海 A 股证券账户可以买卖在上海证券交易所挂牌交易的股票、基金、债券；深圳 A 股证券账户可以买卖在深圳证券交易所挂牌交易的股票、基金、债券；基金账户可以买卖基金和债券，但不能买卖股票；B 股证券账户只能买卖上市交易的 B 股股票；境内白然人可以开立个人 A 股证券账户和基金账户，但已开立 A 股证券账户的不能再开立基金账户，已开立基金账户的不能再开立 A 股证券账户；境内法人投资者可以开立法人 A 股证券账户，境外自然人和法人可以开立 8 股证券账户，但A股证券账户不对境外投资者开放。可见，如要买卖在上海、深圳两地上市的股票，投资者需分别开设上海证券交易所证券账户和深圳证券交易所证券账户。

境内个人投资者开立A股证券账户时，须持本人身份证，如委托他人代为办理，必须同时出示委托人和被委托人的身份证原件。每一个身份证只能开立一个上海证券账户和深圳证券账户，身份证号码与证券账户号码（股东编号）一一对应，不能重复开户；境内法人开立法人A股证券账户时，需持营业执照原件及复印件（加盖公章）、法人代表证明书、法人授权委托书和经办人身份征等。法人A股账户也不能重复开户，外国及港澳台地区在中国内地的独资公司不可开立A股证券账户。

原来开户的工作由各地证券登记结算公司进行，现在各证券公司都可以代为办理。开户步骤如下：

（1）在当地证券公司索取开户申请表并按要求填写；

（2）将填写好的开户申请表、有效证件及开户费交与工作人员；

（3）经确认无误后，即可领取A股证券账户。

2. 开设资金账户

由于现在的证券公司可以代为办理证券账户的开户工作，所以交易者在进入市场之初的工作就是要选择一家实力雄厚、信誉优良的证券公司。交易者本人是不能进入证券交易所直接从事股票买卖的，需要借助一个中介机构——证券公司方能进行交易，而证券公司提供交易的途径一般包括柜台交易、电话交易、网上交易和营业部交易。

在证券公司现场办理好证券账户后，交易者即可填写相关表单办理资金账户了。由于现在的股票和资金是分离的，证券公司可以被委托为客户交易股票（交易指令由客户下达），但不能直接经手交易者的资金，必须委托一家银行来托管交易者的资金，所以在开设资金账户的同时，交易者还必须去办理一个关联的银行账户。如果交易者喜欢工商银行，就可以指定工商银行为自己买卖股票时的资金托管机构，将自己在工商银行办理的存折账户号码提供给证券公司就可以了（现在全国所有能够在异地存取款的银行都获得了证券托管资格）。如果是新办存折，就要告诉银行此存折专为证券托管所用。

一般而言，证券公司都会要求交易者填写一张《客户交易结算资金第三方存管业务三方协议》，交易者的关联银行账户就会写在上面。以后交易者想增加购买股票的资金时，就应该往该银行账户上存钱，然后通过电话或网上交易系统进行“银行到证券”的转帐，银行账户上的资金就会到关联的资金账户上了（一般转帐是即时达到的）。当资金账户上有了钱以后，交易者就可以购买股票了。当交易者卖出股票而想取出现金时，只有在卖出股票后的第二个交易日才能进行“证券到银行”的转账工作（因为卖出股票的当日，证券登记结算公司需要进行股票的清算和交割工作。），这个转帐过程也是即时完成的。当资金账户上的钱转到了银行账户上，交易者才能通过银行将该笔资金取出来。最好交易者的关联银行账户能够开通网上转账功能，这样，交易者就能及时而方便地察看和管理该银行账户上的资金了。

资金账户既是交易者交易时的资金结算账户，也是以后上市公司划拨股息和红利的账户。资金账户归证券公司管理，但资金却由银行托管。可见，证券账户对应着股票，资金账户对应着资金，前者由证券登记结算公司管理，后者由证券公司管理。事实上，交易者选择在某证券公司开设资金账户的时候，就是在选择该证券公司委托进行证券交易，两者是委托和被委托的关系。

3. 不能开设证券账户的人

根据国家有关规定，下列人员不得开设 A 股证券账户：

(1) 证券主管机关管理证券事务的有关人员；

(2) 证券交易所管理人员；

(3) 证券经营机构中与股票发行或交易有直接关系的人员；

(4) 与发行人有直接行政隶属或管理关系的机关工作人员；

(5) 其他与股票发行或交易有关的知情人；

(6) 未成年人或无行为能力的人以及没有身份证的人员；

(7) 由于违反证券法规，被主管机关停止证券交易资格且期限未满者；

(8) 其他法规规定不得参加证券交易的自然人，包括武警、现役军人、证券从业人员、国家机关处级以上干部等，但其可开立基金账户，买卖基金和债券。

二、网上交易事项

作为一名职业交易者，通过网络来进行股票交易是必然的选择。下面简要介绍一下网上交易的相关常识。

1. 网上交易的优势

(1) 交易方便、信息丰富

网上证券交易彻底突破了地域的限制，使交易者无论身处世界任何一个角落都可以方便地通过互联网进行交易。交易者既可足不出户随时查阅股票行情，同时还能通过网上交易软件直接下单，或查询资金、历史成交、即时成交和撤单等情况。另外，还能随时查看上市公司基本资料、专家股评、每日动态等信息，享受类似证券营业部里贵宾级的服务。

(2) 操作简单、高效快捷

随着网上证券交易业务竞争的加剧，各大软件公司和证券公司均投人了大量的人力和物力，开发出了不少优秀的网上交易软件。这些软件不仅保持了传统交易软件的特点，而且增加了许多方便交易者的适用功能，如提供更为简单实用的操作方法、提供个人理财数据统计服务、即时查询买卖证券的历史数据、即时划转关联帐户的资金等。

(3) 费用低廉、安全可靠

与传统的柜台委托下单、自动委托下单、电话委托下单等交易方式相比，网上证券交易的交易费用更加低廉。同时，各券商在维护网上交易的安全上也投入了大量的工作，推出了各种重大举措，如加强防火墙的设置和主机安全，完善实时安全监测和入侵监测系统、登录时需要双重密码等，这些措施的实施使网上交易更加安全可靠。

2. 网上交易的流程

(1) 在证券公司开立沪深证券账户和资金账户。

(2) 开户时向证券公司提出网上交易的需求，同时设置网上交易密码和通信密码。

(3) 在证券公司指定网站上下载相关的网上交易软件。

(4) 登陆交易软件，输人资金账户号码、交易密码、通信密码、随机验证码等信息。

(5) 察看股市行情，随时交易下单。

3. 网上交易风险防范

一般来说，在网上进行证券交易时，交易者须注意以下事项：

(1) 选择好的券商和软件

交易者在进行网上交易之前，应从资金安全性、交易稳定性、资讯信息质量、数据传输速度、技术服务能力等方面综合比较，筛选出信誉好、实力强、软件功能完善的证券公司及其网上行情分析软件。

(2) 正确使用电脑。

交易者应学会上网的基础知识，掌握上网的必备技能，熟悉电脑安全防范技术，经常安装计算机操作系统的补丁，保护好自己的电脑系统。且进人了网上交易系统后，不要再访问陌生网站，不要下载来历不明的软件，不可随意打开可疑邮件。

(3) 保护好自己的交易密码和通信密码

如果这两个密码泄露，他人即可轻松登录交易者的账户进行操作，即使资金不一定会被取走，却也存在着股票亏损的隐患。所以交易者在设置上述两个密码时，忌用简单的数字和容易使人破解的数字，且最好勿让他人动用该台电脑。

(4) 谨慎操作

交易者在网上输入买人或卖出信息时，一定要在仔细核对股票代码、价位、数量以及买人（卖出）选项后，方可点击确认，否则券商对造成的损失概不负责。

(5) 及时查询并确认买卖指令

由于网络运行的不稳定性，有时电脑界面显示网上委托已成功，但券商服务器却未接到该委托指令，所以每项委托操作完毕后，交易者应立即利用“查询”选项对发出的交易指令进行查询，以确认委托是否被券商受理和是否已成交。

(6) 记得退出交易软件

交易软件使用完毕后如不及时退出，有时可能会因为家人或同事的误操作，造成交易指令的误发，同时资金账户等信息也容易遭泄露。在网吧等公共场所最好不要登录交易软件，因为这些地方往往有木马程序可以盗窃客户的密码资料。

(7) 记得使用电话委托功能

遇到电脑系统繁忙、网络通讯故障或停电时，常常会影响交易者正常登录软件，耽误买入或卖出的最佳时机。电话委托交易作为网上证券交易的补充，可以在网上交易暂不能使用时，快速解决证券交易的问题。

(8) 不要过分依赖系统数据

许多交易者习惯用交易软件的“查询”选项来查看股票买人成本、股票市值等信息，但由于交易软件的数据统计方式不同，个股如遇配股、转增或送股时，交易软件记录的成本价就会出现偏差。因此，在判断股票盈亏时应交割单的实际信息为准。

(9) 做好防黑、防毒的工作

目前网上黑客猖獗，病毒泛滥，木马流行，如果电脑和网络缺少必要的防黑、防毒系统，则轻者容易造成机器瘫痪和数据丢失，重者会造成股票交易密码等个人资料泄露。因此，安装必要的防黑、防毒软件是确保网上炒股安全的重要手段。

(10) 最好同时安装两个行情分析软件

因为一个软件在某些数据上可能不太准确，这样就需要另一个软件来作提醒。而且很多行情分析软件的特别功能是不一样的，使用两种软件将更有利于交易者进行股票的综合性分析。

三、竞价交易事项

竞价交易是一个被很多交易者忽视的内容，但掌握其发生原理和实施过程的交易者却往往能获得有利的成交时间和成交价格。下面简要介绍。

1. 集合竞价

所谓集合竞价，是指在每个交易日的9：15~9：25分之间，交易者可根据股票前一天的收盘价和对当日股票走势的预测来输入委托价格，在这段时间内，输入交易所系统的所有价格都是平等的，不按照时间优先和价格优先的原则进行成交，而是按能使成交量最大化的原则来定出股票的某一成交价位，使符合该价位条件的所有买卖者达成交易。这个价位就被称为集合竞价的价位，而这个过程则被称为集合竞价过程。

集合竞价有两个特性：其一，成交价格必定产生在最高买价和最低卖价之间，且形成的一个价格能使成交数量达到最大化；其二，遵循“价格优先，同等价格下时间优先”的原则。

一般来说，集合竞价的步骤有四步：

第一步：确定有效委托。根据该股票上一交易日收盘价以及确定的涨跌幅限制来计算当日的最高限价、最低限价。有效价格范围就是该股票最高限价、最低限价之间的所有价位，限价超出此范围的委托视为无效委托，系统作自动撤单处理。

第二步：选取成交价位。即在有效价格范围内选取使所有委托产生最大成交量的价位。如有两个以上这样的价位，则依以下规则选取成交价位：其一，高于选取价格的所有买委托和低于选取价格的所有卖委托能够全部成交；其二，与选取价格相同的委托一方必须全部成交。如满足以上条件的价位仍有多个，则选取离昨日收盘价最近的价位。

第三步：集中撮合处理。所有的买委托按照委托限价由高到低进行排列，限价相同者按照进入系统的时间先后排列；所有卖委托按委托限价由低到高进行排列，限价相同者按照进入系统的时间先后排列。依序逐笔将排在前面的买委托与卖委托配对成交，即按照“价格优先，同等价格下时间优先”的成交顺序依次成交，直至成交条件不满足为止，即不存在限价高于或等于成交价的叫买委托、不存在限价低于或等于成交价的叫卖委托。所有成交行为都以同一成交价成交，集合竞价中未能成交的委托，自动进入连续竞价阶段。

第四步：行情揭示。股票的开盘价即为集合竞价的成交价。当股票的叫买价低而叫卖价高导致没有成交时，上海股市就将其开盘价空缺，将连续竞价后产生的第一笔价格作为开盘价；而深圳股市则规定：若最高叫买价高于前一交易日的收盘价，就选取该价格为开盘价；若最低叫卖价低于前一交易日的收盘价，就选取该价格为开盘价；若最低叫买价不高于前一交易日的收盘价、最高叫卖价不低于前一交易日的收盘价，则选取前一交易日的收盘价为今日的开盘价。

根据规定，在开盘集合竞价时段的前5分钟（9：15~9：20），交易者可以下单也可以撤单；在集合竞价时段的后5分钟（9：20~9：25），交易者只能下单而不能撤单；9：25分，系统将公布集合竞价的成交价格和成交数量；9：30之后，属于连续竞价时段，股票随之展开连续4个小时的交易。但深交所在每个交易日的14：57至15：00之间，又会出现三分钟的集合竞价过程，为的是防止收盘价被市场操纵。

2. 连续竞价

所谓连续竞价，是指在集合竞价之后，交易所主机对交易者申报的委托进行逐笔连续撮合处理的过程。在连续竞价阶段，买卖双方连续委托买进或卖出股票时，只要彼此符合成交条件，交易即可随时发生，成交价格也不断依买卖供需变化而出现涨跌变化。

连续竞价期间，每一笔买卖委托进入交易所主机自动撮合系统后，系统会当即判断并进行不同的处理，能成交者予以成交，不能成交者等待机会成交，部分成交者让剩余部分继续等待。此外，在无撤单的情况下，买卖委托当日有效；若遇到股票停牌，停牌期间的买卖委托视为无效。

一般来说，连续竞价要遵循两个基本原则：

(1) 价格优先原则

即如果最高买进申报价与最低卖出申报价相同，则该价格即为成交价格；如果还有更高的买价或更低的卖价，即使是后来报出的，也优先成交；但如果是同一时刻出现了新的最高买价和最低卖价，且都符合成交条件，则成交价为两者的中间值。

(2) 时间优先原则

即买人申报价高于卖出申报价时可成交，卖出申报价低于买入申报价时也可成交，但申报在先的价格为成交价格；如果申报买价相同或申报卖价相同而又都符合成交条件的，则谁先申报就谁先成交。

由此可见，集合竞价不易受到个别报价的影响，并能反映绝大多数交易者的买卖意愿，产生的价格比较公道合理，可以防止股价操纵行为，也可以防止误报股价行为；而连续竞价则是一对一的撮合行为，根据不同时刻交易者下单的价格不同，其成交价的波动性很大，即使是错误的报价也往往会被迅速成交。

3. 委托报价技巧

很多交易者在追涨杀跌时之所以没有获得成交的机会，多数是因为没有掌握报价的策略；而职业交易者则拥有丰富的报价策略和娴熟的报价技巧，总是能比普通交易者掌握成交的先机。一般来说，报价技巧会体现在两个阶段，即集合竞价阶段和连续竞价阶段。

在集合竞价阶段，一部分股票将按能使成交量最大化的价格成交，低于这个价格的买盘或高于这个价格的卖盘都不能成交。所以，交易者需要把买价报高一些或把卖价报低一些才有机会成交。而实际上，交易者买盘报得再高或卖盘报得再低也无关紧要，因为系统将按能使股票产生最大成交量的那一个价格成交，只要交易者的委托量不大，这个价格是不会与交易者的报价一致的，甚至往往低于交易者的叫买价或高于交易者的叫卖价。

在连续竞价阶段，由于有时间优先的限制，所以交易者同样可以把买价报高些或把卖价报低些，也没有什么风险。因为成交的价格往往不是交易者所报出的价格，而是前面早就报出来的低卖价或高买价，但这样的报价技巧却可以使交易者获得晟快成交的机会。所以在报价策略上，交易者需要记住：不要担心报出高买价或低卖价，市场往往会给你更好的成交价。

四、清算/交割/过户

股票在交易者买人或卖出后，还有很多事情需要处理，比如股票的清算、交割、过户手续均需要办理。但这些事情和交易者没有什么关系，所以这里只略作表述。

1. 清算

股票清算是将买卖股票的数量和金额分别予以抵消，然后通过证券交易所交割净差额股票或价款的一种程序。证券交易所如果没有清算程序，那么每个证券公司都必须向对方逐笔交割股票与价款，手续相当繁琐，且占用大量的人力、物力、财力和时间。证券交易所规定，在一般情况下，同一日成交者为清算期，证券公司不得因委托人的违约而不进行清算。股票交易所的清算业务按“净额交收”的原则办理，交易所作为清算的中介人，在价款清算时，向股票卖出者付款，向股票买人者收款；在股票清算交割时，向股票卖出者收进股票，向股票买入者付出股票。

2. 交割

股票清算后，即办理交割手续。所谓交割就是卖方向买方交付股票而买方向卖方支付价款的过程。由于我国股票市场自 1992 年开始实行无纸化制度，实物股票不再流通，交易者所持证券体现为其证券账户中的电子数据记录，所以交割只是交易者证券账户中证券数据和资金账户中资金数据的账面记加或记减的动作。交割根据交割时间的不同，一般可分为当日交割、次日交割、例行交割等，如逢法定假日，一般都会顺延一天。目前我国证券 A 股市场采用“T+1”交割制度，即当天买卖，次日交割。

3. 过户

随着交易的完成，当股票从卖方转给买方时，就表示着原有股东拥有权利的转让，新的股票持有者则成为公司的新股东。但由于原有股东的姓名及持股情况均记录于股东名簿上，因而必须变更股东名簿上相应的内容，这就是通常所说的过户手续。上海证券交易所的过户手续采用电脑自动过户的方式，买卖双方一旦成交，过户手续就已办完；深圳证券交易所在买卖双方成交后，采用光缆把成交情况传到证券登记结算公司，将买卖情况记录在股东开设的账户上。

五、新股申购事项

1. 什么是新股申购

股份公司发行新股时会采取网上申购和网下发行的办法。网上申购是指交易者动用证券交易保证金向证券交易所提交新股认购请求，证券交易所在汇总所有交易者的认购请求后为每 1000 股认购指令分配一个认购序号，并通过摇号确定中签认购序号的一种新股认购方式。如果交易者认购序号与中签号相同，将成功认购 1000 股新股，否则认购资金将自动退回交易者的资金账户。

网下发行则主要是针对战略投资者的，那么什么样的投资者属于战略投资者呢？不同的发行人会根据自身的情况来界定公司的战略投资者。例如，华能国电在首次新股发行时，公布战略投资者须符合以下条件：其一，最近一年内向本公司提供燃料及运输服务一次性交易总额在3亿元以上的法人；其二，或者自公司成立以来向公司一次性收购或出售资产（或股权）经评估或审计确认的交易总额在5亿元以上的法人；其三，或者自公司成立以来在证券市场与本公司发生重组、并购等资本运营行为一次性交易总额在5亿元以上的法人。公司将根据符合上述要求的战略投资者与本公司业务关联的重要性以及往来业务量两个标准最终确定不多于三家的战略投资者，同时对战略投资者配售的股票数量最多不超过1亿股（一般来说，战略投资者与发行公司订立配售协议后，其持股时间不得少于六个月，即六个月后该部分股份才可以上市流通。）。

2. 新股申购的流程

T–2日或之前：

申购日的前两天，股份发行公司会在中国证监会指定的信息披露媒体上刊登《招股说明书》和《发行公告》。

T日（申购当天、受理申购）：

申购日当天，交易者可按买入A股的常规方法提交申购委托指令。其中：上海的新股认购代码为730×××，深圳的新股认购代码与股票上市后的代码相同；申购价格按《发行公告》中的规定进行；申报认购下限是1000股，即认购必须是1000股或其整数倍数量，但最高申购量不得超过社会公众股发行总量的千分之一，否则被定为无效委托；上网申购期内，交易者按委托买入股票的方式，以价格区间上限填写委托单，如果确定的发行价格低于价格区间上限，差价部分将退还给交易者。

需要注意，新股申购时不可撤单，每个账户只能申购一次，如有多次申购行为，只有第一次是有效的，其余几次均无效，但无效申购资金仍会在当日被冻结，次日才能使用；交易者在办理完新股申购手续后，所得的合同号不是配号，交易系统中的“委托已成交”不等于申购已成功，只能说明申购委托已成功进入交易所的主机系统之中，但能否申购到新股还必须在后期查询委托是否中签；此外，申购新股不收取交易佣金、印花税、过户费等费用，但可以酌情收取委托手续费，如上海、深圳本地收 1 元，异地收 5 元，部分券商则对委托手续费予以减免。

T+1 日（资金冻结、验资配号）：

申购日后的第一个交易日，证券营业部负责将交易者的申购资金转入证券交易所指定账户，该日如果交易者打印交割单，交割单上的成交编号不是新股配号，此时的成交编号或申购编号只是证券营业部分配给交易者的流水号而不是申购配号，申购配号由交易所主机统一产生。

T 日沪市新股的申购代码是 730×××；申购确认后，T+1 日交易者在账户内查看到的是申购款代码 740×××；T+3 日查询新股配号时的代码是 741×××；如果中签，T+4 日交易者账户内会有中签的新股显示，新股代码为 730×××；新股上市交易的当天，证券代码将变更为 60××××；深市新股申购代码、申购款代码、新股配号、中签新股代码直至上市交易的证券代码均和该公司原有的股票代码保持一致。

此外，验资及配号的工作同步进行。发行公司和主承销商进行验资时，按每 1000 股为单位，以委托时间顺序生成配号，同时确定中签率。当日营业结束后，交易所将配号回传至各证券营业部。

T+2 日（摇号抽签、中签处理）：

申购日后的第二个交易日，交易者可以通过下列方式查询新股配号：查阅证券营业部张贴在营业大厅内的所有交易者的新股配号；打印交割单，交割单上的成交编号即是新股配号；通过自助系统（包括电话委托、自助委托、网上交易等）查询新股配号；拨打证券交易所新股申购声讯服务电话进行查询，沪市查询电话为 021-16883006，深市查询电话为 0755-82288800。

同日，主承销商组织摇号抽签，确定并公布中签结果。当日营业结束后，证券交易所将中签结果回传至各证券营业部。注意，新股配号按照每1000股配一个号，以时间顺序连续配号，号码不间断。每个证券账户在交割时只打印申购配号的起始号码，同时打印有效申购股数。如交割配号为10005605，则意味着有效申购股数为5000股，且该账户的全部申购配号有5个，依次为10005605、10005606、10005607、10005608、10005609。

T+3日（公布中签、资金解冻）：

申购日后的第三个交易日，证券营业部将对未中签的申购冻结资金进行解冻。同日，交易者可以查询中签情况，查询方式有两种：一是根据T+2日得到的配号，查询证监会指定报刊上由主承销商刊登的中签号码，如果配号的后几位与中签号码相同，表示中签（每一个中签号码可以认购1000股新股），不相同则表示未中签；二是直接查询账户冻结资金解冻后的金额是否减少，或者查询股份余额中是否有申购的新股，以此来确定自己是否中签。

注意，T+3日资金解冻时，在交割单上显示为“卖出”，其成交股数等于交易者的原申购股数；T+2日中签时，在交割单上显示为“买入”，其成交股数即是交易者的中签股数；如果交易者在某日申购了新股但又撤销了指定交易，则交易者的相关数据会传送给交易者所在的证券营业部，交易者可在该营业部进行查询。

T+4日（新股划拨、资金划拨）：

申购日后的第四个交易日，主承销商将交易者所购新股划至交易者账户，同时将交易者认购款划入发行公司指定账户，股票发行筹资活动至此结束。

3. 新股申购的要点

交易者进行新股申购时，有三点需要注意：

其一，新股申购不是稳赚不赔的。因为新股申购属于股票发行市场（一级市场）的范畴，所以新股一旦在股票流通市场（二级市场）开始上市交易时，其价格往往会高出申购价很多。但是，也有些质地不佳的个股因为上市时正逢熊市，所以往往也会在上市首日即跌破发行价，导致申购的交易者不但无法溢价卖出，反而蒙受亏损。

其二，新股申购是有风险和成本的。所谓风险主要来自于机会风险，因为在申购新股时，交易者账户中至少有 3 天的资金是不能进行交易的，如果此阶段有交易者看好的股票开始上涨，那么交易者将损失这个买人的机会；所谓成本则是与银行同期存款利息相比较而言的，在新股申购的过程中，资金必须存放在资金账户中，如果此间正逢周末，那么资金不能取出的时间就会达到 5 天，再加上资金转人银行账户当天是不算全天利息的，所以这 3~6 天的资金利息是没有的。

其三，申购新股的收益率主要由新股的首日涨幅来确定。新股的首日涨幅往往受制于四个因素：发行规模、中签率、行情走势、发行市盈率，它们与新股首日涨幅的关系如下：新股发行规模越大，中签率越高，但是新股首日涨幅越低，因为人多心不齐；大盘行情较差时往往中签率较低，大盘行情较好时往往中签率较高，因为资金在行情不好时都涌人了新股申购的渠道；大盘行情走势较好时，新股首日涨幅一般比较高，这是水涨船高的原因；新股发行市盈率越高，表明投资者对其未来成长性越看好，新股首日涨幅也就越高，但过高的市盈率在市道低迷时很难维持长久。

可见，交易者在进行新股申购时，要从多方面来综合考虑。即便是一门心思只做新股申购的交易，也要分清楚时机和品种，有些时机和品种是不适合出击的。

4. 新股申购的技巧

对于靠申购新股而牟利的交易者，需要掌握以下的技巧：

(1) 新股发行之前，要多方面了解新股的基本面和已上市的同行业股票的价格情况，以估算出新股将来上市时的首日价格，同时得出是否值得申购的结论。

(2) 积极参与大盘股发行时的申购，因为大盘股的供应量大，中签率明显要高于小盘股。但如果同一周内出现两只以上新股时，则要优先考虑基本面尚可的冷门股以获取较高的中签率。

(3) 如果周一和周二都有新股申购，尽量去申购周二的新股，因为大量资金都抢在周一去申购了，所以在资金冻结期内，周二的市场申购资金比较少，这样就有利于提高申购的中签率。

(4) 要想有稳定的新股收益，根据目前一级市场的资金存量情况来看，交易者至少需要300万元的资金，个别小盘股申购时所需资金更高，甚至需要达到800万元。

(5) 中小交易者的资金一般比较少，应集中所有的资金全力申购一只新股，以提高中签率。

(6) 一般在刚开盘和快收盘时进行申购的中签率很小，可选择在上午和下午的中间时段来申购。

(7) 新股申购时必须拥有买彩票的心态，只有持之以恒才有可能开花结果。

六、股票交易术语

牛市：也称多头市场，指市场行情普通看涨，且延续时间比较长。

熊市：也称空头市场，指市场行情普通看跌，且延续时间比较长。

牛皮市：指股价上升和下降的幅度很小、股价变化不大、多空双方僵持的态势。

多头：指预期未来股价会上涨而实施买入行为的交易者。

空头：指预期未来股价会下跌而实施卖出行为的交易者。

多头陷阱：指本来后市行情比较看好，但在交易者买入后却开始大幅下跌的状况。

空头陷阱：指本来后市行情比较糟糕，但在交易者卖出后却开始大幅上涨的状况。

多翻空：指原本看好行情的交易者突然改变看法，开始卖出股票的状况。

空翻多：指原本看空行情的交易者突然改变看法，开始买进股票的状况。

死多头：指一直看好股市上涨并持续持股，无视股价下跌趋势的交易者。

踏空：指交易者因担心行情下跌而卖出股票，但随后股价上涨却未能及时买入的状况。

利好：指能刺激股价上涨的各种因素和消息。

利空：指能促使股价下跌的各种因素和信息。

行情：指股票的现行价位或股价走势。

涨跌：指将股票现行价格与前一日的收盘价相比，是涨还是跌的情形。

低开：指今日开盘价在昨日收盘价之下。

高开：指今日开盘价在昨日收盘价之上。

平开：指今日开盘价与昨日收盘价持平。

跳空：指开盘价大幅高于或低于前一交易日的收盘价，使股价走势出现缺口的状态。

盘整：指股价变动幅度较小，最高价与最低价相差不大的行情。

回补：指股价下滑时将原来的向上跳空缺口填满的情形。

反弹：指股价在下跌趋势中因跌速过快而回升，但回升幅度小于下跌幅度的行情。

反转：指股价朝原趋势相反的方向移动，并成功超越原趋势的高点(低点)的情形。

阴跌：指股价如阴雨连绵、长跌不止的状况。

跳水：指股价迅速下滑且下跌幅度很大的状况。

崩盘：指由于某种利空原因，导致大量卖盘蜂拥而出，致使股价疯狂下跌的情形。

跌破：指股价向下跌过支撑位的现象。

跌势：指股价在一段时间内不断下跌的态势。

买盘强劲：指买方的欲望较强烈，造成股价上涨的状况。

卖压沉重：指卖方的欲望较强烈，造成股价下跌的状况。

筹码：指交易者手中持有的股票。

建仓：指在股票市场上买进股票的行为。

加仓：指在买入股票后继续买人同一只股票的行为。

减仓：指将持有的股票卖出一部分的行为。

平仓：指在股票市场上卖出所有股票的行为。

套牢：指买入股票后股价大幅下跌，使持股者蒙受账面损失的状况。

斩仓（割肉）：指买入股票后股价下跌，为避免损失扩大而低价卖出股票的行为。

超买：指股价持续上升到一定高度后，买方力量恐怕不能维持的现象。

超卖：指股价持续下跌到一定程度后，卖方力量恐怕不能维持的现象。

吃货：指暗中买进股票的行为。

出货：指暗中卖出股票的行为。

低价区：指较低的价格区间。

高价区：指较高的价格区间。

底部：指某一时间段内股价的最低价格区间。

顶部：指某一时间段内股价的最高价格区间。

探底：指股价到达阶段性底部后开始迅速回升的状况。

骗线：指主力在K线图上做手脚，使其他交易者作出错误决定的情形。

对敲：指主力左手买进、右手卖出、自买自卖的交易行为。

洗盘：指主力准备拉升股价之前，故意压低股价迫使恐慌盘出局的操作行为。

护盘：指行情不佳时，主力大量购进自己重仓的股票，防止股价继续下滑的行为。

抬轿子：指市场买盘蜂拥，将主力低价筹码轮番抬高的状况。

坐轿子：指主力在低位获得筹码后，因市场买盘蜂拥而导致筹码涨价的状况。

第三章

探寻股票交易

短线交易

涨停板的交易

开盘短线交易

盘中短线交易

中线交易

短线交易

对于短线交易者而言，股市是动荡不安的，百分之几的涨/跌幅往往来回交错，常常使其陷入一买就跌、一卖就涨的尴尬处境；而部分交易者则试图把握住所有短期内上涨幅度最大的股票以及所有能够获利的时机，事实上，这往往也是徒劳的努力和无知者的幻想。但是，如果遵循有节奏、有节制的交易原则，在特定的时段，短线交易者确实可以获利丰厚，达到每周获利超过5%的程度，所谓“短线是银”就是这个意思。只是有些书籍中把短线交易吹得神乎其神，但那往往只是作者推销自我的手段罢了，交易者不必当真。

一、短线交易的概念

短线交易是相对于长线交易和中线交易而言的。在T+1交易制度下，短线交易通常是指隔夜交易，即当日完成进场交易，次日完成出场交易。但有时，如果行情继续看涨，短线交易者也可能继续持仓几个交易日，直到一波强势涨幅完结为止。

二、短线交易的风险

每个交易者面对每天的涨停板都会心动，对于连续的涨停板更是羡慕不已，但是，一旦真正涉足，则常常亏损累累，不堪重负。一般来说，短线交易往往要面临四个方面的风险：

1. 盘中走势陷阱

贪婪与恐惧是绝大多数人的弱点，盘中主力常常会利用交易者的贪婪心态，将初拾小惠而又自信满满的交易者送进“云端”；又常常利用交易者的恐惧心理，将胆颤心惊而义懵懂无知的交易者踢出“电梯”。只要是交易者能够看得到的指标，主力都有做假的机会，包括K线图、成交量、成交笔数、内外盘、委托买卖盘、分时走势图等，都会在主力的股票、资金、信息、技术等优势下，变得扑朔迷离和诡秘难辨。

2. 盘中技术缺失

身在一个随时可能被主力操控的微型趋势中，交易者常用的分析技术会受到很大的考验。对于中、长线交易方式而言，无论主力在微型趋势里怎么反复，最终股价还是会向既有的方向前进，主力骗得了一时，但骗不了一世；而对于短线交易者而言，则在临盘时需要具备四个方面的能力：一是要有极为敏感的信息处理能力；二是要有整体性和连贯性的思考方式；三是要有较为高明的技术分析水准；四是要有极为丰富的辨析识伪能力。显然，这样的技术要求只有少数勤奋钻研的交易者才可以具备，而大多数交易者则由于种种原因导致了盘中分析技术的缺失。

3. 盘中策略欠缺

在中、长线交易方式中，如果交易者错过了进、出场时机，以后往往还有机会；可是在短线交易中，往往容不得交易者有丝毫的犹豫，一步错，可能步步错，一招失，可能招招失。有的短线交易者只会买入，不会卖出；或只会持仓，不会止损；这些都其交易技术体系不完善的表现，也是其盘中交易策略欠缺的体现。盘中短线交易是一个完整而严密的技术体系，交易者必须要有明确的进场位、出场位、加码位和止损位，以及良好的交易心态和交易素质。没有这种严密的短线交易体系作为保障，短线交易的失败率就会大幅提高。

4. 错过大幅盈利机会

由于短线交易者是冲着股票可以突飞猛涨而去的，一旦股价出现 r 预期中的调整，交易者就会抛弃该股而另择机会；但是，往往交易者还没来得及在其他个股上获益，被抛弃的股票却反而快速度过整理期后一路飙升，从而导致交易者错失更大的盈利机会。此外，在交易者不断进行短线操作时，会遇到赢利、持平、亏损三种局面，再扣除频繁交易所应付冉的印花税和交易佣金后，真正能够获取的利润往往不会太多。但如果是在牛市，至少会有 10 只股票的年度盈利在 500%以上，于是当牛市来临时，短线操作的策略就会变得不合时宜。

三、短线交易前须知

1. 短线交易的目的

在股市中获利有多种方式，短线交易不是唯一的方式，也不可能成为始终如一的操作方式。如果交易者不合时宜的随意进行短线交易，就会增加巨大的交易成本和交易压力，使自己常常处于深度疲惫的状态，最终失去市场感觉。

短线交易的目的，应是在熊市后期及震荡市中，以短期持股的策略来规避趋势无法继续上涨的风险和诸多不确定性因素，同时以高抛低吸的方式随机获取收益。它的作用在于即时保证资金的安全，避免深度套牢状况的发生。

2. 短线交易的周期

短线交易的周期因人而异。有的交易者喜欢做隔夜交易，只要第二天所持股票不能一路上扬就会伺机抛售；而有的交易者则喜欢根据自己的止损位提前设立出场条件，如果股票继续上涨，就会上浮止损位，直到止损位被跌破为止；还有的交易者则喜欢进场后就一直守到股价回跌至5日均线时为止。等等，不一而论。

在熊市或震荡市，个股之所以会形成短期上涨的走势，是因为当时入场的资金往往属于短线性质。这些资金的操作常常非常快速，只需一两天即可完成建仓的工作；由于筹码不多，也只需几个交易日便可完成拉高出货的动作，整个操作一气呵成。除非大盘同期出现了连续上涨行情，导致短线主力改变了战术，否则这些被操控的股票很难有超过10个交易日以上的连续上涨行情。

3. 短线交易的原则

短线交易所累积的收益是令人羡慕的，但是其风险也是巨大的。交易者要想成为一名稳定的短线盈利高手，就必须遵循以下几个原则：

（1）不要频繁操作

美国证券投资家 Edwin Lfever 曾经说过：有一种十足的傻瓜，他们无时不刻不在犯错；但有一种华尔街傻瓜认为，在任何时候他都必须进行交易。可见，不是什么时候都适合于做短线交易的，即使是在熊市和震荡市，也不是天天都有交易机会。做任何事情，如果想要成功就必须讲究天时、地利、人和，顺势而为，短线交易同样如此。

只有当交易者所预期的交易环境出现时，只有当市场所提供的机会远大于风险时，才值得交易者进场交易。短线交易的目的是寻求最佳的市场机会，而不是捕捉所有的市场机会，这一点，尤其值得交易者注意。

（2）择股不如择时

“择股不如择时”是股市里的谚语，它意味着交易者只有等到某概念出现、某板块崛起、某资金流激进等有利时机时，才可顺势而为的入场交易。至于交易者选择什么股票反而是第二位的考虑因素，因为只要是能获利的低风险机会，往往来自于整个市场或某一板块的崛起，而不是来自于某一只股票的单独行为。做投机的大忌是心浮气躁，瞎猜乱撞，这会使交易者丧失理智，决策失误。所以，交易者做短线交易时要有耐心，要能心定神闲地等待介入时刻的到来。但在等待的时间里，交易者也应随时注意行情变动，时时进行分析思考。

(3) 重势而不重价

短线交易必须密切关注趋势，包括大盘趋势和个股走势，但不要过多的关注股票价格。即使是已经涨得较高的股票，如果综合分析显示其还有继续上涨的能力，那么作为短线产品，该股票仍然可以被交易者买进；反之，即使是价格很便宜的股票.如果没有出现上涨的趋势，交易者也不能介入。自然界和股市都遵循”强者恒强、弱者恒弱”的规律，一些股票之所以能维持上涨趋势，是由于“上涨”本身把它的股性激活了，因此只需少许推动力量即可使其继续走强；而另一些股票之所以长期不涨，则是因为股性呆滞，缺乏市场追捧的人气。

(4) 勿把短线变中线

有一些交易者，一旦被套就会把短线交易变成中线交易，为的只是不将账面亏损转化为实际亏损，但这种做法很不明智。其一，这是明显违反短线交易原则的做法。交易者一旦有了第一次违反就会有第二次违反，将会形成破坏交易规则的恶性循环；其二，短线交易看重的是个股的“势”，既然市场人气和资金势能都不存在了，那么继续持股往往就会导致巨大的亏损；其三，如果被套的股票将来可以解套，往往其他个股会在同期上涨更多，因为它们早已把市场人气吸引过去了；其四，短线交易讲究的是追高建仓，这和做中、长线交易的逢低吸纳是两码事，这样的追高建仓行为一旦被套，就会导致解套的时间更加漫长，使交易者本该流动的资金困死一方。

(5) 短线交易不是目的

在证券市场上，有“长线是金、短线是银”的说法。其实长线既不是金，短线也不是银，它们都只是一种获利的方法，用得好，则都是金，用不好，则都是泥。交易者不能为了“做短线”而做短线，要知道，短线交易仅仅是一种获利的方法，而不是我们交易的目的。也就是说，交易者要视大盘特定情况展开短线操作，当情况更有利于中线交易时，则交易者应选择中线交易的方法；如果大盘的获利概率变得非常小或不确定时，那么交易者最好什么也别做，袖手旁观是上策。

4. 短线交易的对象

(1) 上班族不适合进行短线交易，原因是无法及时看盘，容易错过最佳买、卖点。

(2) 年龄较大者不适合进行短线交易，原因是反应迟钝，且难以承受高强度的盯盘工作。

(3) 年龄太轻者不适合进行短线交易，原因是阅历太浅，盲目浮躁，且容易冲动。

(4) 负担过重或性格偏激者不适合进行短线交易，原因是压力过大或偏激痴迷者容易失误。

(5) 不会使用电脑及网速太慢者，也不适合进行短线交易。

综上所述，短线交易只适用于有即时分析系统、能经常盯盘、实战综合水平较高、心理素质较为稳定的中青年交易者。对于其他交易者而言，短线交易亏损的概率会非常大。

四、短线交易的要求

真正的短线高手是万里挑一的，即目前尚存的4000万股民中，大约只有4000人才能称得上是短线高手。如果这4000人平均分布在50个主要的城市，则每个城市只有80人。短线交易是一个复杂的交易体系，非一般人可以建立。如果没有经过系统、专业、严格的训练，绝大多数短线交易者最终将以失败而告终。

一般来说，短线交易的要求主要分为八个方面，下面一一论述。

1. 设备要求

(1) 普通电脑一台，但必须能同时接两台高分辨率的显示器。

(2) 4M 宽带，选择当地市场最快的宽带服务提供商。

(3) 两台 28 寸液晶显示器，接在一台主机上，用来看盘分析。

(4) 最好配置一台 15 寸笔记本电脑，用来看即时新闻，同时也可应对意外停电事故。

(5) 可选购 Level-2 版的交易软件或赢富版的交易软件。

(6) 备有与外界联系的电话、方便实用的计算器、能备份数据的移动硬盘等工具。

2. 技术要求

(1) 要对股价运动规律和各种经典拉升、出货图形非常熟悉，特别是要对盘中股价的即时攻击态势和股价短期的组合攻击态势非常熟悉，做到看图像看连环画一样简单。

(2) 对于各类主力机构的操作性质和操作手法要非常熟悉，包括其在建仓、拉升、洗盘、出货各个阶段所采用的各类方法，也包括其使用的常规技术和反常规技术，常规心态和反常规心态等。

(3) 对于个股所属板块、股票质地要比较熟悉，同时，要有很好的综合分析能力，包括 K 线分析、均线分析、筹码分析、盘口分析、量价分析、分时图分析等，都应能快速运用。

(4) 对于游资和基金风格的主力性质要有清楚的认识，并能快速识别个股行情背后的主力性质，做出个股行情周期和走势特征的判断。

(5) 对于集合竞价阶段及其后续的板块走势，要有较好的嗅觉和感知，能快速摸准板块启动的脉搏，有效识别主流概念、非主流概念、中期题材、短期题材等板块行情的性质。

(6) 对于大盘近期市道和当日趋势的判断，要能达到 80%的准确率，即能大致估算出大盘当日是会收阳线还是收阴线或是收十字星线。大盘背景的好坏直接制约着短线操作的成败。

(7) 对于个股出现的当日公告消息要有比较丰富的识别经验，能感知它们出现后对个股的影响方向和影响力度。

(8) 对于突然发生的消息和事件，要有敏感的触觉和丰富的应对经验，能快速分析盘中的突发性行情，及时处理突发性交易。

3. 时机要求

(1) 对大盘的要求

不是什么时机都可以进行短线交易的，只有当大盘处于以下三种时期时才能展开短线操作：

①大盘处于牛市末期时。此时部分主力还非常活跃，大量资金还敢于频繁进出，但交易者要注意防范趋势突然反转的行情。

②大盘处于横向盘整阶段时。此时各种主力都有机会进行试盘的动作，各类资金也常常处于躁动不安的状态。

③熊市中大盘出现大幅下挫（如连跌20%以上）或暴跌现象时（如一日内急跌8%）。此时往往是各类游资抢反弹的时机，市场跟风比较活跃。

除这三种情况之外，当大盘处于牛市上升阶段或进入明确的下降通道时，是不允许做短线交易的。因为前者不划算，后者易亏损。

(2) 对行情的要求

即使是大盘处于能够做短线的市场背景下，短线交易也不是天天都可以操作的，当市场氛围不好而跟风不足时，连主力都会自身难保，跟风交易就更难以获利了。只有当大盘环境出现以下三种情况时，才能提高短线交易的成功率：

①要能看到政策面和消息面的实质性利好，这在大盘处于盘整市道和熊市时极为重要，一旦政策性利好出现，个股反弹马上开始。

②要能看到某一板块集体启动的现象，这是大资金共同抬升的结果，说明热点集中于某一板块，资金大量涌入某一板块，跟进的风险自然较小。

③要能看到某只股票出现基本面的重大利好，这往往是个股短期内

暴涨的根本原因，虽然交易者很难及时参与，但后期还是有少许机会的。

当行情启动的环境不具备时，短线交易往往好看不好用。所以从某种角度而言，等待就是赢利，因为它节约了亏损的资金，同时赢得了资金的主动权，使交易者保持有随时伺机而动的机会。

(3) 对个股的要求

当大盘处于能够做短线的市场背景下，短线交易的成功则跟个股状态密切相关。从个股技术面上来说，短线交易的时机主要有：

①当股价经过长期整理后带量大举突破旧高从而创出新高时（牛市末期及震荡市）；

②当股价突破关键阻力位即将大幅拉升时（牛市末期及震荡市）；

③当股价即将暴发性突破近期底部的整理平台时（熊市反弹期及其中的震荡市）；

④当股价运行在明显的上升趋势通道内，且在通道下轨处获得支撑时（熊市反弹期及震荡市）；

⑤当股价形成了明确的箱体走势，并有着规律性的低买高卖现象时（熊市反弹期及震荡市）；

⑥当股价形成了明确的下降趋势，并因下跌过度而引发强烈反弹时（熊市反弹期及震荡市）；

⑦当股价在底部先涨后跌并缩量整理完毕，开始爆发性拉升时（熊市反弹期及震荡市）。

其中，④和⑤也属于可以做波段交易的个股状态。这样的股票往往不受限于大盘和行情概念，基本上被主力掌控，很难暴涨，但会缓慢上升。交易者介入这样的股票时，要有充分的耐心。

对于具体的目标来说，短线交易者不要参与个股上升中的调整阶段，但也不要放过个股调整后的拉升阶段，即当好的品种调整完毕时，及时杀个回马枪也是必要的动作。

4. 目标要求

（1）以月来计算，短线交易的盈利率要高于大盘同期涨幅，跑赢大盘是最低的要求。如果交易者的盈利率能超过当月最大涨幅股票的盈利率，则为最佳。

（2）要求交易者买人股票后 60%的时候处于当日盈利的状态，30%的时候处于当日持平的状态。否则，就说明交易者的进场时机有问题。

（3）达到买进就涨、卖出就跌的状态为理想状态。即交易者当日买、卖点始终处于当日最佳买、卖时机；同时，买进时始终处于个股近期的低点，而卖出时又始终处于个股近期的高点。

（4）由于短线交易是在弱市里的交易，亏损的风险较大，所以要求操作的成功率能达到 80%。即在严格止损的基础上，80%的交易是能够获利的。否则，就说明交易者不适合做短线交易。

可见，成功的短线交易并非仅仅是买进能够上涨的股票，而是要买进短期内上涨幅度最大的股票，这是检验交易者短线交易技术是否过硬的标准。

5. 资金要求

（1）基本要求

①普通交易者的短线交易属于跟风操作，所以资金量不能太大，一般宜在 1000 万元以内。

②资金使用的原则是大钱分散、小钱集中，即大资金须讲究投资组合，小资金须集中持股。

③小资金进、出场方便，应强调明确的进、出场点位，甚至可以要求在当日最低点进场，在当日最高点出场；但大资金则应讲究进、出场的价位区间，不能固执地等待最低点或最高点出现。

④在大盘背景良好的前提下，只有少于 500 万元的资金且该笔资金有短期盈利要求的时候，才可以考虑一次性满仓操作。否则，都应该采

用分批的方式入场。

⑤无论大盘好坏，大于500万以上的资金量应采用分批或分股的原则进行交易。前者是指看好某只股票后可分批加仓，后者是指可以将剩余资金购买其他股票，以分散风险。但总体原则是必须保留有可以活动的资金，使自己处在进可攻、退可守的主动地位。

⑥即使交易者拥有1亿元的资金，在短线交易的持股上最多也不要超过3只，更多的资金要么活用，要么考虑中线持股。短线交易本就是瞬息万变，当交易者手握3只以上的股票时，很难在卖出的环节不出差错，何况每天还有那么多涨停的股票在刺激着交易者的神经。须知，精心选股、细心看护是交易获胜的关键，买股票不是开杂货铺。

(2) 资金管理要求

①要有建仓的技术原则，包括建仓的时机和买入的数量；

②要有加仓的技术原则，包括加仓的时机和买入的数量；

③要有减仓的技术原则，包括减仓的时机和卖出的数量；

④要有平仓的技术原则，包括平仓的时机和卖掉的数量。

在这四项原则中，加仓比较有难度。它一般分两种情况：一种是在行情继续看涨时进行加仓，这是普遍的加仓行为；另一种是在行情有过少许调整后又开始反转向上时进行加仓，这是谨慎的加仓行为；但绝对不允许因股价急挫或股票便宜，就进行摊低成本的加仓动作。平仓则更有难度，它也分两种情况：一种是获利或保本出局，这个比较容易做到；另一种是亏损时斩仓出局，这个难度比较大，这不仅是交易者心理接受上的难度，更是操作技术上的难度，它同股票目前获利空间与风险大小密切相关，不能一概套用亏损3%就出局的结论。止损在短线交易中很容易发生，更容易产生累积性的实际亏损。为了避免出现止损的动作，交易者能够使用的方法只有一个：那就是尽量少出手，但一出手就要快、狠、准。

此外，交易者切勿因为自己的资金量少，就忽视资金管理原则。必须记住，这是一种交易原则和一种交易风格，是千万成功交易者在资金管理上的经验。一千个交易者在行情的不同阶段所采取的资金管理技术是不同的，这也将导致一千个不同的获利或亏损的结果。所以即使交易者能够准确预测到一些趋势的变化，但如果不能掌握好资金管理技术，则最终的盈亏状态也无法确定。

6. 纪律要求

在几种股票的交易风格中，短线交易最为激烈，如果没有一套行之有效的纪律盔甲，交易者很容易中枪中弹，损失惨重。市场并非无规律可寻，大多数交易者在股市中失败，往往不是技术的问题，而是自身纪律出了问题，或者根本就没有纪律可言。知而不行，往往比无知还不可原谅。

具体来说，大多数交易者的失败，都是因为没有严格按照上述理念、时机、方法而随意进行买卖的结果，盲目、随意、突然、侥幸等是这些交易者的常态；但也有部分交易者则亏损在“有法不依，执法不严”的层面上，在进、出场信号出现后往往犹豫不决，而在进、出场信号未出现前又常常轻举妄动。作为一名成功的短线交易者，冷静等待大盘、板块、个股、主力四者出现明显可见的交易状态，是其成功获利的基础，快速行动和资金管理技术则是决定其获利多少的关键。交易者必须牢记：任何交易都必须是在已有的操作计划和风险掌控中实施的，随意而不规范的操作行为不应该出现在职业交易者的身上。

7. 素质要求

导致短线交易者一再犯下低级错误的原因，往往是南于交易者的交易心理严重失衡，使其交易决策和实施过程均处于一种非理性的状态，从而导致交易行为的扭曲变形。可见，理性的交易心理和良好的交易素质，是短线交易成功的重要前提和保证。但是，交易心理控制需要长期的训练过程，也是一个需要掌握方法的过程，具体论述详见后面的“交易管理经验”一章。

这里先从四个方面提出一些看法，帮助交易者清理一些思想上的障碍：

(1) 交易者要明白，高手之间较量的已不再是一些细小的技巧，而是心态和素质的拼比。这意味着交易者在进行短线交易时要有“四心”：一是机会来临前的耐心，二是机会出现时的细心，三是进场时的决心，四是出局时的狠心。

(2) 在股票市场上，看对了但不一定就能够做对的人比比皆是，而看错了却总能化险为夷、反败为胜的交易者则寥寥无几。因此，对于交易者来说，能否看对行情不是最重要的，能否做对和应对才是生死攸关的大事。

(3) 真正的短线高手只安心赚取自己操作系统中能够到手的钱，而不会贪婪一切个股涨幅，也不会妄图把每一件事都做到最好。凭技术和原则赚钱、不依靠小道消息、杜绝侥幸心理、反思幸运获利、看淡常规赢利、审视每次失败等，是短线交易高手的一贯原则。

(4) 一个人的自信是来自于内心而非外界，更深层次的是来自于内心的原则和遵守原则的感觉。同样，短线高手衡量自己是否成功的标准往往不是赢利目标是否实现，而是看自己是否经常在按市场规律交易并坚定不移地遵守了自己的交易准则。后者，才是成功交易者最为依赖的法宝。

8. 训练要求

建议交易者拿出3000元在股市里进行试验。3000元只能买到100股30元的股票（不含交易成本），但是，很多短线交易的股票价格往往不会超过20元，该金额应该可以满足试验的需要。在试验的阶段，多数交易者是要亏损的，即使有盈利也往往不知所然。所以交易者一开始不要贪大，等技术稳定了，经验丰富了，再加大资金也不迟。

涨停板的交易

涨停板交易是最为重要的短线交易方式，是无数短线主力和短线高手的必争之地。在诸多的股票交易书籍中，涨停板交易一度成为短线交易的代名词。所以，下面就涨停板交易作重点阐述，以使交易者理解短线交易的内涵和实质，以及主要的操作方式和获利方式。

一、涨停板交易的性质

1. 涨/跌停板交易概述

涨/跌停板是沪深证券交易所规定的、股价在一个交易日中相对前一交易日收盘价的最大涨/跌幅度。具体规定是：普通股票的涨/跌幅为10%，ST类股票的涨/跌幅为5%，新股上市首日涨/跌幅不受限制。涨/跌停板制度原是管理层为抑制过度交易和个股暴涨暴跌而设置的，但现在却常常被主力操纵，以制造“短缺效应”或“恐慌效应”，从而达到影响股价走势的目的。涨/跌停板的本质是多、空双方争斗白热化的表现，具有很强的助涨助跌效应，容易聚集市场人气，造就“强者恒强、弱者恒弱”的市场现象。

涨/跌停板特定的市场内涵和交易特性，使其成为了主力控盘的有力武器，从建仓、拉升、洗盘到出货，几乎每一个坐庄环节都可以通过涨/跌停板来实现主力操纵市场的目的。但对于短线交易而言，涨/跌停板却具有无法抗拒的魅力，只有它才能在最短的时间内实现投机价值的最大化。自从中国股市实行涨/跌停板制度以来，几乎每一只股票都有过涨/跌停板的市场表现，即使是在股票跌停数量达到1000只以上而上涨数量不到20只时，涨停板个股依然存在。这说明涨/跌停板的市场机会无所不在，同时也为交易者提供了大量的参考资料和相应规律。

但是交易者需要注意，涨/跌停板是一个特定的市场现象，其本身是趋势发展的必然结果，是历史趋势的极端化延续，交易者切不可以实时盘中的涨/跌停板状态来孤立地看待涨/跌停板现象，也不可以涨/跌停板的市场结果来求证其发生的原因。

2. 涨停板交易的机会

涨停板交易的机会有很多，但总体来说，主要产生于两个方面：

（1）从市场机会来说：

①在牛市中，涨停板的机会比较多。

②在熊市末端出现超跌反弹时，涨停板的机会比较多。

③当板块集体走强时，涨停板的机会比较多。

④当某一具有重大影响的新概念刚开始出现时，涨停板的机会比较多。

（2）从个股机会来说：

①行情启动时有涨停板机会。

当个股经过长期整理后从底部突然展现拉升行情时，或者超跌反弹行情开始启动时，涨停板的机会比较多。但这种机会通常难以及时把握，而一旦能把握住，往往会使交易者获利不菲。

②行情进行中有涨停板机会。

当个股处于主升浪阶段时，涨停板的机会比较多，短线的收益比较大。一些超级强势股则更是会出现连续涨停的壮观景象，此阶段是涨停板操作的最佳时机。

③行情末端也有涨停板机会。

当行情处于即将完结时，个股的表现不尽相同，有些个股开始减速运行，有些个股却正在上演最后的疯狂。但总体来说，行隋末端的涨停板机会比较少，并且风险很大。

3. 涨停板交易的风险

涨停板交易的风险主要体现在三个方面：

（1）即使是交易者在行情启动初期买人，也有可能是买在了主力的试盘阶段，第二天很可能会被拖入到个股继续调整的阶段，从而迫使短线交易者亏损出局。

（2）即使是交易者买在了行情的拉升阶段，个股也不一定就会立刻暴涨，反而往往是边洗边拉，缓步走高。此时，短线交易者必须接受资金使用效率低下的现实。

（3）如果交易者不幸买在了行情趋势的末端，或错把末端趋势当作中部趋势来交易，则有可能当日即亏损 20%，而次日则可能无法出局，直至三天亏损 30%以上。

二、拉高型涨停股交易

在熊市或震荡市中，市场往往失去了方向感，但率先涨停的股票却可以告诉人们主流资金的最新动态和炒作方向。在大盘大幅下跌或横盘震荡的期间，某些个股既然敢率先启动，则往往意味着主力是有备而来，并且实力强大。主力既然选择了某种股票作为市场领涨品种，也就预示了这类股票可能会成为短期内的市场炒作热点，同时具有较大的上涨空间。因此，追击涨停板，追击强势股，就成为了短线交易者的主要工作。

但是短线交易的买点在哪里呢？从理论上说，短线交易的买点基本上有两种：一种是追击一字型涨停股，其最佳买人时机是在开盘时，但买进股票的可能性较小；另一种是追击拉高型涨停股，其最佳的买入时机不一而论，但可选择的买入时机比较多。

拉高型涨停股的特征是：股价低开、平开或高开后，一度升到涨停价位。尽管其涨停的方式不尽相同，但基本上也只有两种：斜推式涨停和平台整理式涨停，其他样式都是由这两种演变而来的。短线交易的主要参考依据是个股分时图，所以这里只就分时图进行解说。见图1：

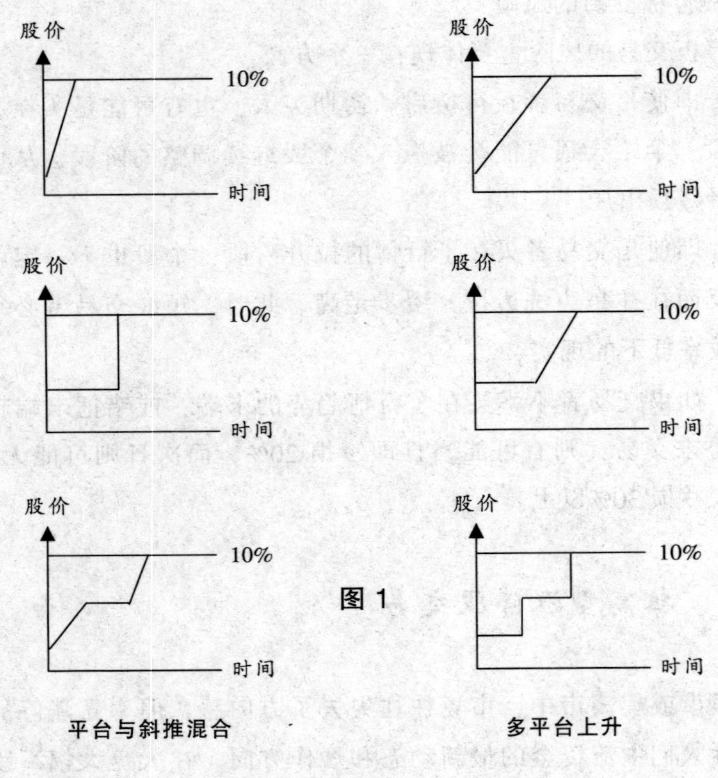

图 1

可见，所有要涨停的个股分时图走势都可以时间来划分。时间越短，变数越少，个股能使用的涨停招数就越少；而随着时间的推移，能封涨停板的个股走势开始发生变化，封涨停板的方式也会逐渐增多。

一些常见的个股涨停形态，在这些涨停形态中，都有一些有利的进场时机，我们称之为最佳介入点。在很多短线交易的书籍上，常常把介入图形当作最佳介人案例来讲述，却几乎无一例外的忽视大盘同期走势和个股近期走势，往往以偏概全、事后圈点，实则祸害匪浅。而在实际交易中，由于个股涨速太快、受看盘方式限制、受分析速度限制、受下单速度限制、受大盘瞬息万变等因素的制约，交易者是不容易按照上述介入点进场的；同时，在交易者介入之后，个股也不一定就会继续上涨，这跟大盘趋势和热点转换息息相关。介入点都是事后标注上去的，不一定具备实际操作的价值，但却可以体现出一种理想化的操作状态，使交易者明白很多市场人士都在等待并会选择那样的介入时机；但之后个股是否会涨停，往往是一种高概率的可能行为，而不是必然的行为。

对于大盘分析和个股分析，很多交易者感到比较复杂。其实，如同大盘具有三种趋势状态一样，个股的当日分时图也往往只会有三种形态：上涨攻击、横盘蓄势、下跌整理，短线交易锁定的只是前两种而已。即：对于前一种积极抢进，对于后一种随时准备。

三、封涨停板处的交易

利用涨停板进行交易，并不是只追逐涨停板，而实质上是要把握涨停板后续的市场机会。如果交易者能够明白这一点，就会知道，即使是在涨停板的地方也一样有介入的机会。通常而言，市场上会有两种涨停板：一种是股票开盘就告涨停，交易者在开盘时几乎没有介入的机会；另一种是股票开盘后才封住涨停板，也就是前面所说的拉高型涨停股。很显然，开盘即告涨停的股票最有后续上涨的势头，但遗憾的是，因为不容易买到，于是很多交易者早早就放弃了对它们的跟踪，而把眼光盯在那些市场跟风型或散户抬高型的股票上，其结果自然不尽人意。

也有很多股票在涨停后一度打开涨停板，这种现象常常令持股者惶恐不已，也令追买者犹豫不已。一般而言，主力看好的股票都会用大单封住涨停板，杜绝散户介入，但是为什么会有涨停板打开的现象呢？它究竟是机会还是陷阱？

这需要根据行情阶段来判断。通常情况下，个股强势涨停后再度打开涨停板，会有三种含义：

1. 强势吸筹

在建仓时间不够用或急于启动行情时，主力往往会通过涨停板来吸收筹码。涨停板的出现，会极大地刺激持股者，使其密切注意该股状况，一旦发现涨停板封不住了，很多持股者就会迫不及待地抛出股票，于是主力就可以趁势快速收集筹码。如果该主力是超级短庄，那么只要当日抛盘不大，该股就有可能在第二日高开高走，实现主力快速出货的意图；如果当日抛盘过大，超过了超级短庄的预期，则该股可能会在第二日低开低走，但主力会立即斩仓出局；如果该主力是一般的短庄，则个股后期往往会出现几天的整理过程，以清理出当日的跟风者。一般而言，如果当日涨停板被打开的次数不超过两次，并且再次封涨停板的间距时间短、封单量大，那么次日该股行情依然可以期待。否则，即会消耗主力大量资金，同时导致大量散户跟风，且弱化强庄股的形象。

2. 强势洗盘

有些主力的控盘筹码已经比较多了，在强势拉升股价的前期，也往往会通过打开涨停板洗去意志不坚定的交易者，使其与新介入者交换筹码。对于超级短线主力而言，这种情况也时有发生，因其没有多余的时间实施整理过程，只得通过打开涨停板来洗去部分跟风获利盘；而对于处在第二个涨停板甚至第三个涨停板的个股而言，主力则更有可能通过该手段将前期的获利者清理出局，以维持未来股价在高位上的稳定性。这种洗盘的另一个优点是可以有效降低短线交易者对该股继续走强的期待，从而阻止持股者加大跟风仓位。当然，当日跟风盘的多寡只有主力知道，但这个数据会影响个股第二天的走势。一般而言，如果当日涨停板被打开的次数不超过两次，并且再次封涨停板的间距时间短、封单量大，那么次日该股行情依然可以期待。

3. 主力减仓

主力要减仓或出货，必须挑选交易火暴的日子才容易进行，而个股涨停之日无疑是交易最活跃也是最易吸引人气的时候。通过不断打开涨停板，主力可以不断减仓；而后又通过不断封住涨停板，主力又可以继续吸引贪婪的交易者跟进。如果主力的筹码在当日无法出完，而后续大盘走势尚佳，则主力往往还是会在后半场封住涨停板，以制造次日行情值得期待的迹象，同时在次日继续震荡减仓，直至所有仓位被清理完毕；但如果主力急于出货，那么在大盘走势不佳时，则个股有可能上演高台跳水的表演，致使股价从+10%跌至-10%，同时第二天继续跌停，将高位散户远远抛在后面，以便于主力在股价中部独家出货。主力减仓通常发生在其获利丰厚之时，或是其担忧大盘后期走势之时，或是其自身资金吃紧之时，这些情况都需要交易者自行揣摩和估量。

在实际交易中，交易者要注意三个问题：

(1) 如果是值得期待的涨停板，那么涨停板被打开的次数不会超过两次，涨停板被打开的时间也不会太长，其缺口也不会太深，因为市场一致看多的力量会导致涨停板再次被快速封死。

(2) 如果是虚假的涨停板，即使有巨大的封单量，也往往会在大盘不济的时刻突然撤单，或者被更大的抛盘吞没，导致涨停板被迅速打开，所以持股者不要以为封单量大就可以高枕无忧。

(3) 如果涨停板被打开的次数过多，则通常是行情趋弱的征兆，或是主力吸筹或减仓的表现，至少不会是主力想快速拉升股价的迹象。对于这样的涨停板，若交易者不慎介入，就要及时出局。

开盘短线交易

个股交易的时段可以分为三个阶段，即早盘阶段、盘中阶段、尾盘阶段。早盘阶段的时间为 9：30~10：00，一些个股在此时的波动和成交量将达到最大化，尤其是在前 15 分钟内；盘中阶段的时间为 10：00~14：30 分，多数个股在此时的波动和成交量将达到最大化；尾盘阶段的时间为 14：30~15：00 分，少数个股在此时的波动和成交量将达到最大化，特别是在收盘前的 15 分钟内。

主力经过一夜的精心策划后，往往会在第二日个股开盘时即发动行情，因为拖拉时间不利于保密，会引来众多的跟风盘。因此，开盘一分钟内快速上涨的股票，常常受到短线交易者的追捧。而在一些短线交易的书籍中，甚至把开盘交易当作是短线进场的惟一时机，同时大肆渲染优选出的实时盘中图形，给人以开盘交易易做且有暴利的印象。但实际上，这些都是不负责的做法，开盘的短线交易很难操作，往往是短庄的获利手段，却是普通交易者的亏损所在。

短线交易比较难操作，开盘的短线交易就更难以把握，这是对交易者综合素质的傲大考验。它需要交易者具有快速的信息处理能力、综合分析能力、主力意图识别能力、浏览转换能力以及灵敏的大盘感触能力。

一、开盘短线交易的操作

开盘短线交易的操作是一个流程问题，一般有四个阶段：

（1）9：15~9：25，根据政策消息、近期热点转换以及今日集合竞价状况，预测大盘上午和下午走势，或全天大盘最终是收阴线、收阳线还是收十字星线（多数个股最终是与大盘同步的）。

（2）9：25~9：26，根据今日集合竞价的结果，继续修正自己对大盘的预期判断，同时预测今日涨/跌幅靠前的板块是哪几个，且看有无板块联动的现象（板块的性质也很重要）。

（3）9：27~9：30，按“67+回车键”，快速浏览涨幅靠前的个股，最好能看到个股涨幅为2%的位置。如果涨停的股票超过了10只，则直接看涨幅为7%以下的股票（做好个股交易的准备）。

在浏览个股K线图时，主要看以下几个方面：

①按“Ctrl+r”键，查看个股所属板块（以通达信软件为例），看究竟是什么板块或概念在启动，这些板块或概念在当日成功启动的概率有多大。

②点击“信息地雷”，察看个股当日有无重大信息披露，及时对利好消息作出反应。

③看个股K线图、均线图和成交量。

④看右边信息栏里的“流通盘、市盈率、换手率”等数据。

⑤看右边信息栏上方的买卖盘挂单，以及下面的首笔成交记录。

（4）将值得介入的股票加入到“每日自选股”板块，方便9：30之后再次过滤或快速选择。注意，每日9：15之前应清空“每日自选股”板块，避免混淆当日白选股。

二、开盘短线交易的看点

在做开盘短线交易时，9：15~9：25分的集合竞价状态是很重要的分析点。集合竞价是多、空双方争斗的第一个回合，交易者如果能认真细致地分析集合竞价的情况，就可以及早进入状态，感知大盘当天运行的趋势信息，同时发现集合竞价中稍纵即逝的机会。

9：25时，所有股票的集合竞价数据已经出来。在9：25~9：30分这5分钟里，交易者应就集合竞价的成交数据，快速浏览涨幅靠前的个股信息，这些信息包括六个方面：概念板块、信息雷达、K线图、基本数据、挂盘数据、成交数据。以上顺序是按其重要性来排序的，即概念板块最重要，成交数据最次之。因为盘口的那点小文章，或真或假抵不过当前的K线趋势或股票的内在属性。下面分别论述。

1. 概念板块看什么

(1) 是什么概念在起作用？该概念新不新？概念越新越好，新东西无法及时估值，容易炒作。

(2) 是否是旧概念再次活跃？曾经涨幅较大的板块若再次活跃，也往往只是短期的反弹行情。

(3) 概念有无实质性意义？所谓实质性意义是指概念能否为公司带来真实的业绩增长，包括重大重组、新技术出现、新市场被发现等概念。

(4) 是主流题材还是非主流题材？是中期题材还是短期题材？不同题材有不同的影响和寿命。

(5) 市场的反应热度如何？如能迅速带动大盘放量上涨，则说明热点深得人心，后市可待。

(6) 与概念相关的板块质地如何？所谓板块质地，是指板块内所有上市公司的整体价值及表现，比如整体业绩提升、市场前景普遍看好、公司利润普遍较高等等。

(7) 板块是否具备联动效应和比价效应？若否，则往往很难形成具有重要影响力的领涨板块。

(8) 被影响板块是否概念清晰或历史规律清晰？若否，则市场大众无法及时识别，不易跟风。

(9) 被影响板块的股票数量多否？数量少于10只的板块，不易吸引大资金介入，行情易夭折。

(10) 被影响板块的平均流通盘大否？平均流通盘太小（如5000万股以下）或太大（如10亿股以上），都不易吸引市场资金的兴趣。当然，这里的标准是针对熊市而言的。

(11) 整体板块是被基金炒作还是被游资炒作？弱市里被基金炒的股票往往涨幅不大，而被游资炒的股票则往往短期涨幅惊人。

(12) 同板块内的主要股票是否具备连续走强的技术条件？比如领头羊及其同类股票的上档处是否有明显的阻力，是否纷纷处在高位等。

2. 信息雷达看什么

(1) 看是否有ST除帽的消息，该消息属于重大利好。

(2) 看是否有资产重组和并购消息，该消息属于大利好。

(3) 看年度和季度财务报告，业绩预增100%以上或每股收益增加，都是利好消息。

(4) 看有何关联交易、转让、担保等事件发生。

(5) 看权益分配方案，即看送股、转股、分红的大小，如10送10就属于大利好。

(6) 看公司董事会或监事会的决议。

(7) 看公司日常经营及高管变动的披露。

(8) 看公司违法违纪行为的披露。

(9) 看公司重大意外事件或事故的披露。

(10) 看公司股东结构变动或被恶意收购的公告。

(11) 看公司的澄清公告。

(12) 看公司的亏损公告和风险提示。

(13) 看股票交易异常波动公告，从中可得知是否有游资集中的营业部参与交易。

(14) 看券商或信息提供商的点评，但多数比较滞后。

交易者在看待上述信息时，要注意这些利好消息是否已被主力提前利用，即在利好消息发布前，个股是否已经上涨太多。若是，则往往“利好出尽是利空”，个股行情常常会出现“见光死”的现象。

3. K线图看什么

(1) 看目前股价趋势是处于牛市进行中？牛市回调中？高位整理中？创历史新高中？还是处于熊市进行中？熊市反弹中？历史底部整理中？创历史新低中？

(2) 看主力现在处于吸货、洗盘、拉升、出货的哪一个阶段（这一点较难以准确判断)。

(3) 看最近一年的成交量情况，判断主力是否存在以及是什么性质的主力等，

(4) 看近期（如2个月内）股价涨跌和成交量的配合情况。股价是继续拉升？平台整理？还是同调后向七？成交量是否有异常状况？

(5) 看昨日的K线形态、分时图形态、成交量配合状况。尤其是留意股价拉升时处于哪个时间段，同时关注昨日成交是否稀疏，成交稀疏的股票往往不大活跃，易进不易出。

(6) 看均线的排列、交叉、黏合、发散等状况。

(7) 看今日股票高开后是否会遇到前期的密集成交区？如是，则继续上涨会遇到较大阻力。

(8) 看今日股票持续高开后是否会遇到来自底部获利盘的抛售？如是，则不必急于进场。

(9) 值得跟进的K线图往往都没有处在高位，同时看上去很有秩序感，或有呼之欲出的感觉。

在上述第7点中，提到了阻力区的问题，这里，就个股阻力区和真空区作进一步的阐述。通常而言，短线交易最重要的两个要素是空间和速度，即个股要能在最短的时间内获得最大的涨幅空间。但是，这两个因素却往往被个股技术面所阻碍。很多原本被看好的个股行情戛然而止，往往是因为股价上行时遇到了重要的阻力区；而有些股票之所以能够肆无忌惮地快速上涨，则往往是因为其股价正位于真空区。可见，是阻力区和真空区这两个因素在阻碍着个股短期内的发展。交易者只有深刻了解阻力区和真空区的概念，才能够对市场价格运动有前瞻性的把握，知道何时该进场、何时该出场。

下面简要论述之。

(1) 阻力区。所谓阻力区就是股价上行时会遇到较大抛盘的区域。该区域往往存在于两个地方：

①密集成交区。既然是密集成交区，那么即意味着当时的换手率很大，在一部分交易者出局时会有更多的买单成为套牢盘。因此，哪个价格区域的历史成交量越大，则股价上升至该区域时，所遇到的阻力就越大。当然，这个区域的有效性跟时间因素密切关联。一般来说，2年内的密集成交区都会对现在的股价构成影响，而且越是近期的密集成交区，对股价现行趋势的影响就越大，因为该区域的很多持股者还没有出局。

②阶段性顶部与底部。在行情反弹的时候，过去某一段时间所形成的次级底部往往会成为具有一定影响力的阻力区，当股价运行至此时就会遇到大量的套牢盘；而过去某一时期所形成的阶段性顶部，则更有可能成为股价上行途中的阻力区，使诸多交易者担心现有行情是否冲得过去。

当股价即将受到这些阻力区压制时，交易者要考虑其潜在的风险；而当股价试图突破这些阻力区时，交易者则要考虑突破的真实性和有效性。一般而言，股价对密集成交区的突破往往会形成有效的突破，而对于重要的波段顶部与底部的突破则往往会形成虚假的突破。因为股价突破密集成交区时，换手率会非常大，若主力没有大量资金和长远考虑，股价是很难突破该区域的。

(2) 真空区。所谓真空区就是介于上下两个阻力区之间的股价区域。具体存在于：

①介于上下两个密集成交区之间的区域。

②介于波段重要的顶部与底部之间的区域。

③介于密集成交区与波段顶/底部之间的区域。

当股价运行在真空区时，处于一种阻力较小的状态，因而会导致“趋势总是沿着阻力最小的方向作加速运动”。较长真空区的存在是短期股价强势上升的有利条件，也是交易者在操作短线个股时要注意的要素。但是交易者也要清楚，对于加速运行的个股而言，其股价通常都正好位于真空区，但股价位于真空区的个股却不一定都会产生加速运动。因为个股加速运行是由多种要素决定的，而股价处于真空区只是其中的一个要素。

4. 基本数据看什么

(1) 看流通盘。个股流通盘最好在 5000 万~4 亿股之间，太小或太大，均不利于主力操作。

(2) 看市盈率。市盈率指标对于短期暴炒的股票无效，但太高（如 300 以上）或无法显示（因为亏损）的市盈率则会影响股价后期的连续上涨幅度。同时，市盈率指标也有助于辨析主力身份。一般而言，市盈率低于 100 倍的股票基本上被基金和机构持有，而市盈率大于 100 倍或几乎无人过问的品种才轮到被游资暴炒。但交易者需要注意，不同市道的市场整体市盈率是不同的。

(3) 看换手率。首笔成交的换手率低于 0. 01%或高于 2%的股票，都不是较好的短线介入品种。

5. 挂盘数据看什么

(1) 总体买单多不多？与总卖单相比是多是少？总买单超过总卖单至少在当时来看是件好事，但下一步还要看个股能否维持该局面。

(2) 买一处是否有大单，给人以强力吃进的感觉？若有，则能反映出主力接盘的决心或顶盘的用意，但要防止市场的大抛单砸盘。

(3) 买三至买五处是否有大单护盘？若有，则说明主力有备而来，但也要看主力是真护盘还是假护盘，或者其护盘动作是否有效。

(4) 是否买盘全为绿色或仅有买一处是红色？大片绿色买单说明当日买价跟不上，可能当时股价高涨只是偶尔的一笔大买单行为，也可能是主力准备做高开阴线的前兆，个股后期走势堪忧。

(5) 看买一至买五的价格差距大否？若大，说明跟风不积极，后防不坚实。

(6) 看相对于流通盘而言，有无巨大的买单出现（如买单等量于5%的流通盘）？巨大买单往往是主力实力的刻意显露，但要防止其撤单。对于卖盘的看法，反过来也是一样的道理。

6. 成交数据看什么

(1) 首笔成交的手数是否太少？对于流通盘为5000万股的股票而言，如果首笔成交没有达到200手（0.04%的换手率），就不值得重视；对于首笔成交只有几十手的个股高开行为，后续结果往往是当日成交稀少且收阴线（不排除主力刻意做高开阴线的行为）。

(2) 首笔成交的手数是否太多？如果首笔成交手数巨大，比如达到了2%的换手率，那么则意味着多，空双方意见发生巨大分歧，即使个股当日走强，也常常会因为消耗了太多的多头力量而致使趋势发生反转，或因为大量散户的介入而导致个股后期出现整理过程。

三、开盘短线交易的经验

1. 判断主力的经验

在做短线交易时. 交易者必须能够判断出主力的身份. 这对于掌握个股后期拉升空间和卖出时机很有帮助。以下是一些交易经验：

(1) 市场介入者基本上分为三类：一类是以基金为代表的国家队，一类是以游资为代表的民间队，第一类则是散户。他们的性质及特征如下：

以基金为代表的国家队包括公募基金、阳光私募基金、QFII、社保基金、保险资金、信托资金等，其特点是均被管理层严密监控，其作风是非大势所不动，其持股之走势往往比较稳重. 这些机构通常只买人风险低且有价值的股票，垃圾股和亏损股则一概被其拒之门外。他们要盈利往往只有等到牛市来临，他们是牛市里的强者，同时也是熊市里的输家。所以在熊市里，交易者最好不要短线买入基金类机构持仓的品种，除非是有很好的板块概念出现，或者是因中线交易所需。

游资则由部分私募基金、机构、大户和资深股民构成，在熊市中是纯粹的超级短线爱好者，只要有机会可以利用，他们就会进场操作，往往来去如风。其特点是：牛市跟风走，震荡市很活跃，熊市很大胆。他们往往在牛市里做中线交易，在震荡市或熊市里做超短线交易，无人问津的亏损股或高市盈率股往往是他们暴炒的对象。他们的方向盘是市场消息和市场心理，而不是股票价值。在熊市或弱市里，如果开局不利，他们往往在第二天就会斩仓出局，心狠手快，纪律鲜明。但有部分私募基金、机构、大户则偏好基金风格，自诩为人中君子，对超级短线不屑一顾。这部分机构的交易风格介于基金和游资之间，所选的品种也介于两者之间。

散户则如同墙头葶，随着基金和游资摆动。又因其没有主导市场的资金、技术和人力，形同于市场中的小鱼小肉，不被市场前两大阵营所关注。

(2) 在熊市里，基金做短线的机会很少，主要是游资和偏基金风格的机构在进行短线操作。但在短线操作的手法上，这两者的风格是不同的，主要表现如下：

首先，游资敢于独家捕捉亏损股或高市盈率股；而偏基金风格的机构则往往会规避这些股票，但由于大多数优质股被基金盘踞，所以 50~100 倍市盈率的股票以及次新股往往是他们选择的目标。

其次，游资往往游走于个股之间，持仓时间通常为1~15天。在刚开始介入个股时，他们是没有筹码的，由于运作周期短，所以其往往会以大阳线或涨停板来建仓，所持股票的走势常常是暴涨暴跌；而偏基金风格的机构则不同，由于建仓时间早，所以其手中会一直持有一定的筹码，既可以做中线交易也可以做短线交易，只要大盘形势看好，就可能将股价拉至涨停。相对于游资所持股票而言，他们所持有的股票则不易出现暴涨暴跌的行情，但往往可见清晰的底部和头部。

再次，游资属于短期资金，不想失误被套，所以其往往只吃盘不护盘，买一位置之后常常无大单，且见势不好主力就会撤退；而偏基金风格的机构则因为前期收集的筹码较多，在整理完毕后可能会开盘即封涨停板，杜绝散户介入。如需散户跟风，则往往会在个股高开之时，于买一位置之后挂大单护盘，向市场显示其积极做多的用意。

在基金持仓的个股没有强势表现时，通常首笔交易就使个股涨幅超过2%的情形，往往是游资和偏基金风格的机构所为，但交易者有必要在第一时间将这两者的身份区别出来。前者缺乏筹码，急拉股价的过程中还会等待抛盘出现，因此开盘后大家都有买入机会，但第二天个股可能就会冲高回落，所以交易者要知道及时出局；而后者则积累了一定的前期筹码，容易突然将股价拉至涨停，因此交易者跟进速度要快，且因主力筹码多所以个股后期涨幅空间大，交易者可持股待涨。

此外，如要分辨他们，还有三点可供参考：其一，如果个股频繁有利好消息透露，则可能是机构早已介入，而游资是不会轻易去抬庄的；其二，如果个股市盈率在50~100倍以内，则可能是机构的控仓品种，因为轮到游资来哄抢的优质低廉股票几乎不存在；其三，如果盘口买二至买五处有大单守侯，则可能是机构护盘的体现，但也说明机构早有筹码，如今需要人来抬庄。

2. 开盘短线交易经验

每天早上，个股涨停的身影总是存在，即使是在市场出现千余只跌停股票时也没有杜绝过。因此，股市每天都可以获利的想法，总在不断地冲击着交易者的头脑，促使其冲动交易和随意交易。但交易者应该知道，市场里聪明的交易者成千上万，会自动修正无风险的获利或暴利现象，开盘买股的方法可能并非一种理想的获利模式。比如，沪市大盘在2008年5月是一个标准的熊市里的震荡期，也是一个较好的短线操作时间段，但是经过一个月的短线数据统计后，其结果却不尽人意。

当月短线统计结果及操作经验如下：

(1) 一字型涨停股最有可能连续涨停，但矛盾在于：这往往是主力看好的品种，一般交易者很难买到，轮到交易者买得上时，往往是第二个甚至是第三个一字型涨停板之后的事了。但是交易者必须记住，宁可在一字型涨停板第一次被打开又即将被封住的时刻去抢购．或者是在三个一字型涨停板之内的第一个高开拉停的中间时段去抢购，也不能在第二个开盘涨停板或更后面的开盘涨停板处进行抢购。原冈是前两者经过了卸压后再封停，说明主力看得更远．个股后续行情依然可待：而后者则没有经过卸压就继续封停，等交易者一旦排上了队，则有可能出现从涨停板到跌停板的现象。如果交易者两天内损失25%以上的资金，其打击无疑是致命的，为了10%的涨幅去冒25%的风险，实非明智之举。

(2) 高开后的股票容易买到，但矛盾在于：如果主力真的看好某股，该股应该是涨停开盘而不是高开盘。股票高开往往都是主力试盘的动作，若大盘向好或跟风强劲，则个股往往会封住涨停板，否则，就只有随波逐流了。具体来说，高开的股票若能在10点前封住涨停板，则次日还有继续上涨的希望；否则，交易者在次日出局时的利润将很少，甚至难以获利出局。因为前者主力见市场跟风强劲，于是快速吃掉抛盘后直

接拉停个股，杜绝了大量散户的跟风行为，使个股次日拉升的压力较小；而后者则因有太多时机供散户介入，导致主力次日无法拉高股价，或当日行情本就是主力促使散户交换筹码的过程，因而个股次日难以快速拔高。所以，涨停时间较晚的股票不宜短线介入，除非交易者买入时间较早，比如在涨幅为6%时就已买入，而后个股恰好能在尾盘涨停。但

次日 9：35 之前，交易者要注意获利了结，除非某概念仍在大行其道或次日大盘开始转强。

（3）在每日高开 5%以上的个股中，只要出现了前面提到过的 7 种 K 线形态（4、5 除外），则往往容易出现开盘 1~2 分钟即封死涨停板的现象。这常常是主力决心做多的结果，也是诸多超级短线爱好者一致看好的结果，但他们并非是看好该股的内在价值，而是凭经验一致看好该股目前的技术形态和开盘状态，知道出现这样的情况意味着什么。

在开盘 1 分钟内即抢购股票，完全是一种赌博行为，因为交易者不是主力，不知道个股会不会马上封住涨停板，而当时又无其他当日走势可供参考。但是，如果高开 5%的股票正好拥有前面 7 种 K 线形态之一（4、5 除外），且属于近期内的首次高开，那么当日开盘 1~2 分钟内个股封住涨停板的可能性是很高的。这是因为主力在充分预计了大盘当日状况后，正在展开一场有准备、有计划的短期攻势，而全国数千位短线高手也都在时刻关注，随时准备着手交易。如果平均每位短线高手的资金为 100 万元，那么就大致会有 40 亿元的超短线资金在蠢蠢欲动. 短时间内促使 100 只流通盘为 4 亿股的股票涨停，也并非不可能。

（4）非高位个股高开 2%~5%，多数是主力试盘或散户抢单的结果，但看得见的机会往往就不是好机会。如果能在第一时间追高买进这些股票，那么个股有 20%的概率会在 10 点前涨停，有 20%的概率会在 10 点后涨停，有 30%的概率会一直在高位盘整，有 30%的概率会最终下跌。以做 10 次这样的交易来计算，10 点前涨停的股票可能会产生总计为 15%的第二日卖出收益，10 点后涨停的股票可能会产生总计为 5%的第二日卖出收益，高位盘整的股票可能会产生总计为一 5%的第二日卖出亏损，最终下跌的股票可能会产生总计为一 15%的第二日卖出亏损。

可见，综合 10 次的交易收益为零，这还得要求交易者必须当断则断，毫不手软，否则恐怕总收益将为负数。统计结果也显示，我们很难判断出哪种股票会出现第四种概率，尤其是在 5 分钟内要对近 20 个品种做唯一选择而开盘买单又如潮水般涌入时；而最高涨幅为 7%、但当日收盘为一2%、且第二日低开2%的品种则比比皆是，这就更加大了股票处于第四种概率时的实际风险。交易者可以避免主力对敲的陷阱，可交易者无法制止无数短线大户的买人行为，但他们并非市场主力，一旦市场跟风不足，后果往往会很严重。

(5) 统计结果还显示，追买高开2%~5%的非高位个股时，只有两种情况的风险比较小。一种是在熊市急跌且大跌后，可以开盘追买严重超跌的反弹股，个股特征为：

严重超跌、价格偏低、流通盘适中、前期成交萎缩、主力高开拉升。因为市场此时迫切需要“涨停板敢死队”出现，以解决每日躁动的资金饥渴问题，而此时，由于是游资突然发动行情攻势，游资主力尚无筹码，所以眼疾手快的交易者可以在9：35之前获得一些低价筹码。除此之外，在熊市的急跌期、明确的下降通道里、预计大盘会跌或局势不明之时，交易者不宜开盘追击，因为市场跟风会严重不足，即使是开盘后某板块个股行情集体启动，也往往容易发生夭折。另一个是在当天有实质性的重要新闻题材而相关板块个股即将集体启动的时刻，也是风险小而盈利高的介入时机——除此之外，风险小的恐怕就只有一字型涨停股丁，其余林林总总的股票高开行为，多数没有什么价值，除非交易者提前“买套”。

四、开盘短线的统计工作

在股市中进行交易，心中无底是最致命的。心中无底往往来自于两个方面：一是交易者对股市涨跌的基本常识知道得太少，因而面对各种股市现象时比较茫然和被动；二是交易者从来没有做过行情统计工作，因而不知道市场会有多少陷阱在等着自己。江恩曾经发明了很多预测股票走势的技术工具，但他在晚年时仅对数据统计情有独钟，这也说明了南数据统计而得出的市场规律比所谓的测市工具更有价值。因此，建议交易者最好能建立自己的数据统计系统。

以下是一张“开盘短线操作信息追踪表”，交易者可参考此表，完成自己的部分数据统计工作。

开盘短线操作信息追踪表

股票名称	所属行业概念	近期K线	流通股数	市盈率	首交涨幅	首交挂盘	后续表现	涨停时间	收盘涨幅	经验总结	后期关注度	短线寿命

开盘30分钟内其他涨幅为10%的品种：

当日新闻：

大盘状况：

一日总结：

五、如何做一回超级短庄

通过前面的分析可以知道.如果交易者想摆脱概率的束缚而获得更高的投资同报率，那么就必须成为短期主力，有足够的资金来影响短期内的股价走势。那么交易者如何做短庄呢？以建仓的时间和建仓的方式来看，主要有三种方式：第一种是花一周时间吸取少量的底部筹码，这适合于已预测到市场即将见底的情形；第二种是用一天时间实施逆市拉升吸筹的行动，这适合于能预测到大盘次日即将转强的情形；第三种是以开盘涨停的方式来吸取筹码，这适合于突发性行情来临之时。

下面以没有时间提前建仓的超跌反弹为例。假设某股流通盘为15亿股，现价为9元，已经深跌60%，其中后期两周急跌30%，两周内的换手率为10%。如果交易者想快速做一波超跌反弹行情，又判断出大盘将在次日走强，则可以进行如下的操作：

第1天，通过促使股价快速涨停及打开涨停板的动作，获得4%的筹码（散户获得1%的筹码），即600万股，所需资金大约为6000万元；第

2天早盘时，用5000万元资金封住涨停板，然后在中途撤单，两次打开涨停板，把前日4%的筹码抛掉，最后在11点之前封死涨停板。当日个股的换手率大致为10%，其中散户的卖量大致为6%，几乎全部是过去的套牢盘或微利盘。交易者当天又大致承接了，3%的新筹码，具体情况为：开盘封停时获得了1%的筹码，两次冉封停时各得0.5%的筹码，全天其余时间共得1%的筹码，5000万元封单资金全部用完。

两天内该股上涨20%，换手率为15%，但还没有回到急跌前的平台处。前期急跌过程中有过10%的买入量，此时因获利或解套出局的大致有7%；因股价还未到前期大量散户的套牢位置，又因个股涨势凌厉而大盘好转，所以前期套牢盘在这两日内的抛单量应该不大，大致为4%；再加上交易者自身抛售的4%，这就是两日15%的换手率的由来。这些解释基本符合股价的运行规律。

因该股第2日上午11时就被大单封在了涨停板上，且当日换手率只有10%，给市场制造了该股仍将上冲的假象，所以到了第3日，只要交易者再用500万元资金促使该股高开，是比较容易吸引跟风盘的。交易者可以在股价急涨至5%时，分批将前日所吸收的3%的筹码抛售掉，这个过程可能会持续30分钟，而股价大致也不会跌破昨日的收盘位。预计当交易者出货完毕时，该股的换手率大致为5%，当日的总换手率将会超过10%，且股价可能会持续下跌。至于交易者用500万元资金新买入的0.3%的筹码，则可在第4日以略亏的状态出局。

如此经过四日，短线坐庄过程结束。交易者在第1日的盈利为660万元，第2日的盈利为110万元，总计盈利为770万元；扣除交易成本：1.15亿元×0.4%=50万元，再扣除第4日略亏的20万元，交易者4天内大致盈利700万元，投资回报率大约为6%。当然，如果交易者在大盘行情转强时继续操作，运作周期能达到5日，那么所得收益可能会更高一些，投资回报率可能会达到8%。

由此可见，即使是交易者做短庄，一周内的收益率也只有8%，这还不包括交易者无法顺利出局的风险和遭遇前期主力打压的风险。相反，若交易者在一周内看准某个时机，用全部资金跟随大盘股做一次投机性交易，其收益率可能都不止 8%。这也是为什么在没有概念爆发的时候，游资暴炒的次数越来越少，而且周期也越来越短的一个重要原因。

从这个例子中，交易者可以看到，很多个股走势其实都已被主力计算好了，剩下的就是看主力如何用常规技术或反常规技术来实现了。当然，主力的操作策略往往不止一套，还会有 2~3 套应急的预防措施，以防止行情走势与其预测相反。

盘中短线交易

经过了眼花缭乱的开盘 15 分钟交易后，该快速涨停的股票都涨停了，没有涨停的股票则开始滑落，其他的股票则该跌的跌、该涨的涨，几乎所有的个股都开始看大盘和板块的“脸色”行事了。这个时候，并不热衷于做开盘交易的短线交易者，则开始运用盘中的短线交易策略，进行股票的搜索和比较工作，以寻找最佳交易股票和交易点。

一、如何快速的看盘

这一部分内容同前面的“大盘走势分析”一节有重复之处，但前者是判断大盘的整体趋势，而这里则是快速判断大盘的局部趋势，特别是局部强势趋势。

1. 涨幅第一板数据

所谓涨幅第一板数据，是指在通达信软件中，按“61+同车键”察看沪市 A 股涨幅排行榜、按“63+回车键”察看深市 A 股涨幅排行榜、按“67+回车键”察看沪深 A 股涨幅排行榜时，排在电脑当前屏幕上的个股涨幅数据（根据屏幕大小不同，所列股票数量不同。）。它们是当前市场上所有强势股的云集之地，短线交易就是追击这些强势股进行交易，它们代表着资金流的朝向。

2. 大盘分时图方向

大盘和个股彼此相互影响，呈现出互为因果的关系。当某类股票集体启动时，大盘一般会上涨；当大盘下跌时，一批强势股也会跟着下跌。因此，交易者切不可只盯着大盘而忽视了板块和指标股的走势。三者一起观看，相互比较和相互印证，才是最佳的看盘之道。

一般来说，当大盘分时图呈现出以下情形时，短线操作有着如下的规律：

(1) 大盘分时线的低点不断上移而高点也不断上移，黄、白两线处于紧密朝上的状态，且白线涨幅超过2%时，属于单边上扬的超级强势状态，短线操作可以进行，此时风险较小。

(2) 大盘分时线整体呈现出不断上移的趋势，但高、低点偶有重叠，且涨幅超过2%时．属于典型的震荡上扬行情，短线操作可以进行，但要顺应目标股的具体情况。

(3) 大盘分时线围绕着昨日收盘处的水平线做横向波动，且高、低点反复重叠，而上下震幅不超过1%时，属于典型的牛皮市，短线操作不可进行，应持观望态度。

(4) 大盘分时线的低点不断下移而高点也不断下移，且黄、白两线处于紧密朝下的状态，属于弱势格局，短线操作不可进行，应等待次日机会。

注意，在应用上述条件时要结合涨幅第一板的数据来看，通常情况下，两者呈对应的关系，但也有例外；此外，还要注意黄、白两线的分歧状况，如果它们的差距大于1厘米时，相比过去的紧密同步状况，即意味着此时的分歧开始加大，最后总有一根线会向另一根线靠拢。

3. 涨/跌家数对比

股票涨/跌家数是多、空双方激烈争斗的阶段性成果，时时关注它们，可以提前预知大盘下一步的走势变化。一般来说，当股票涨/跌家数呈现出以下情形时，短线操作有着如下的规律：

（1）大盘上涨时，若上涨家数大于下跌家数，说明大盘上涨自然且真实，意味着大盘当前处于强势状态，短线操作可以积极展开。

（2）大盘上涨时，若下跌家数大于上涨家数，说明有主力在拉抬指标股，意味着大盘当前的上涨非大势所趋，短线操作应视个股情况小心展开。

（3）大盘下跌时. 若上涨家数大于下跌家数，说明有主力在打压指标股，意味着大盘当前的下跌非大势所趋，但总体市场情况不容乐观，所以短线操作应持观望态度。

（4）大盘下跌时，若下跌家数大于上涨家数，说明大盘下跌自然且真实，意味着大盘当前处于弱势状态，短线操作不可进行。

4. 五分钟涨/跌速排名

通过股票的五分钟涨速排名，交易者可以发现当前有什么股票正在强势攀升，往往就是它们的突飞猛进带动了大盘上涨的人气。但如果仅仅是互不相关的个股出现在此，就没有太多的操作价值了，只有某一板块的个股集中出现在该榜前列时，才意味着板块行情正在启动。一般来说，能够持续上涨的短线强势股，往往会驱使整个板块同步上涨，此时若进行短线交易，风险较小。

对于股票五分钟跌速排名而言，则情况正好相反。它往往能解释大盘快速翻绿的原因，是一个判断大盘趋势的先行指标。

5. 跌幅第一板数据

这是一些用来辅助判断大盘涨跌趋势的数据。一般来说，如果跌停的股票数量较多，则大盘处于弱市状态；如果大幅下跌的板块属于曾经的热点板块，则说明过去的热点开始集体退潮；如果跌幅巨大的都是大盘股，则大盘当日难以有较好表现；如果跌停的股票数量越来越少，靠前的跌幅也越来越浅，则说明大盘有好转的迹象。如此等等，不一一列举。

6. 今日总金额排名

这也是一些用来辅助判断大盘涨跌趋势的数据，但其反映的是大资金流向。通过这些数据，交易者可以知道当日交易金额最大的个股是哪些。如果个股成交金额巨大且呈上涨趋势，那么说明有增量资金进入该股，同时该板块往往会有不俗的表现；如果个股成交金额巨大且呈下跌趋势，那么说明大量资金正在撤离该股，同时该板块往往也会出现同样的迹象。在“今日总金额排名”中，如果靠前的股票均呈绿色，则意味着大量资金正在撤离这些个股及板块，而这些成交金额巨大的股票往往都是指标股，因而大盘当日难以有较好表现。

二、短线看盘的技巧

1. 五位一体

所谓五位一体的短线看盘技巧，就是将涨幅放在首位、将涨速放在次位、将量比放在更次位、将流通盘放在次末尾、将股价放在末尾的看盘方式。其技术含义如下：首先关注涨幅在5%左右的个股，它们有强烈的涨停欲望，且容易被市场封住涨停板；如果涨速开始提升，则往往说明个股开始突破前期的沉闷行情，或是整理完毕后正被主力快速拉升，值得交易者进一步关注；如果此时个股的量比大于1，则说明现在的成交量是过去5日内平均每分钟成交量的一倍以上，意味着现在的突破行情比较有力度；如果该股的流通盘在5亿股以内，且股价适中，那么该股就值得进行最后的确认工作了；当交易者点击该股进入其K线图时，若发现其K线图属于值得进行短线交易的7个形态之一（第4、5除外），那么即可考虑下单了（最好该股有板块效应做基础）。

2. 多股同列

这是一种最基本的短线交易看盘方法，它可以将目前沪深A股市场上所有涨幅排在前面的个股逐一以 K 线图或分时图的方式显示出来。尤其是在显示分时图的时候，只要电脑屏幕足够大，个股涨停板何时被打开、高位整理的个股何时开始突破等等，都会清楚的展现在交易者面前。甚至成交量都是随图同列的，这无疑更有利于交易者把握个股量价关系，时时监控强势品种。当交易者在多股同列窗口用鼠标双击某股时，可以切换到该股的独屏显示状态；在独屏显示状态下按 F5 键时，则可以将其切换为 K 线图状态；按 ESC 键，则又可以退回到多股同列窗口。

但“多股同列”也有一个不足之处，即目前市面上所有的分析软件都不能够提供时时更新的、按涨幅大小排列的多股同列数据。也就是说，如果交易者现在看到的是 9 只涨幅靠前的股票，即使是过了 30 分钟，屏幕上显示的还是这 9 只股票的即时数据，除非交易者重新查看一道涨幅排序状况，否则后面新冒出来的高涨幅品种就无法显示出来。在通达信软件中，可先按“67+回车键”调出沪深 A 股涨幅排行榜，然后点击排在第一位的股票. 当该股显示出其单独的界面后，再按“Ctrl+m”键即可调出多股同列窗口，该窗口将按照沪深 A 股涨幅顺序进行排列。至于一个窗口能显示几只股票，则可以由交易者在主菜单“察看”中的“系统设置—设置 1”里进行选择。

3. 市场雷达

这是一个有点小作用的工具，通过它，软件可以自动、时时的为交易者捕捉到事先确定好搜索条件的股票，并以画面或声音的方式进行报警。该图左边是市场雷达的设置界面，交易者可以自行进行设定；右边是市场雷达设置好后，系统自动跳出来的报警界面。点击右上角的小图标，就会跳出市场雷达的设置窗口。

三、判断大盘的经验

在进行短线交易之前，交易者必须先对大盘后期走势进行判断。如果大盘走势在当日及次日都预计为不理想状态，那么主力往往是不会轻易拉停股价的，即使个股有过涨停也很容易打开涨停板，故而交易者此时不要被开盘涨停的个股现象所迷惑。虽然主力弱市逞强容易获得筹码也不易吸引跟风，但若后续两日无法出局，则其短期资金必然受限，后期将进退两难，跟风的交易者则更易出现亏损。而且在市场的不同时期，总是会出现很多短庄新手，在给自己制造亏损的同时也在拖累跟风者，所以交易者对于这样的短庄新手应时时保持怀疑和警惕。

以下是一些大盘走势判断的相关经验，仅供交易者参考：

(1) 交易者应在开盘前即预测大盘当日的几种走势，但不可按预期来行事。只有当大盘走出了你预期中的走势，并符合你的短线交易准则时，才值得你进场交易。即使这样可能会错过最佳的交易时机，但却保证了资金的安全。须知，股市里赢利的机会有很多，但前提是你要先生存下来。

(2) 明知大盘当日很难收阳线，或明知某板块要集体退潮而当日义无实质性的重大利好消息时，即使有指标股托盘或早盘出现涨多跌少的现象，交易者也最好不要进场。

(3) 无论市场涨停或跌停的股票有多少，形势看起来如何喜人或吓人，大盘要变盘是很容易的。有时，交易者的感觉比理性还要重要。但在市场普遍失望之时，交易者仍要紧盯指标股的表现，不要因为它们少数时候护盘失败，就不再相信它们的护盘能力。

(4) 在大势向上时，交易者应盯住开始转弱的指标股；在大势向下时，则应盯住开始转强的指标股。正如阳尽则阴生、阴末则阳起一样，反趋势的指标股往往会率先透露出市场下一步的动作。

(5) 如果当日沪深A股涨幅排行榜中热点散乱，没有形成板块的联动效应，则大盘往往不会很强势。大资金不进场，说明人气依旧溃散，大部分主力仍作壁上观。

(6) 在大盘处于敏感的技术位置时，如出现阶段性顶部的巨量长阴线、十字星线，或股指已经跌落到跳空缺口附近，或关键的时间之窗即将出现等，交易者都需要提高警惕，注意空仓回避。

(7) 10：00、10：30、11：00、13：30、14：00、14：30 这六个时刻非常重要，其重要性胜过分时图当时所形成的各种形态，交易者进、出场时都要关注这六个时刻。

(8) 主力一般有三个进场点：9：30~9：35 分，主力可能会对全天大盘走势坚定看好而发起攻势（冲高出货的股票除外）；10：00~10：30，主力可能会对大盘走势开始明确看好而展开行动；13：30~14：00，主力可能会对明日大盘走势坚定看好而展开行动，或为明天股票高开做准备。

(9) 交易者应关注中午的政策面消息。此时管理层可能会放出一些风声，导致下午部分个股走势发生巨变；尾市的消息同样值得留意，包括猜测和流言，尤其是在大盘走势持续偏弱的时候。

(10) 行政干预可以暂时改变市场的运行轨迹，但不可长期改变市场的内在趋势；且行政干预往往都是滞后的，交易者不要希望它能在第一时间出现，也不要在市场极其失望时怀疑它的出现。

(11) 在熊市早期，大盘往往按市场规律行走；但在熊市后期，大盘则往往跟随政策消息走。此时，交易者应把分析的重心移到政策消息面上，不可再坚守原有的市场规律和技术分析不放。

(12) 股市每天都有机会，即使是再大的“利空”，往往也蕴涵着某种“利好”，因为上市公司形形色色，一方“利空”可能对另一方来说就是“利好”，而资金每天都会进行流转；同理，任何消息也是阴中含阳，阳中带阴，交易者切不可见“利好”就忘乎所以，见“利空”就目无一切。

(13) 无论大盘已经出现或将要出现何种经典图形，交易者都要问自己：如果是真的，那么会出现什么状况；如果是假的，那么又会出现什么状况。尤其是当市场形成了一致共识时，总有一种力量会偷偷打破这种局面，搅乱人们的共识。但经典图形的真伪性往往不是一两天就可以判断出的，所以稳妥的方式是：及早识别，少量参与，不持肯定，快速决断。

四、判断个股的经验

无论是高开还是低开，每一只股票的开盘都不是随意的。其要么受股票市场的消息影响，要么受上市公司的新闻影响，要么受潜在主力的控制影响。所以交易者要关注每一只开盘涨幅在2%以上的股票，这里面有巨大的短线机遇。事实上，有经验的开盘交易爱好者，往往可以在9：25之后的10秒内，对某只股票当日是收阴线还是收阳线做出准确率高达80%以上的判断。但是，“猜得到形态、猜不到成交”却是开盘短线交易之大忌。冈为即使是主力也往往猜不到个股收盘时的成交状况，但成交量的多寡却对个股次日走势至关重要，影响着所有交易者对该股的盘后分析和次日决策。

显然，等到收盘的成交数据和价格形态出来时，其实就等于已经对那些一早就介入的交易者做出了次日盈亏的判决。所以在进行短线交易时，仅仅在9：30之前对个股有较好的判断是不够的，交易者还必须要具备丰富的盘中判断经验和交易经验，才能减少操作失误，并将即将发生的亏损降低到最小。

以下是一些在熊市中进行短线交易的经验，仅供交易者参考：

(1) 有大盘做掩护，有板块做基础，个股短线交易的成功率才会比较高。

(2) 如当日无重大利好题材出现，又无大盘将要收大阳线的趋势，那么最好的策略就是等待。

(3) 一只个股出现高涨幅也许是偶然，单一的个股机会也难以把握，但是如果形成了板块内个股集体跟风的状况，则跟进的风险比较小；但也要注意，如果当日并无利好消息出现而板块内个股却开始集体启动或大盘走势并不配合，那么板块行情就往往会发生夭折。

(4) 对于由某一突发性事件而引起的大面积涨停现象，要分清楚哪个板块和突发性事件联系更密切，而哪个板块只可能是昙花一现。

(5) 能持续上涨的板块在启动之前，都曾有过增量资金隐蔽建仓的过程，如果缺乏这一过程，即使是该板块受到消息面的强烈刺激，其热点的持续性也往往不强。

(6) 对于有朦胧利好消息的个股，在消息没有兑现前可以积极介入；一旦消息兑现时，则需要根据消息的具体情况进行分析，尤其是要注意消息的时效性，不可一概套用“见光死”的结论。

(7) 没有明显的利好消息而经常出现在涨幅榜上的个股，属于长庄股，可长线跟踪，并配合其他指标寻找短线套利的机会；因基本面原冈而经常出现在涨幅榜上的个股，需要深度分析其基本面的实际状况及题材的有效性。

(8) 在当日偏早时间段进入涨幅榜并表现稳定的个股，往往具有连续上涨的潜力；而在当日偏晚时间段进入涨幅榜的个股，其连续上涨的潜力常常较弱。当然，后发制人型的股票属于例外。

(9) 对于强庄股，即使其连拉阳线也还是有介入的机会，包括底部有两个一字型涨停板的股票。这类个股的涨幅目标往往至少为50%，否则主力大量筹码不易脱手。

(10) 对于三日内连续上涨20%的个股，应提高警惕；如果其一周内的连续涨幅达到了30%，几乎就没有介入的机会了；而对于由一字型涨停所拉升起来的股票，只要天量不出，就可继续坚守。

(11) 在熊市和震荡市里，突然急拉且值得跟进的个股，多数在近期底部经过了缩量下跌的整理过程，或正要突破缩量底部平台的颈线部位，或突然开始挣脱处于上升通道的均线的束缚，仅此三类。

(12) 值得跟进的拉升股跟市盈率没有太大关系，但流通盘通常在5亿股以内；且新涨停股票的首笔成交换手率应在0.01%~0.3%之内，而连续涨停股票的首笔成交换手率应在2%以内；同时，新涨停股票的首笔成交涨幅要在5%以上（高位高开的股票除外），而连续涨停股票的首笔成交涨幅应在2.5%以上，否则后续行情容易夭折；此外，在首笔成交出现时，卖盘挂单处应无巨大卖单，可以买量多点也可以卖量多点，但买盘挂单处不能均为绿色。

(13) 大部分高开2%~5%的个股，即使符合一些上涨的条件，但如其当日无突出概念，则往往属于主力试盘或做阴K线的情况。此类股票常常会在开盘后急于上冲，而后即开始连续下跌。

(14) 由游资启动的个股可能在两个涨停板之后有洗盘的动作，此时应对个股所属板块及概念有较清醒的认识。此外，该股若是洗盘，则当日几乎无大卖单出现，且整理时间不会超过2天，总跌幅不会超过10%。

(15) 当早盘买入的股票不能在当日10点前封住涨停板时，往往说明超短线操作出了问题。这样的股票，要么会马上冲高回落，要么得看大盘的“脸色”行事，使介入者次日难以获利出局。

(16) 越早封住涨停板的股票，次日开盘时的涨幅就越高。一般而言，开盘3分钟内即封死涨停板的股票，只要当日换手率不超过7%，次日往往会高开5%；此后至10点之前能封死涨停板的股票，只要换手率不超过7%，也往往会在次日高开2%。

(17) 涨停日换手率越低的股票，次日开盘时的涨幅就越高。对于开盘半小时内即封住涨停板的股票，只要当日换手率不超过3%，那么次日该股往往会高开3%，甚至会继续涨停；但通常该股次日开盘的涨幅不会超过5%，尤其是最近涨幅已较高的股票若次日开盘涨幅超过了5%，就有主力高开出货的嫌疑；如果该股当日的换手率超过了7%，则介入者次日难以获利出局。

(18) 相邻趋势波（最近的上升波幅或下降波幅）的表现对当前股性的影响最大，对短线目标个股进行选择时，不仅要关注其一贯的历史表现，更应关注其最近趋势波的特性。

(19) 对于次新股，如果其目前不是处于主力需要快速脱离成本区的时期，则其往往不是做超短线的好品种，它们往往会在且拉且洗的过程中缓慢攀升，是中线交易的适合品种。

(20) 对于基金扎堆的股票（流通盘大、市盈率低、行业较好），只适合事前埋伏，不适合临时追高，因为这些股票难有持续涨停的动作，除非遇到了突发性事件或重大利好概念。

(21) 勿买入成交稀疏的非底部区域的股票，也不要去追高位横盘的股票，否则很难顺利出局。

(22) 如果开盘涨停的股票超过了 10 只，应在 10 点之后再找好股，此时风险小而机会大。

(23) 大盘暴跌时，看哪些股票率先见底走稳，哪些股票正在逆市上扬。发现这些股票后，分析这意味着什么？这些股票有什么特点？后期会不会吸引大量资金入围？并据此制定操作策略。

(24) 关注复牌后的前期高涨幅股票。

(25) 小盘股（4000 万股流通盘以下）来去如风，不适合追涨。

(26) 前期暴跌后的股票勿进，陷阱较多。

(27) 被券商在事后推荐且量价关系不理想的股票，勿进。

(28) 尾市勉强收于涨停板的股票，不宜追涨。

(29) 不要在个股跌停的当天介入，正如不要去接正在落下的石头一样。

(30) 新股不适合进行短线交易。如 2008 年 4~5 月是标准的熊市震荡期，按传统的市场规律，大量资金将涌人新股，以寻求短线机遇。但是从当期新上市的 23 只股票来看，次日能获利出局的只有两只，亏损率高达 90%以上。新股不适合做短线，一是因为新股上市的目的就是派发筹码，缺少接盘股价就会下跌；二是冈为新股的持有者多为专业的“打新股”一族，只要新股上市就必然会获利出局；三是因为主力均不愿意拉高收集筹码，除非是大行情破在眉睫；四是因为新股往往发行于股市繁荣时期，因而市盈率普遍过高，容易走上价值回归之路；五是因为很多新股是被包装上市的，之后往往容易出现业绩“变脸”的状况，因而常常将持股者带人亏损的泥潭。

注意，上述经验有一定的时效性，交易者不可盲目照搬。

五、尾市的短线交易

如果短线交易者在早盘阶段入场，那么会面临3~4个小时的盘中变数，常常会眼睁睁地看着自己的盈利变成亏损而无能为力，时间在此时成为了其最大的敌人。但是，如果交易者在尾市1分钟内入场，那么其所承受的风险就只有1分钟，其盘中变数往往很小。于是，尾市时段也成为诸多短线爱好者的有利入场时机。特别是在熊市，下午入场要比上午入场更具有风险小的优势。

从理论上来说，开盘是序幕，盘中是过程，收盘才是定论，冈而尾盘是多、空双方的必争之地，而收盘指数和收盘价则历来被市场所重视；从实际情况来说，尾市出现股价拉升现象，有的是个股经过几小时的高位平台整理后主力开始做多的体现，有的是主力结束几小时刻意打压后开始积极做多的体现，有的是主力在刻意拉升股价为次日高开出货做准备，有的是主力在刻意勾勒当日的K线图，还有的是散户抢买的结果。可见，交易者要想在尾市进行交易，也不是一件容易的事。

但凡事不会无缘无故地出现，特别是主力的资金不会做莫名其妙的事情。通过"尾市短线交易的统计"，尾市短线交易有着如下的规律（假使大盘当日尾市有拉升的动作或震荡走高的现象）：

现象一：个股在高位平台进行整理后，于尾市半小时内拉至涨停。

规律一：对于这样的个股，若其所属板块次日继续走强或大盘次日转强，则介入者有机会顺利出局，但盈利多数不高，因为有大量散户跟进。

现象二：个股被逐步推至高位后，在尾市被拉至涨停。

规律二：对于这样的个股，若其所属板块次日继续走强或大盘次日转强，则介入者有机会顺利出局，但盈利多数不高，因为有更多的散户跟进。

现象三：个股在高位平台进行整理后，于后半场出现急跌现象，直至最后几分钟才被拉回平台处。

规律三：这种情况多数属于主力护盘的动作，次日个股是否上涨还得看大盘的好坏。

现象四：个股前半场一直在4%~2%的涨跌幅区间盘整，尾市却突然大幅拔高。

规律四：这种情况多数是主力拉升行为，因为散户通常只会关涨幅在5%以上的高位整理股。如果该股拔高时间比较早，说明主力不畏惧市场抛盘，且看好该股次日行情。

现象五：个股前半场一直都在向下整理，跌幅甚至超过了5%，但在尾市却开始大幅拔高。

规律五：这种情况往往说明主力已经结束洗盘动作，开始反手做多，但也有可能是散户抄反弹的行为，或是主力为明日继续出货而做K线图。看这样的图形时，只有注意个股下跌时的成交量是否较大、拉升时间是否较早、大盘是否同步上扬等情况，才能知道该图形的真正用意。

现象六：个股前半场一直都在-5%以下的跌幅区进行整理，但在尾市却开始大幅拔高。

规律六：这种情况往往说明大量抛盘已被消灭，多头开始积极反击，后市有利于多方，次日该股行情值得期待。

规律七：如果大盘次日收中阴线，那么在当日尾市拉升时进入的交易者，通常在次日都没有获利出局的机会，所以尾市进场的交易者一定要先预测次日大盘的涨跌状况。

规律八：通常在无法预测次日大盘走势或已预测到大盘次日走势不佳时，大量的短线高手就会在尾市集中出货，如果此时的成交量偏大，则大盘或个股次日低开低走的概率较大。

规律九：越晚拉升的个股越无短线操作的价值。一是交易者缺乏介入的有利时机，二是主力实力可能较弱，三是主力可能在做K线图。相反，越早拉升而成交量也同步放大的个股则越有价值。

规律十：如果个股当日一直处于跌势中，却在尾盘出现小幅拉升动作，或个股当日一直处于涨势中，却在尾盘出现小幅回落现象，这都属于尾盘的修正动作，对个股次日走势并无提示意义。

规律十一：如果尾市突然有利好消息传人股市，交易者可立即开仓买入；但如果当日收市之后证实利好消息是流言或误传，则次日股市多数会大幅下跌，交易者应及时出局。

规律十二：短线交易者于尾市入场时，应事先做好次日上午出局的准备。只要次日开盘时能确定大盘不能收中阳线、板块热点无法持续、利好消息被证实是流言或无实质性利好的，交易者都应及早出局。

六、总结短线买入点

在进行短线操作时，通常的分析顺序为：

(1) 判断大盘当前的波动性质，确定是否采用短线交易的方法；

(2) 根据盘中热点的集中程度以及板块的跟风状况，确定是否介入；

(3) 根据个股的K线图形态，确定介入哪一只股票有更好的报酬/风险比；

(4) 根据个股分时走势图来确定具体的进场时机，以获取最佳的进场位置。

具体在盘中进行交易时，交易者要注意以下的购买时机：

(1) 有重要利好消息发布的个股，如果在股价较低时出现首次开盘涨停的现象，只要大盘不是极端弱势，交易者都可以在9：25分前竞价购买，一直排到尾市，中途往往会有成交的机会。当个股出现无量涨停后，次日往往还会有一个冲击涨停板的过程，甚至会由此展开一波中级反弹行情。但是如果该股当日的换手率超过了7%，则次日该股走势多数不佳，最好当日换手率在2%以内。

(2) 交易者应重点关注高开5%以上的个股，如有重大题材配合、板块内个股集体启动、K线图符合短线要求等状况，则此类股票往往会在开盘10分钟内拉至涨停。下单时，交易者应视自己的资金大小和当时的买卖状况，比当时成交价高出2%~5%挂出买单，以抢夺有利的购买时机，并趁势促使股价涨停（但实际成交价往往不会很高，因为低价卖单报在了前面）。对于稳重的短线交易者而言，介入该类个股还有一个有利的时机，那就是当该股中途打开涨停板且又被大力封停之时，因为洗盘或卸压之后的个股行情更值得期待。但是如果该股当日的换手率超过了7%，则次日该股走势多数不佳，最好当日换手率在3%以内。

（3）如果交易者在10点之前找不到合适的入场机会，那么最好在13：00~14：45分再寻找机会进行交易。只要大盘后期走势真被市场一致看好，大量游资即会在下午采取行动，将一些高位平台整理的股票直接拉至涨停。而在熊市中，大盘往往会在下午时段出现变盘现象，上午高涨而下午急跌的行情往往会使交易者损失重大，但上午猛跌而下午急拉的行情则往往风险较小，后市行情即将出现反弹的征兆也更加明显。但是如果该股当日的换手率超过了7%，则次日该股走势多数不佳，最好当日换手率在4%以内。

（4）交易者应随时关注底部出现过一字型涨停的股票，分析其连续涨停的根本原因和可能的涨幅空间，判断其价格的贵贱程度和即将面临的阻力位；同时根据流通盘大小、市盈率、价位以及主要的成交营业部，确定主力的身份或性质；而后伺机在第二个一字型涨停板被打开且又即将强势封停之时介入，或在个股高开整理后即将强势封停之时介入。但交易者要注意，不可抢在开盘时进入；若估计当日换手率大于7%，慎入；第三个涨停板最好不要介入，宁可等待股价回调，因为主力若不看好后市则个股就会出现暴跌，若看好后市则个股就必须释放抛盘压力。所以交易者在追击第三个涨停板时，必须注意三个条件：一是该股当天必须释放抛盘压力，二是该股当天的换手率没有超过15%，三是该股当天再次封停的时间比较早而且封停迅速、坚决。

（5）交易者还应随时关注近期连续涨幅在20%左右的个股。这些个股的后期走势往往有三种可能性：一是经过短暂停顿之后继续快速上涨；二是做完阶段性的整理之后再次快速上行；三是见顶回落之后从此萎靡不振。如发现个股走势属于前两者，则交易者应在分析其即将面临的阻力位、未来涨幅空间、报酬/风险比以及主力身份之后，待股价再次上行或大力突破前期旧高之时介入。这些强势股能被主力全力抬举，则必有交易者不知道的内在原因，而短线交易，则往往是重势不重因。

七、总结短线卖出点

会买不会卖，终究一‘场空。常言也有道：会买的是徒弟，会卖的是师傅。可见，卖出股票也不是一件容易的事，它直接关系到交易者的盈亏问题。一般来说，职业短线交易者卖出股票的时机，往往是开盘十分钟内或是盘中时段。下面简要论述。

1. 开盘十分钟卖出点

如果交易者买进了股票，那么在收盘后就要关注该股当天冲高的时间或涨停的时间、涨停封单量的大小、换手率的大小、主力身份及性质等状况，同时预测个股继续上涨的幅度、即将遇到的阻力位、次日大盘走势、热点持续状况等事项，做好止赢和止损的准备。

一般而言，当日强势上涨的股票会在次日开盘时出现以下三种情况：

(1) 跳空高开

当日涨停比较早且换手率在3%以内的底部首次大涨股，次日高开5%属于正常状况，相比该标准差一点的股票，高开3%也属于正常状况。如果该股次日高开后随即有大单买进或略有回调后即有大单买进，则交易者可持股待涨；但是，当该股冲至7%或10%时，如果大量抛单倾泻而出，则交易者最好及时出局。因为对倒拉高出货是主力一贯的手法，或者主力此时也不一定可以顶住抛盘。如果个股高开幅度在7%以上，通常股价马上就会下滑，要么是因为主力在高开出货，要么是因为散户的抛压过大。此时，交易者可先抛出股票，而后看其有无缩量整理并在某支撑位获得支撑后再次大力攀升的过程，如有，则再次跟进也不迟。当然，最好的方法是采取自动止损的策略，即：如果股价跌破止损位则立即出局，如果没有就持股待涨。

(2) 平开

如果说股票高开是主力积极做多而低开是主力即将洗盘的信号，那么股票平开则是极其沉闷的行情显露，它往往透露了主力当日或早盘没有做多的意愿。对于这样的个股，交易者若判断出当日大盘走势不佳或相应板块即将出现回调时，则可以选择立即出局，也可以做出止损的准备后持股待变。倘若该股出现量价关系不理想、盘口卖压过大、成交稀疏等状况，则交易者应伺机出局，以免浪费资金在其他个股上的机会。

(3) 跳空低开

这种现象往往出现在当日涨停板被多次打开、成交量过大、涨停封单量较小、封停时间较晚等个股身上，资深的交易者往往已经预测到了次日这样的开盘状况，并加剧了这样的开盘结果。不看好次日大盘走势或相应板块走势的交易者，可在第一时间出局；而看好的交易者则应提前做出止损的准备，一旦股价下滑到了计划承受的最大跌幅处，则交易者应立即出局。一般而言，仅从技术上来说，如果个股低开或回落幅度超过了3%，说明其调整的迹象比较明显；如果个股低开整理后再次放量上攻，则往往是主力先洗盘、后拉升的行为体现。

其他卖出经验：交易者在卖出股票之前，应先清楚该股的阻力位在哪里，若见此处抛售压力果然巨大，则应先走为上，哪怕此时只是9：32；特别是对于持续拉高的股票，因其还面临获利盘的抛售压力，所以交易者更应当断则断。如果交易者所买的股票是在10时之后涨停的，如果当日个股的换手率比较大，如果个股前期的获利盘比较多，如果个股次日高开的阻力比较大，如果次日利好消息无实质性作用，如果次日大盘状况不尽人意……那么最理想的卖出点就是次日9：35之前。交易者若要在9：35之后

卖出股票，则应先对该股全天的成交量进行估算，估算公式为：预计全天成交量=开盘10分钟的成交量×24（一天交易四小时即为240分钟）。如果估算出个股当日成交量异常大而又迟迟不能封住涨停板，则有

主力出货的嫌疑或有多头被耗尽的担忧，短线交易者应及早出局。但需要注意，对于活跃品种而言，其早盘10分钟的成交量一般很大，所以该估算方法往往会偏离实际，可能用开盘10分钟的成交量乘以8才能估算得比较准确。

注意，若无特别说明，本书中的“封停”特指“封住涨停板”，“拉停”特指“拉至涨停板”。

2. 盘中卖出点

经过了前面紧张的10分钟后，后面的股票卖出点就要依据盘中的分时走势图来考虑了。总体来说，交易者可以对卖出点作预期，但不可完全按预期卖出，而要根据盘中实际情况灵活处理。但只能是在行情有利的时候作向上的灵活变动，而在行情不利的时候则要按预期坚决出局。

(1) 对于个股急拉的行情：

往往高点之后还有更高点，行情一般不会直上直下，常常会有M头出现，第二个头为卖出点。

(2) 对于个股横盘的行情：

横盘不是主力减仓的迹象，但股价一旦带量跌破支撑线或均线，说明抛压巨大，可顺势卖出。

(3) 对于个股下跌的行情：

持续下跌行情是主力做空或减仓的迹象，否则个股行情应跟随大盘，当其反弹时为卖出时机。

(4) 对于个股跳水的行情：

开盘不久即带量下跌、见盘就砸属跳水行情，应立即卖出，若来不及，可等股价反弹后再卖。

注意，以上卖出时机是针对个股当日分时图来进行的，但前提是交易者确定应该在这两天卖出股票了。如果交易者没有预料到个股即将出现回调而个股正在进行回调，则应考虑快速出局；如果交易者预料到个股即将出现回调且做好了止损的准备，那么可以按既定计划进行交易。

中线交易

中线交易的技巧是交易者在牛市进行交易时所必须掌握的知识，也是稳重型交易者所必须了解的知识，但在很多证券类的书籍中却鲜有披露。究其原因，是很多交易者认为同短线交易相比，中线交易只是持股时间不同和个人喜好不同而已。但事实上，事情并非如此简单。

一、中线与短线区别

中线交易与短线交易的区别是比较明显的，至少在下述九个方面有所区别：

1. 介入的时机不一样

前者只有在牛市形成的时候才能进行操作，而后者则只有在熊市和震荡市里才能操作。如果违反此规则，则交易者的盈利空间或会下降。

2. 介入的形态不一样

前者主要是搜索已形成有上升趋势的个股介入，当然也有少数时候是误打误撞地从底部的极端强势股就开始介入了；而后者则是极力寻找强势股介入，特别是那些正处于突破阶段的个股。

3. 选股的原则不一样

前者基本上是选绩优股和高成长性股介入，看中的是股票的内在价值；而后者则着重于题材股、消息股、低价股、超跌反弹股等，看中的是股票的“势”。

4. 跟踪的主力不一样

前者主要跟踪公募基金、私募基金、QFII、保险资金、以及其他机构的行踪，而后者则主要是跟踪“涨停板敢死队”的行踪。

5. 进出场凭据不一样

前者通常是根据周K线图和均线来确定进、出场时机，日K线图的作用较弱；而后者则主要是看日K线图甚至是分时图，以求抓住个股瞬间强势的机遇。

6. 交易的方法不一样

前者如果资金量大，可以采用左侧交易的方式，即先主动买套后再等待股价回升，也可以采用右侧交易，顺势而为；而后者则只能是采用右侧交易，追涨杀跌。

7. 持股的时间不一样

前者持股时间大致到一个中级上升趋势结束时，在牛市中可能是1~6个月；而后者的持股时间则往往只有1~10天，投机性比较强。

8. 交易的心态不一样

前者根据大势来进行交易，交易者的心态比较稳定，不追求买、卖股票的最佳位置；而后者则忙于追逐每日股市热点和消息，疲于寻找每次交易的最佳买、卖点。

9. 适合的对象不一样

前者适合于比较稳重的交易者、上班族、以及大资金所有者，而后者则适合于比较激进的交易者、职业交易者、以及小资金所有者。

二、中线选股的原则

1. 股质优先原则

所谓股质是指股票的质量和质地，是针对股票基本面而言的。利用基本面状况来选股历来是股市最堂而煌之的说法，尤其被手握股票定价大权的基金公司所倚重；所以即使是从投机的角度来说，交易者也必须重视对个股基本面的选择。但交易者也要明白，社会心理往往会体现出一种非理性的状态，只要是“师出有名，为众推崇”的，无论是合理的还是不合理的，都会被大众追逐，从而形成短缺效应。实质上，基本面选股也只是一种“工欲善其事，必先树其名”的游戏策略，是基金和机构赚钱的一种道具而已，若市场无人信奉和追随，则基金和机构必然自食其果。

从理论上来说，大众买卖股票是为了投资（事实上，99%的交易者都是在不断地换股和间歇性交易。），因而看重的是上市公司的经营业绩和未来潜力，所以绩优股、高成长性股、重组股是股市三大重要的炒作对象。但是说到底，这都是围绕公司业绩进行的炒作，只有业绩才是根本性的东西。所以，基本面优先的原则就是要在筛选板块和个股的过程中，对板块行业的发展前景、产业政策等进行评估，同时对板块的整体经营业绩和经营成果进行评价，再从中挑出性价比较高的个股来进行交易，或依据个股主力状况来进行买卖。

既然是筛选，那么就会有筛选的过程。一般而言，交易者对于以下五类股票最好不要介入：

(1) ST、*ST 等连续两年亏损及有退市风险的股票。

(2) 有潜在重大亏损的公司股票（当其出现大幅亏损或追溯计提时就会有退市风险）。

(3) 巨额资金被大股东占用或为其他公司提供巨额担保的公司股票(这些都是巨大的隐患)。

(4) 老庄股（该主力正急于出货，而一旦资金链断裂，股价就会雪崩。)。

(5) 累计涨幅巨大且经过多次大比例送、转股的股票（主力即使采用跌停法出货也获利丰厚)。

总体来说，交易者应关注资产重组类、高业绩类、高成长性的股票，对于新行业公司、新上市公司、具有垄断性优势的公司股票也需要重点关注。

2. 价格优先原则

在同一板块中，不同的股票有不同的价格，价格优先的原则也就随之产生。中国股市历来喜欢把股票按照价格高低分成高价股、中价股、低价股三类，当然，当市场行情持续向上或向下时，新的价格层也会随之出现。

一般而言，当熊市来临时，所有的股票都会大幅下挫；业绩差的股票跌得最厉害，其次就是中价股，最后高价绩优股也会被“拉下马”；而一旦牛市来临，大量的资金将首先涌向高价绩优股，使绩优股充当开路先锋；当高价股攀升后，获利回吐的资金以及新的增量资金就会开始涌向中价股，使中价股节节攀升；而一旦获利盘再次了结后，就会意犹未尽地奔赴低价股，将低价股“一锅端”；最后，甚至是低价股中的 ST、*ST 亏损股也会被炒得“鸡犬升天”。如此，即完成了一个牛市的循环过程。可见，牛市就是高价股不断向上拓展空间从而带动整个股价中枢上移的过程，而熊市则是低价股不断向下拓展空间从而带动整个股价中枢下移的过程。

在运用价格优先的原则时，交易者要注意以下事项：

（1）在牛市中，高价股很可能率先启动，引导中价股和低价股依次上涨；在熊市中，低价股往往领先下跌，引导中价股和高价股依次下跌。

（2）当某一板块上涨或下跌后，根据板块间的比价效应，低价板块和高价板块将会受到影响；当板块内的领头品种出现明显的涨跌幅度后，根据个股间的比价效应，同板块内的个股将会受到影响。

（3）在基本面、题材、股本相近的情况下，价格越低的股票越容易出现大幅度的上涨行情；在技术形态接近、股性相当的情况下，价格越低的股票也容易出现大幅度的上涨行情。

（4）高价股有高价的理由，低价股有低价的原因，高的可能因估值过高而容易累积风险，低的可能因风险释放彻底而容易触底反弹。但结合稳定获利的原则，中线交易宜选择中间价位的股票。

3. 股本优先原则

个股的流通盘大小往往对其涨幅有较大的影响，主要表现为：

（1）5000万以内股流通盘的股票，大资金不易进出，同时该类股票往往暴涨暴跌，不易把握。

（2）1亿~5亿股流通盘的股票，既容易使中等资金进出，又容易被主力控制，往往涨幅较大。

（3）5亿股以上流通盘的股票，往往是基金建仓的品种，其走势较稳，常常以时间换空间。

综上所述，股本优先的原则就是提示交易者首选5000万~5亿股流通盘的股票进行交易。

4. 题材优先原则

由于上市公司业绩不会无限制地增长，而且多数会受到经济周期的影响，同时业绩好的股票毕竟有限，于是题材就成为了市场哄抢和追捧的对象。凡是能被市场利用并促进股价上涨的因素，都可以称之为题材，包括历史事件、政策变化、利率变化、物价变化、技术创新、新生事物、突发事件等等。题材是股市与生俱来、不可或缺的永恒主题，即使是好业绩也可以归人“绩优”的题材之中，所以题材也是选股的重要依据之一。但从根本上来说，炒题材是市场热衷于投机的表现，也是上市公司缺乏投资价值的体现。

题材优先的原则就是指交易者在筛选具备大幅上涨潜力的板块及个股时，要确认目前市场的热点题材是什么，追逐市场热点题材，紧跟大资金的流向，即可达到事半功倍的效果。

具体来说，交易者要注意以下事项：

(1) 跟踪市场热点题材时，要对实质性受惠题材股和相关题材股的涨幅表现作具体分析。

(2) 紧跟当前的题材龙头股，如无法及时抓住，可根据行情趋势和比价原则快速介入后继者。

(3) 分析主力的身份，基金和游资的操作手法及操作时间大不相同。

(4) 关注大背景、大题材、资金介入程度深的个股，它们往往容易产生大行情。

5. 技术优先原则

技术优先的原则是指在基本面、股价、股本、题材四大要素被确定的前提下，交易者要开始考虑技术面因素对个股的影响。在对个股进行技术分析时，交易者要注意以下问题：

(1) 在低价超跌股的反弹中，当前累计跌幅越大的品种，其反弹的力度往往会越大，因而有一定的中线交易价值。

(2) 在低价超跌股中，放量过的 V 形底和 w 形底具有研究的价值，如果有主力进场，那么后续行情可以期待。

(3) K 线形态处于前面短线交易中的 7 种形态时，如果量价关系也比较理想，那么也有一定的中线交易机会。

(4) 同一类题材股的相似启动形态常常发生，即个股之间常常存在着克隆走势和扩散效应，因而板块领头品种具有较好的比较价值。

(5) 只挑选比大盘强势的股票，抛弃比大盘弱势的股票。因为从技术面来说，只有上涨或强于大盘的股票才是好股票。

6. 股性优先原则

股性优先的原则是指优先选择历史走势比较活跃的股票。活跃股不仅体现着主力运作的鲜明风格，同时其历史强势表现也常常令市场对该股现阶段走势充满期待。一般而言，考虑股性优先原则时，交易者要注意以下四点：

(1) 股性比较活跃的个股一旦上涨，容易引发市场的期待和热情，致使股价强势上升。

(2) 在基本面、股价、股本、题材、技术面等情况接近时，股性活跃的股票往往表现更优。

(3) 历史上曾经大幅上涨或一度成为板块领头羊的品种，在调整充分后容易出现涨停现象。

(4) 就目前来看，一些流通盘达到几十亿股的股票也非常活跃，成为机构的短线追逐对象。

但交易者需要注意，一些股性原本不活跃的冷门股，当其在概念中获得重生时，其上涨的爆发力往往会相当惊人。冷门股由于长期不被市场关注，下跌幅度较大，调整比较充分，购买风险较小，又常常远离高位密集成交区，所以股价一旦反弹就会出现井喷行情。

三、中线选股的技术

通过中线选股技术选出来的股票通常不是爆发性品种，而往往是慢牛股，这样的股票其实往往也是报酬/风险比最大的品种，值得稳重型交易者介入。慢牛股中通常都隐藏有中、长线主力，只有寻找到这些主力的运作痕迹，交易者才能找到中线介入的品种，而个股的中线行情也才值得期待。但是除了暴涨暴跌的品种外，交易者常常不知道如何寻找市场主力。其实，比大盘强势的股票往往就是有主力关照的股票，否则个股就会随大盘同步浮沉或比大盘更弱势。

那么如何才能高效地找出这些强势股呢？下面介绍三种选股技术：

1. 相对强度指标

这是一个自制的指标，这个指标可以用来衡量个股走势与大盘走势孰强孰弱的问题。尽管有经验的交易者可以通过“两股叠加”的方式，将个股走势与大盘走势对比来看，但相对强度指标则更容易快速得出结论，且结论往往一目了然。

相对强度指标的本意是将两种标的物的时时价格相除，然后把这些结果连成一条连续的曲线，以判断两种标的物价格的相对运行状态，即一方相对于另一方而言，谁的运动状态更强势（RSI 指标的开发原理与此相同，但其表示的是某股票现有价格相对过去价格而言，其运行状态是更强还是更弱，并非两个标的物之间的横向对比。）。这两个标的物可以是两个指数，也可以是一只股票和一个指数，等等。

个股与大盘的相对强度指标可以表示为：RS=股价÷大盘指数×100。由于每天的收盘股价和收盘指数都是确定的，所以“股价/大盘指数”可以衡量出个股走势与大盘走势当日孰强孰弱的问题。将每天所得出的“股价/大盘指数”的数值进行连接，就可以得出一条曲线，通过这条曲线即可以反映出个股和大盘的相对强度状态了。这里的“100”是一个系数，它只是将比值的结果和曲线特征放大而已，并不改变该曲线的任何形状。公式中如果不乘以 100，那么“股价/大盘指数”的数值就会很小，使交易者难以分辨曲线图上的细微变化。

一般来说，在行情分析软件里没有 RS 这个指标，需要交易者自行创建。很多行情分析软件都具有“添加技术指标”的功能，通过这个功能交易者可以自行设定技术分析指标，而分析软件就会像计算 MACD 指标或其他指标一样，完成交易者所设定指标的计算，并将结果显示在电脑屏幕上。

在通达信软件里，从主菜单“功能”中选出“专家系统”，再找出“公式管理器”，点击“新建”，调出“指标公式管理器”，在中间的空白处输入“强度：100×C/INDEXC”，然后在“公式名称”里输入“相对强度”后，点击“确定”，系统即自动把该指标保存在“其他类型”中。但需要注意，“强度：100×C/INDEXC”应该在公式栏里直接输入而不可复制，同时不可在输入法为“全角”的状态下输入这些字符。

使用该指标的时候，交易者可以在个股K线图上点击鼠标右键，先选择“窗口个数”，如果交易者选择了“三个窗口”，那么在看K线图时，辅图指标里除了“成交量”指标之外，又会多出一个“MACD”指标或其他指标；然后在这个你不需要的指标上点击鼠标右键. 选取“选择指标”，再双击“其他类型”，选中“相对强度”后，点击“确定”即可。此时，软件界面上就会多出一个交易者自制的“相对强度”指标。

在运用该指标时，交易者需要注意以下几点：

(1) 如果该指标曲线近期连续上翘，说明个股近期走势比大盘强；如果该指标曲线近期连续下行，说明个股近期走势比大盘弱。

(2) 注意指标曲线是否远远高于指标刻度的中间值，如果太高，则说明个股走势同大盘相比极端强势，后期往往会盛极而衰。

(3) 如果近期指标曲线有过三次上冲行为，那么基本上可以确认个股中有主力在运作，而并非市场偶发的躁动原因。

(4) 还应观察四个方面的内容：一是看其是否跌破自身所形成的趋势线；二是看其所形成的大致斜率是否变得更高或更低；三是看其与股价是否形成了背离趋势；四是看其脉冲次数是否较多。

(5) 这只是一个相对强度指标，当其处于上升状态时，并不代表股票价格正在上涨，也不代表该股涨势比别的股票好，而仅仅说明该股的表现要好于大盘；反之，当该指标下降时，并非意味着股价即将下跌，而仅仅意味着个股走势比同期大盘走势更弱。

(6) 该指标的波动程度往往要大于某一标的物的价格波动程度，因为其比较的是两个标的物的价格，而两个标的物的价格时刻都在发生变化。此外，该指标往往会表现出明显的随机性，因此，基于周、月数据绘制的曲线要比基于日数据绘制的曲线更为可靠。

总体来说，相对强度指标不是指导交易者何时买卖股票的有力工具，但却是指导交易者买卖何种股票的得力工具。其最有价值的地方在于：当RS曲线连续小幅攀升时，说明该股近期走势比较强，值得交易者做好买入的准备，但该股是否值得买入，还要依赖于个股基本面、技术面以及大盘和板块等方面的分析；当RS曲线连续小幅下降时，说明该股近期走势比较弱，交易者要考虑换股了，但是否立即换股，也要依赖于个股基本面、技术面以及大盘和板块等方面的分析。

需要说明的是，在通达信软件中，按“61+回车键”或“63+回车键”后会出现一个综合行情表，其中有一个“强弱度%”指标，这个指标是将当时的个股涨跌程度与大盘涨跌程度对比之后的结果，其百分比越大的个股越显强势之态，反之，则越显弱势之态。但该指标没有什么意义，因为个股“涨跌幅度”基本上可以取代该指标。即：凡是涨得厉害的股票，其“强弱度”就会越高；凡是跌得厉害的股票，其“强弱度”就会越低。此外，“强弱度%”指标只能时时反映个股走势同大盘走势的强弱程度，而不能反映一段时期以来的个股走势同大盘走势的强弱程度。

2. 大盘叠加/双股显示

个股走势同大盘走势相比，通常只会出现三种现象：一种是比大盘更强势，一种是随同大盘起伏，还有一种是比大盘更弱势。凡是走势比大盘更强或更弱的股票，往往都有主力控制的痕迹，尤其是强势股值得交易者追踪。将值得追踪的强势股与大盘同期走势进行对比，交易者就可以发现个股在一些关键日的正常或反常状态，由此可以判断出主力近期的意图。

在很多分析软件中，都有“叠加品种”或“双股显示”的功能，前者是在K线图主分析区内将指定品种的K线图（如沪指或深指等）同个股K线图一同显示，但两者往往容易叠加且看不清楚；而后者则是将主分析图一分为二，上面显示个股K线图及其相应指标，下面显示被指定品种的K线图及其相应指标。但由于个股与被指定对照品种的上市时间不一样，而屏幕上显示区域的长度又是既定的，所以往往会导致两者画面被压缩的比例不一样，因而使交易者不易准确地进行对照分析，需要交易者不断地缩小、放大面面后才能将两者对应整齐。

这两种对比显示的方法经常会起到一定的作用，尤其是在将所购股票与同板块领头股票进行对比监控时，“双股显示”的价值就得到了很好的体现。

3. 均线多头排列

资深的交易者都知道，中线牛股的均线往往呈现出多头排列的情形，表现出如下的状况：

(1) K线加速向上运行，且位于所有均线之上，而周期越短的均线越靠近K线；

(2) 短期均线在中期均线之上，中期均线在长期均线之上，且保持一定的间距同步上扬；

(3) 当股价回落时，能获得5日或10日或20日或30日均线的支撑；

(4) 在股价上升趋势中，往往呈现出“量增价涨、量缩价跌”的态势。

既然中线牛股的均线往往呈现出多头排列的状况，那么交易者就可以通过行情分析软件中的“均线多头排列”条件来搜索股票了。在通达信软件中，交易者可以在主菜单中的“功能”里找到“选股器”，然后选择“综合选股”，再选择“条件选股”里的“形态特征选股”，继续选择“均线多头排列”，然后点击右边的“加入条件”，再点击“执行选股”即可。但需要注意，在搜索之前，交易者必须保证行情分析软件里的K线数据都被完整的下载到电脑里去了，否则就要进行“盘后数据下载”的工作。

比如，“股价带量突破5日移动平均线，日换手率达到2%以上，5日、10日、20日均线组合刚刚形成多头排列”就是一种较好的目标股形态。当这些股票被搜索出来后，交易者就要利用前面的六条选股原则再进行筛选的工作了，尤其是目前涨幅巨大的股票要注意防范风险。此外，对中线目标股进行分析时，周K线的形态也很重要，一般来说，周K线的趋势要比日K线的趋势更具稳重性和真实性。

前面一直论述的都是选股的问题，但如果交易者不喜欢复杂的选股流程，也可以只交易自己熟悉的股票。因为部分主力的意网往往只是做差价，等大好环境来临时才会操纵股价扶摇直上，所以同步于主力且反复盯住一只股票来回做差价的方法，也是一种很好的中线赢利模式。

四、中线股卖出时机

前面讲述过，对于大盘而言，中期顶部具有一些既定的特征；那么，对于中线个股而言，其卖出时机又有何特征呢？一般而言，长线交易者看重股票的月K线图，而策略型的中线交易者则看重股票的周K线图。周K线图比日K线图要稳健一些，能够过滤掉一周以来的股价波动"噪音"，既可以使交易者避免过早出局，又可以使其在大环境变化时及时离场。因此，中线交易者根据周K线图来进行交易是一种比较稳妥的方法，而中线股票的卖出时机也主要体现在周K线图上。

通常而言，中级趋势不是两三天就可以结束的，它常常会在周K线图中构筑一个可见的头部，使交易者有顺利出局的机会。但交易者在周K线的头部卖出股票时，要注意以下几点：

(1) 只有当个股连续上涨且有较大涨幅之后，才有可能在其周K线上形成头部；否则，股价的回落过程往往只是个股上升趋势中的调整阶段。

(2) 在表现为头部的周K线里，常常会出现上影线，这表示股价冲高后曾遭遇过巨大的抛售压力，或主力在高位进行了减仓的动作。

(3) 一般在股价头部形成的前期会出现较大的成交量，这说明多、空双方的意见分歧开始加大；否则，就说明市场做空意愿不强烈，而主力也没有出现大幅减仓的动作。

(4) 如果股票的月K线、周K线、日K线上都表现出了头部的特征，则往往说明股价头部已经形成；而股价头部的构筑期越长，那么将来股价下跌的空间往往就会越大。

第四章

学会市场操作

大盘走势

顶/底操作

阶段性操作

其他操作

大盘走势

在股市里有一种说法，叫做“选股不如选时”，即如果交易者进场的时机不对，再好的股票往往也不会给其带来理想的收益。因此，交易者在进、出场之前，应该知道目前大盘的大势特征及其固有规律。

股票趋势可以分为上升趋势、下降趋势和水平趋势。在一年的时间内，当几乎所有的股票都呈现出上升趋势时，我们称此时的大盘为牛市；当几乎所有的股票都呈现出下降趋势时，我们称此时的大盘为熊市；当大多数股票都呈现出水平趋势时，我们称此时的大盘为平衡市或震荡市。

一、牛市阶段特征

1. 宏观方面

宏观经济面偏暖，利率尚处于底部，银行信贷持续增加，CPI等开始走高，通货膨胀的苗头开始显露，政府收缩流动性资金的言论频繁出现，直至后期屡次调高银行准备金率及存贷款利率。

2. 政策方面

管理层的利好政策不断出台，特别是大力审批QNI及公募基金入市，以增加股市供血能力。在市场逐渐走好后，IPO开始重启，且新人市公司的规模越来越大，直至后期开始提高股票印花税税率，以抑制过度投机。

3. 人气方面

新闻正在报道每月股市开户数量节节攀升，银行储蓄存款量开始下滑。各地办公场所都在泌论股票或看股票，交易大厅早已人满为患。人们谈论股票时眉飞色舞，新闻舆论对股市行情一致看好。

4. 成交方面

市场每天的交易都很活跃，成交量持续放大。

5. 时间方面

大盘指数不断创出新高，整个上涨周期不会低于一年，有时甚至可达三年。即使牛市中途出现回调，回调的时间也往往不会超过两个月。

6. K 线方面

大盘指数的 H、周、月 K 线图均呈 45 度以上的运行状态，红线多而绿线少。同时表现为上三步退一步，且回调幅度一般不会超过前一上涨波幅的 50%。同时，股指一直运行在 250 均线之上。

7. 均线方面

大盘指数的 30 日、60 日、90 日均线均呈 45 度以上的运行状态，且呈现出多头排列的迹象。日 K 线往往运行在 30 日均线上方，即使回调也难以跌破 90 日均线。

8. 热点方面

市场热点和概念层出不穷，每个热点和概念都能被市场持续挖掘，使得每一个热点和概念都能获得市场的热烈追捧，进而导致板块联动和轮动效应此起彼伏。

9. 个股方面

牛市行情一旦启动，无论是高价股还是中价股或是低价股，均被轮流炒作几遍，个股上涨幅度至少在一倍以上，而某些龙头股的涨幅甚至可能高达十几倍。

二、熊市阶段特征

1. 宏观方面

通货膨胀率高居不下，资源产品价格涨幅巨大，各地市场投资异常火暴，导致国家开始紧缩银根并不断上调利率，意图刺破泡沫经济。随后，各地投资和投机活动得到抑制，通货膨胀率开始下降，债券市场、股票市场、商品市场轮流下跌。

2. 政策方面

管理层的利空政策不断出台，包括暂停审批 QFII 及公募基金入市，IPO 不断提速，多次提高股票印花税税率等。倘若股市跌幅巨大，影响社会稳定和股市融资，管理层义会出台稳定政策，但此时往往已无法扭转股市继续下跌的趋势。

3. 人气方面

新闻正在报道每月股市开户数量持续下降，银行储蓄存款量开始回升。证券交易大厅空荡无人，股民离场人数越来越多，甚至出现股民自杀事件。人们早已没有谈论股票的兴趣，新闻舆论对股市行情一致看跌，甚至不愿过多报道股市状况。

4. 成交方面

市场每天的交易都不太活跃，成交量明显萎缩。以 2008 年 1 月~2008 年 10 月的熊市状况来看，沪市平均每日成交金额约为 800 亿元，最低时只有200亿元。

5. 时间方面

大盘指数不断创出新低，整个下跌周期不低于一年，有时甚至可以长达四年。即使下降中途出现反弹，反弹的时间也往往不会超过一个月。

6. K线方面

大盘指数的日、周、月K线图均呈–45度以上的运行状态，绿线多而红线少。同时表现为退四步进一步，且反弹幅度一般不会超过前一下跌波幅的50%。

7. 均线方面

大盘指数的3013、60日、90日均线均呈–45度以上的运行状态，且呈现出空头排列的迹象。日K线往往运行在30日均线下方，即使反弹也难以上穿90日均线。同时，股指一直运行在250均线之下。

8. 热点方面

市场热点和概念比较少，且往往得不到市场的持续认同。同时，市场热点和概念一旦出现，反而导致交易者逢高减仓。

9. 个股方面

熊市行情一旦来临，个股下跌幅度一般都在50%以上，而某些绩差股、高估值股、主力出局股等，其股价可能会回到行情发动时的起点或上市首日的价格之下。

三、平衡市阶段特征

严格来说，股市是没有平衡市或震荡市的，只有牛市和熊市之分。

只是在牛市和熊市的某一个阶段，会出现多、空双方僵持不下的局面。当它们出现的时间超过一个月时，人们就会把这种股价既上不去也下不来的来回拉锯行情，称为平衡市或震荡市。

平衡市或震荡市的特征是：

1. 人气方面

人气比较躁动，交易者情绪不定。

2. 成交方面

由于获利机会难以把握，所以成交量处于相对萎缩的状态。

3. 时间方面

平衡时间可能会维持一个月，若将震动波幅放宽后，也有可能会达到三个月。

4. K线方面

大盘指数的日K线常在一个几乎水平的箱体中做震荡运动。

5. 均线方面

大盘指数的5日、10日、20日、30日均线缠绕不清。

6. 热点方面

市场热点多而散乱，获利机会短暂而难以把握。

7. 个股方面

各方主力争相出头，但由于意见不一，导致个股行情七上八下。

顶/底操作

在大盘的不同阶段，会形成不同的个股形态，但具有普遍的共性，冈而也形成了一些具有共性的操作策略。下面简要述之。

一、底部的操作策略

在股票交易中，反转形态才是值得交易者关注的，而持续形态则不值得过多的研究。因此，交易者对于股票或大盘的底部和顶部特征应该有明确的认识。

对于每一位试图成功“抄底”的交易者来说，首先要明白什么是股价的底部。所谓股价的底部，往往是相对于过去的高价位而言的，不断创出新低的价格可能会持续发生，但股价真正的底部只有一个。底部是一个价格部位，它既不是最低的价格，也不是行情发生折转之处的价格，而是指在最低价格之上的一个时间段内的价格区间。只要交易者在这个价格区间进场，都可以视为成功“抄底”。如果交易者非要去追求绝对低价的进场时机，那么就只能去碰运气了，但这样的操作，往往会使其过早的进入到股价不断创出新低的被套行列，丧失管理资金的主动权。

交易者要懂得在股价底部的操作策略，就必须先知道底部的分类和形成特征。下面，从股价底部的分类开始讲述股价底部的操作策略。

1. 底部的种类

按照底部形态的构筑时间，底部可以分为四类：

(1) 长期底部

形成时间往往是6个月到4年，但底部的横向区间有多长，将来股价涨起来就会有多高。

(2) 中期底部

形成时间往往是1~3个月，该底部构筑完成后，所形成的上涨运动时间也是以月来计算的。

(3) 短期底部

形成时间往往是1~10天，该底部构筑完成后，将会形成一轮长达一周至数周的波段行情。

(4) 盘中底部

是指在当日分时图上或5分钟K线图上所形成的股价底部形态。

2. 长期底部形成时的特征

个股长期底部的形成往往同步于大盘走势，所以这里只描述大盘底部形成时的特征。

(1) 交易者普遍亏损

绝大部分交易者出现亏损，且亏损幅度在50%以上，甚至出现股民跳楼的现象；即使是主力机构也未能幸免，所持个股往往会出现资金链断裂的崩盘现象。

(2) 股指快速下跌

当股指走势形成顶部以后，一旦趋势反转的迹象出现，即使股指连续下跌20%也往往不会出现反弹的行情；同时，在跌势中途会出现连续数日的巨幅阴线，促使股指快速下滑。

(3) 市场大面积跌停

在市场需要释放空头卖压时，由于无人愿意进场承接，于是往往会出现大面积的跌停现象，有时跌停的个股会达到沪、深两市股票的70%以上，即达到1000家以上。

（4）抗跌股补跌

当绝大多数股票都已经深幅下调后，前期一些较为抗跌的强势股也开始出现补跌行情，无论是大盘蓝筹股还是绩优股或是基金重仓扎堆股，纷纷开始破位下行。

（5）股指连续破位

一些具有历史意义的、曾经被舆论称为牢不可破的重要支撑位往往被轻易击穿，而股指的某些整数关口也常常接连丢失，市场形成了“熊市不言底”的状态。

（6）股民纷纷离场

在新股民开户数量不断下降的同时，旧股民开始不断离场，同时部分股民发誓再不进入股市；而在交易大厅里，已经很久看不到什么股民了。

（7）融资功能衰竭

由于市场交易日趋低迷，导致新股上市和增发融资被迫减少或停止，使证券市场的融资功能出现衰竭的现象；此时，往往会有政策性利好消息出现，但交易者却普遍逢高减磅。

（8）舆论反思不断

“熊市思维”畅行无阻，股民对各种利好消息充耳不闻，同时怨声载道；而新闻舆论则不断对股市现象进行反思或抨击，促使政策改良。

（9）末期成交量增加

在股市持续下跌时间超过一年且下跌幅度超过50%以后，如果市场上二的成交量开始持续增加，说明有新资金开始进场，等想卖股票的几乎都卖光后，市场底部就会出现。即：只有等到中长线筹码和严重套牢盘不计成本地抛售，且市场出现巨大承接力量时，才说明市场已经临近长期的重要底部。之后，市场通常会在地量下跌的过程中结束整理，并在基本面的逐渐回暖下开始上升。

3. 中期底部形成时的特征

(1) 个股往往通过半个月至两个月的周期，形成了头肩底、w底、v形底、圆弧底等形态。

(2) 股价常常运行在45日均线之上，即使出现回调，也往往不会有效跌破90日均线。

(3) 股价回调的幅度往往会比较深，但通常不超过前面上涨波幅的50%。

(4) 股价回调的时间往往不会太长，通常不超过2个月。

(5) 个股往往呈出上涨有量而回调无量的现象，说明市场抛压较轻，主力没有出局。

(6) 市场人气比较旺盛，热点持续不断，人们一致看多。

4. 短期底部形成时的特征

(1) 个股日K线网上常常会出现长下影线或锤子线等带有触底反弹意义的K线形态。

(2) 或出现刺透、看涨吞没、底部孕线、平底、启明星、底部岛型反转、白色三兵等看涨形态。

(3) 股价在回落到5日、10日、20日均线时常获得支撑，或快速上穿5日、10日等均线。

(4) 股价的回落幅度往往很小，回落时间则以天来计算。

(5) 由于时间太短，成交量可能放大也可能不会放大，但基本上不会改变股价上升的趋势。

(6) 市场人气比较旺盛，热点持续不断，人们仍然积极看多。

5. 盘中底部形成时的特征

个股在当日分时图上或5分钟K线图上，常常呈现出头肩底、w底、v形底、圆弧底、平底等形态；但由于盘口易出现反复现象且易被主力操控，所以这里的成交量不具有重要的判研意义。当然，股价向上突破时，大成交量比小成交量要显得更有力度，也更容易吸引市场跟风。

6. 底部的操作策略

交易者都喜欢"抄底"，事实上，普通的交易者是很难抄到底的。即使各种外在条件都具备了底部形成的基础，但如果主力不出手"抄底"，或主力不停止打压行为，那么市场就不会出现底部。能跟主力同步进场、同步洗盘就已经是很高明了，那些企图比主力更早一步进场的做法，往往得不偿失，其要么会出现短期的亏损，要么就会深陷其中而难以自拔。

在熊市的持续下跌行情中，交易者更不要轻言"抄底"。在这个阶段里，往往指标超卖以后还能再超卖，钝化以后还会再钝化；股价超跌之后还能继续超跌，破位之后还能接着破位；成交量萎缩以后还能再萎缩，地量之后还有更低的量。在这样的市场环境里，准都无法准确预测市场的底部，主力机构也不例外，盲目"抄底"将会招致巨大的风险。

此外，一个大多数人都认同的底部往往不会是真正的底部，一个人人敢"抄底"的底部也不会是真正的底部；而所谓"股价拦腰斩，股民大胆抄"的说法则更不成立，一旦主力彻底出局，个股将进入漫长的跌途之中，甚至从哪里来就回到哪里去；所谓"追涨风险大，抄底风险小"的说法也往往是没有根据的，因为追涨时交易者都有风险控制的意识，见势不好就会止损出局，但是在"抄底"之后，交易者往往会把股票漫长的阴跌过程当作洗盘整理的过程，迟迟不愿出局从而招致巨大亏损。

严格来说，职业交易者是没有"抄底"概念的，顺势而为才是交易之道。交易者切不可自作聪明地在看不到市场真正转强时就匆匆入场，按照道氏理论中的牛市辨析规则进行操作，虽然会使交易者丧失一部分利润空间，但是往往会获得更为安全的利润回报。当市场尚处于熊市阶段时，中长线交易者应密切关注市场的发展趋势，按照自己设定的流程进行选股，只有等大盘完成了非理性下跌并彻底止跌企稳后，才能逐步介入所选目标并做好误判的准备。

7. 别把下跌途中的腰部当底部

很多交易者在“抄底”上的失误往往出现在股价的中部，即往往把股价下跌途中的腰部当作了底部。由此可见，如何理解并识别股价“腰部”，应成为交易者必须掌握的经验。一般来说，在下跌趋势中，股价腰部的形成是由以下原因造成的：

其一，由于基金掌控的品种无法形成真正的联合坐庄，在大盘走势不好时就往往无法控制股价的跌势，而某些基金一旦认为大盘仍无法扭转熊市的状态，就会出现调整品种和减仓的动作。如此，现在的股价底部就会成为将来的股价腰部。

其二，当主力不愿在股价顶部继续支撑时，就会暗中派发筹码并控制交易节奏，导致股价缓慢降到某一低位后好像会止跌回升；而事实上，如果大盘有向上的趋势，主力就会借反弹出货，如果大盘继续下跌，则主力会快速出局。如此，现在股价的底部也会成为将来股价的腰部。

其三，某些主力急于出局，往往就会快速拉低股价，把其他交易者套在高位而无法与之竞争出货，而后再在低位制造一波反弹行情，等短线交易者蜂拥而至时，主力则乘机完成了筹码的派发工作。如此，现在的股价底部也会成为将来的股价腰部。

那么交易者怎样才能区分股价的腰部和底部呢？一般来说，有三种判断的标准：

(1) 如果熊市已经来临或正在进行中，则“底部”一说不成立，真正的股价底部可能遥遥无期。

(2) 如果没有经过下跌有量的过程，要想出现股价底部也是不现实的，因为卖压还没有释放。

(3) 当股价从顶部跌下来时，如果连续跌幅没有达到40%，则该股真正的反弹行情难以出现；但即使股价下跌幅度深且出现了反弹行情，股价后期仍然会继续下跌，因为股价底部尚在下面。

二、顶部的操作策略

“逃顶”同样也是交易者必须研究的课题，它是保证交易者账面盈利转化为实际盈利的手段。如果交易者只会买而不会卖，其结果跟不入市没有什么不同，甚至还降低了自己的资金使用效率。下面，从股价顶部的分类开始讲述股价顶部的操作策略。

1. 顶部的种类

顶部出现之后往往股价会快速下跌，但有的股票会出现跌与涨的往复，有的股票则一路直下，所以股价顶部不能按照时间长短来划分。按照股价顶部形态的出现位置，股价顶部可以分为四类：

(1) 长期顶部

这种股价顶部也称历史性顶部，是某段牛市里的标志性高点，往往历经多年都难以再被超越。

(2) 中期顶部

中期股价顶部常出现在牛市阶段性回调前的高点处，一旦回调过程完成，股价还能再创新高。

(3) 短期顶部

短期股价顶部是在中期股价顶部出现之后、股价回调过程中的反弹高点部位，其形成时间比较短，且没有较大的杀伤力。

(4) 盘中顶部

是指在当日分时图上或5分钟K线图上所形成的股价顶部形态。

2. 长期顶部形成时的特征

个股长期顶部的形成也往往同步于大盘走势，所以这里只描述大盘顶部形成时的特征。

(1) 新股民纷纷涌入

越来越多的新股民不断涌入市场，每月开户数量持续上升，同时银行存款不断下滑，各个交易大厅早就人声鼎沸，人满为患。

(2) 交易持续疯狂

在大盘即将到达顶部的时候，绝大多数股民处于盈利状态，人们进入股市的意愿空前高涨，大量资金前赴后继地涌入股市，造成股价不断翻番、人们争相竞购的状况。

(3) 垃圾股也翻番

当绩优股、蓝筹股、中低价股的价格接连翻番后，连一直被市场冷落的ST类股票也普遍出现了价格翻番的现象；至此，所有的股票都已经“鸡犬升天”，市场整体的市盈率高居不下。

(4) 舆论一片看涨

80%的舆论继续看涨股市，但也有20%的舆论开始唱反调，只是此时的利空消息和反对舆论早已被市场疯狂的热情所淹没，只有少数职业选手和机构投资者开始减仓离场。

(5) 融资功能强大

由于入市资金日益庞大和投机氛围日趋热烈，监管机构不断提高上市公司融资的规模与速度，期望通过扩大市场容量来给市场降温，于是一些“航母级”的股票也开始招摇入市。

(6) 出现头肩顶形态

随着先知先觉者的减仓行为，市场顶部开始渐行渐现；但长期顶部的形成不是几天可以完成的，即使当时出现了暴跌现象，由于股市上涨的惯性作用，也往往会出现反复的行情，导致M顶或头肩顶形态的出现。此时，大盘要么会迅速回落并偶尔反弹，要么就会出现明显的滞涨现象。

(7) 末期成交量递减

相对于前期巨大的成交量而言，此时的成交量往往开始减少。原因是：前期多、空双方意见发生分歧后，主力抛售而散户抢入，导致成交量激增；而后期成交量的减少，则说明市场购买力已经开始下降，仅仅只是散户的购买行为是难以承接机构的减仓量的。

3. 中期顶部形成时的特征

对于大盘而言，其中期顶部形成时具有以下的特征：

（1）主流热点开始退潮

曾经对大盘起到主导作用的龙头板块开始出现整理状态，非主流热点则处于散乱的活跃状态，一些冷门板块则开始出现补涨行情，这些都意味着主流资金开始减仓或换股。

（2）部分庄股大肆减仓

对于一些前期涨幅巨大的庄股，主力开始大肆减仓以缓解资金供应的压力，同时也为高抛低吸、滚动获利做好准备；但有些庄股的主力也会错误地估计了形势，因而见好就收、匆匆离场。

（3）市场交易依然活跃

由于大盘大势向好，所以市场交易者不敢轻易看空，人气依然旺盛，即使舆论认为阶段性调整应该来临，人们也无所畏惧，反而逢低补仓。

（4）政策面依旧偏暖

此时的市场能不断消化利空消息，同时积极追捧利好消息，而宏观经济面和政策面依然偏暖，能够支撑股市继续向上发展。

（5）股价回调到45~90日均线附近。

当出现中期顶部的时候，股指或股价往往会在回落到45日均线附近时获得支撑；如果股指或股价被打压过狠，也往往会在90日均线附近获得支撑，然后开始反转向上。

4. 短期顶部形成时的特征

（1）个股常会出现长上影线、倒锤子线、灵位线等带有触顶回落意义的K线以及单日反转K线。

（2）或出现乌云盖顶、看跌吞没、顶部孕线、平顶、黄昏星、顶部岛型反转、三只乌鸦等看跌形态。

(3) 此前，股价往往已经远离5日均线，呈75度以上角度向上快速运行，而现在则开始回落。

(4) 在股价顶部形成前，成交量会放大；而在股价回调时，成交量则会萎缩。

(5) 由于市场人气比较旺盛，热点持续不断，人们仍然积极看多。

5. 盘中顶部形成时的特征

个股在当日分时图上或5分钟K线图上，常常会出现头肩顶、M顶、倒V形顶、平顶等形态；但由于股价急跌时可以无量，所以成交量指标在此没有多大意义。

6. 顶部的操作策略

股市交易中有长线交易、中线交易、短线交易三种风格，不同交易风格的交易者会在不同的股价顶部形成时，做出有计划、有步骤、主动性的获利了结动作，以逐渐减少持仓比例，降低交易风险。具体来说，做长线交易的，不在乎股价短期顶部的形成，但是往往会在股价中期顶部来临时做高抛低吸的动作，以在同一品种上增加盈利的空间；而做中线交易的，则会在乎股价短期顶部的形成，往往会在股价短期顶部来临时进行高抛低吸的操作；至于做短线交易的，则对每个股价的短期顶部都不会放过，力求在每个短期顶部来临时及时出局。

对于短线交易者而言，如果一年只交易12次，每次因为卖点没有掌握好而损失3%. 那么一年下来所损失的利润就会达到36%，而这一损失往往超过了世界级投资大师的年度盈利水平。所以无论是短线交易者还是中线交易者，都会重视盘中股价顶部的形成过程，并伺机快速减仓或出局。

对于交易者如何止赢出局，答案主要在“三戒”上：

一是戒贪。如果交易者知道树是长不到天上去的，那么执行这一条就不会有太大的难度。

二是戒慢。出货往往不是一个人的动作，而出货时的恐慌心态则往往会快速蔓延，如果交易者不能干净利落的逃顶，那么将有可能被市场远远的抛在高位，之后除了纵身跃下，别无他法。

三是戒彷徨。即交易者不要患得患失的考虑“踏空”的问题，市场上有一千多只股票，如果市场后期继续看好，机会有很多，交易者不必“在一棵树上吊死”。

至于止赢出局的具体策略，则在后面的“交易管理经验”一章里有详细的介绍。

7. 别把上涨途中的腰部当头部

很多交易者在行情上涨时会匆匆自动出局，而后又在一片“踏空”的揪心中重新人市，究其原因，就是常常把行情的腰部当做了行情的顶部。所以，这里也是一个识别的重点。一般来说，在上升趋势中，股价腰部的形成是由以下原因造成的：

其一，当股价从底部上涨到一定程度时，大量短线获利盘急于出手，于是主力就会顺势打压股价，吃掉恐慌而出的获利筹码，导致成交量激增；等浮动筹码消灭后，主力随即开始大幅拉升股价。于是，过去的股价头部就成为了如今的股价腰部。

其二，当股价从底部上涨到一定程度时，主力往往会因为筹码太多而开始减仓，同时促使跟风者与其他持股者交换筹码，以提高股票持有者的平均成本。一旦整个过程完成后，个股就会继续上涨，直至主力完成最后的出货任务。于是，过去的股价头部就成为了如今的股价腰部。

其三，主力在第一波拉升过程完成后，往往会做暂时的休整，或者察看此时大盘的动态，或者等待该股利好消息的出台，或者等待交易者跟上自己的节奏；一旦消息、时间、人气跟上，主力就会立刻发动第二波主升浪行情（大部分基金控制的品种即是如此的走势）。于是，过去的股价头部就成为了如今的股价腰部。

那么交易者怎样才能区分股价的腰部和头部呢？一般来说，有三种判断的标准：

(1) 从大盘和个股基本面来看，若该行情不应只到这里就结束，则此处往往不是股价的头部。

(2) 从成交量来看，如果上涨有量而下跌无量，能量形态较好，则此处往往不是股价的头部。

(3) 从K线图来看，如果主力刻意打压股价的痕迹较为明显，则此处往往不是股价的头部。

阶段性操作

一、阶段性操作经验

前面，我们了解了大盘的底部和顶部特征，但是实际上，大盘的运行主要分为四个阶段，通常称之为筑底期、上涨期、做顶期和下跌期，每一轮牛、熊市行情都离不开这四个阶段，只是这四个阶段所经历的时间长短不一、位置高低不同罢了。

1. 筑底期

筑底期往往处于熊市的末期和牛市的初期，由于空方意犹未尽，多方小心翼翼，所以此时的个股行情往往非常凌乱，个股表现常常如昙花一现，不具备追捧的持续性。在大盘底部没有得到明确之前，主力资金只会分批建仓，或偶尔利用利好消息试盘，而游资则不断在低价超跌股上轮流表演，但由于缺乏做多的氛围，均表现得畏手畏脚。此时盘面也许比较精彩，个股行情此起彼伏，但交易者一旦重仓介入，往往无法顺利脱身。

此时，交易者可操作的品种有两种：

绝地反弹型，这是有游资关照的严重超跌的低价股，或主力在深度被套后积极自救的个股。

率先突破型，这是有主力积极建仓并蠢蠢欲动的优质个股，一旦大盘好转，它将率先领涨。在操作策略上，交易者应以短线操作为主，防止大盘继续筑底。

2. 上涨期

上涨期是牛市开始启动后直至做顶期为止的一段时期。每轮行情的开始往往都是由绩优股启动的，因为此时市场人气不旺，大众尚在犹疑观望之中，需要一批有号召力的股票把行情带动起来，堪当此任的往往就是绩优股，而且是有较好题材的绩优股。一旦空头能量被彻底释放，大盘人气被彻底激活，主力做多的意愿往往非常坚决，致使所有的股票都会上涨，只是上涨的程度不同而已。在大盘上涨的初期，个股基本面不再是最重要的因素，板块效应和题材效应等才是关键因素，但要选择上涨趋势明显的强势股和龙头股，交易者才能盈利丰厚；而在大盘上涨的中后期阶段，很多股票会产生连续几波的拉升行情，不但持续时间长而且上涨力度大，交易者几乎在什么时候介入都有获利的机会。

此时，交易者可操作的品种有两种：

先发制人型，这往往是主流热点板块里的龙头股，其上涨幅度和上涨时间将远超其他股票。

后发制人型，这是轮动板块里的龙头股，但因主力建仓速度慢或热点转换慢才轮到它出头。

在操作策略上，交易者此时切忌频繁换股，应在前一股票出现明显回调时再换到另一只已回调到位的、或蓄势待发的、或刚破旧高的个股上。但对于短、中线交易者而言，整个牛市轮换的个股数量不宜超过3只；对于长线交易者而言，一旦抓住了龙头股，则不宜轻易换股。

3. 做顶期

做顶期就是大盘构筑头部的阶段。这个时候，并不是所有的个股行情都戛然而止，很多交易者依然保持着牛市思维，部分主力资金还在大胆操作，盘面交易依然活跃，但由于很多先知先觉的主力已经开始减仓或离场，所以导致越来越多的个股开始构筑头部阶段。此时的大盘往往已经失去了继续上涨的动力，很多个股也开始了高位横盘走势或破位走势，使得短线交易者频繁失手。绩优股和大盘股也开始犹豫不定，市场的意见分歧开始加大，每日个股震荡现象不断出现，股指开始缓慢下滑或快速下跌。但由于很多持股者总是对后市抱着希望，这使得绩优股虽然具备了下跌的势能，却还不具备下跌的动能，还没有出现暴跌的现象。

此时，交易者可操作的品种有三种：

节节攀高型，这是一种极端强势的个股，往往处于主力出货前的急拉状态，有少量短线机会。

消息题材型，这是股市里永恒的炒作兴奋点，往往会被主力适当加以利用，有短线参与机会。

ST 类股票，这往往是在其他股票轮番上涨后，大量资金才会涌人的板块，有少量短线机会。

在操作策略上，交易者应及时减仓，防止主力高位出货，同时以短线操作为主。

4. 下跌期

当 ST 类的股票被市场疯狂炒作的时候，往往意味着该进场的资金都进场了，而且把市场所有能炒作的资源都炒了几遍，接下来，市场就该进入下跌阶段了。下跌期意味着熊市的来临，中国股市“牛短熊长”的规律预示着这将是一个漫长的下跌期。

在这个阶段的初期，由于交易者投机心态的不成熟以及管理层的政绩面子问题，常常会导致绝大多数交易者拒绝承认熊市来临的事实，且拿着套牢的股票迟迟不卖，幻想马上就有解套的一天。但是到了后期，交易者一旦滋生了熊市思维，就会发生恐慌性的抛售行动，导致市场常常出现大面积的跌停现象；甚至只要市场出现利好消息或反弹行情，交易者就会马上减仓，致使股市陷入更漫长的跌途之中。

这个时候，绝大多数股票将随同大盘同步调整，总体跌幅和大盘跌幅基本相当，但一些业绩差的股票则会跌得面目全非，走上了漫长的价值回归之路；而那些被高估的绩优股也终于低下了高昂的头颅，开始走向另一个极端：严重低估。

此时，交易者可操作的品种有三种：

超跌反弹型，和绝地反弹的品种相同，只是此时这类个股的跌幅还不至于太深，有短线机会。

主力自救型，当主力被套后，往往会快速拉升股价，制造反弹出局的机会，所以有短线机会。

消息题材型，这是股市里永恒的炒作兴奋点，往往会被主力适当加以利用，有短线参与机会。

在操作策略上，交易者应以短线操作为主，有利就走，无利止损。

总之，在弱市中，交易者需要把风险防范放在首位；而在强市中，则应把抓住机会放在首位。在弱市中，主力为了减轻拉抬难度常常会选择在尾市进行拉升股价的动作，因此交易者可以把买股的时间尽量推迟至14：30分之后，要知道，最后5分钟买人的风险只有5分钟；而在强势市场中，主力为了不给跟风盘以买人的机会，总是很早就把股票拉至涨停板，交易者稍一犹豫就会失去机会，因此，此时早买反而能买到更低的价格。

二、牛市交易策略

总体来说，交易者在牛市交易时需要掌握以下几个策略：

1. 敢于持续看多

大趋势就像列车启动、轮船起航，一旦出发则轰轰烈烈难以止步，过去熊得越狠、越久，现在涨得就会越厉害。在政策面和资金面没有根本性改变之前，大行情往往是不会轻易结束的。所以在牛市中，交易者要敢于看多，切勿一涨就卖，把牛市当熊市。

2. 紧盯龙头品种

在牛市前期，上涨幅度最大的往往是市场的龙头品种，它是市场瞩目的焦点，是一轮牛市里的发起者，既有相当的资金实力，又容易吸引市场跟风，往往是牛市前期当仁不让的最大涨幅者。因此在牛市中，交易者只有紧抓龙头品种，才能跑赢大盘指数。

3. 把握联动机会

在牛市前期，只要龙头品种开始启动，往往就会出现强烈的板块联动效应，续而出现板块轮动效应，行情一波接一波，一浪高一浪。如果交易者没有及时介入龙头股，那么立即进入这样的板块品种，同样也可以取得较好的收益。

4. 及时换主流股

牛市初期属于百花齐放的时候，交易者往往很难发现哪个板块更有后劲，哪只个股才是龙头品种，而即使是龙头股也不可能只涨不跌，总有交换筹码、清理整顿的时候。此时，交易者就需要紧跟市场热点了，否则就可能会“赚了指数不赚钱”。

5. 中线持股为主

这一点与及时换股并不矛盾。当交易者在一个品种上持有时间达到了1~3个月，或者该股所属板块已经集体降温，市场资金开始涌向别的板块时，就应该考虑换股了。但在此之前，则宜中线持股，把其主升浪吃完再走；即使走得有些早，但在别的个股上也一样有主升浪可以捕捉。

6. 善于追涨抢进

在牛市中，个股往往都会突飞猛进，如果交易者仍在后悔或迟疑，就会陷人“踏空”的境地。所以此时交易者要敢于且善于追涨，特别是追进那些强势的品种。要知道，能大幅上涨的板块有很多，而每个板块都会有“领头羊”，只要能追上一个，后期的收益都比较可观。

7. 敢于逢低补仓

正如前面所言，列车一旦启动就不会轻易停止，暂时减速的现象倒还是会有的，但减速时往往就是最好的上车时机。当散户手中的获利盘或前期的套牢盘被主力大量承接后，个股往往就会拉出一波又一波的行情，形同波浪理论里的形态。所以，交易者要学会在行情调整时积极介入。

8. 加大资金仓位

在熊市和震荡市里，由于市道易变，所以交易者在资金管理上需要学会谨小慎微，不能加大资金仓位。但是在牛市，交易者就要勇于加大资金仓位，使资金能够“吃饱喝足”，呈现出整体的快速上涨趋势；否则，如果大量的资金闲置，则会大大降低资金的使用效率和收益率。

三、牛市追涨技巧

牛市中有一个规律，那就是：强者恒强、弱者恒弱，即越是交易者不敢买进的强势股，其走势就越强；而越是交易者敢于买进的弱势股，其走势则往往差强人意。这是因为若散户不敢追强势股，则主力可以连续拔高股价而不用担心获利盘回吐；而弱势股里则往往是一帮乌合之众，行情自然难以表现出色。“追涨杀跌”本质上是顺势而为的交易方式，因而在牛市中，就更需要交易者追涨个股的主升浪行情了。但追涨操作必须制定周密的实施计划，并且采用适宜的交易技巧。

1. 追涨的操作方式

在牛市主升浪行情中，交易者不应拘泥于股票的业绩、成长性、市盈率等条件，“重势不重价”才是此时更有效的盈利策略。但交易者也不能一看到个股放量开涨就立即追进，还必须查看主力的性质及其介入的深度，只有在个股的增量资金属于实力雄厚的主流资金时，追涨才更富有效率。

2. 追涨的资金管理

即使看好后市行情，交易者也不宜采用满仓追涨的方法，因为行情的发展不可能100%的符合预期。稳健的方法是：锁定半仓，另外半仓则高抛低吸做差价。由于手中已经有半仓筹码，此时相当于是在实施“T+0”操作，在有效控制仓位的同时，能以滚动操作的方式获取最大化利益。

3. 追涨的盈利目标

交易者在追涨的过程中需要依据大盘趋势、板块冷热、主力意愿、市场反应等来综合判定合理的盈利目标。即：可以对目标做预期，但不可完全按预期进行买卖，而要根据实际情况来定夺。若行情继续走好就上浮盈利目标，若行情不好则应立即兑现利润。当然，大资金要考虑提前操作。

4. 追涨的风险控制

由于追涨操作的风险比较大，所以在牛市中对风险的控制也尤为重要。一旦大势出现反复或个股出现滞涨，交易者就要保证资金能立即撤离。即：要提前做好止损计划，同时对后续行情做跟踪评估，一旦发现报酬/风险比不合理时，就要考虑减仓了。

其他操作

一、如何应对政策干预

1. 为何会有政策干预

无论是哪个国家，都会在必要的时候对股市进行政策性干预，这是为了抑制过度投机或促使市场回暖的需要，也是为了维护股市稳定和社会稳定的需要。只有股市稳定，股市的融资功能才能得到正常发挥，资源配置才能继续优化，国民投资才能出现良性循环。

2. 何时会有政策干预

尽管近年来中国已习惯于通过宏观调控和货币政策来引导投资合理化，而证监会也减少了直接干预市场的行为，但在一些特定的环境中，政策性干预仍然会如期推出。一般来说，在以下三个时候，管理层会进行政策性干预：

其一，当股市出现过热投机时。如 2007 年 5 月 30 日，证监会决定提高印花税税率。

其二，当股市处于严重低迷状态时。如 2008 年 4 月 24 日，证监会决定降低印花税税率。

其三，当股市中出现严重违规现象或出现影响股市正常发展的重大事件时。如2008年4月21日，证监会出台规范大、小非减持的政策。

3. 政策干预有何影响

政策干预对股市的影响力主要有两种：直接影响和间接影响。

直接影响：当政策一出台就能马上看到市场涨/跌反应的，属于直接影响的政策。

间接影响：当政策出台后对市场当日的影响不大但后期作用逐渐显现的，属于间接影响的政策。

由政策出台的目的和性质，可以将其分为两种：利好政策与利空政策。

利好政策：能刺激股市上涨的政策即为利好政策。通常而言，在股市极度低迷的时候，利好政策会在人们的千呼万唤中隆重登场，对股市的正面影响也往往是巨大的；在股市上涨中期，利好政策则会变得比较低调，但仍会被市场无限放大，以刺激股市上行；而在股市上涨末期，利好政策几乎不可耳闻；在熊市阶段，利好政策常常被当作“利好出尽是利空”来对待，其出台之时往往成为人们逢高减磅的良机。

利空政策：能导致股市下跌的政策即为利空政策。利空政策往往会在股市高涨、大众疯狂投机之时出现，其目的是为了给市场降温。但在牛市疯狂上涨时，人们往往对利空政策不屑一顾，反而认为“利空出尽是利好”，遇到股市调整就开始积极补仓。

在综合利用政策和消息时，交易者要意识到在政策或消息出台之前，它们往往已在市面上广为流传，并潜移默化地影响着股市的运行；当该消息兑现或政策出台之时，其效果往往就不尽人意了，因为这些消息或政策的影响早已在市场上进行了消化。此外，利空消息或利空政策的敏感度要比利好消息或利好政策的敏感度高，且更易干扰股市的正常运行。

4. 为何利好不起作用

当政策消息出台时，交易者要能在第一时间分析出利好政策的实质和效果。如果该政策确实对股市具有重要的影响力，那么就应该引起重视；如果不是，那么交易者就不可盲目跟风。具体来说，在分析时可分两步走：

第一，先弄清楚“利好”的性质。

如同酒店星级一样，“利好”也分为“特大利好”、“重大利好”、“大利好”几个等级。但是，当久逢甘露的“利好”出现时，媒体为了吸引大众眼球，往往会不切实际地夸大“利好”的性质，常常给“利好”上纲上线。因此，“利好”需要交易者自己衡量和揣味，看看“利好”究竟属于什么程度的“利好”。

首先，该“利好”名义上是对限售非流通股的上市进行了限制，而实际上，2008 年能够上市的 800 亿限售非流通股没有减少一股，只是规定其在年报/半年报的前一个月内不允许出售。但限售非流通股即使在这两个月不能出售，一年中还有十个月可以出售，因而该“意见”没有实质性的限制意义；其次是该“利好”规定限售非流通股在一个月内减持1%的股份时，需要通过大宗交易平台来进行。但小机构所持有的限售非流通股往往不多，即使是分几个月出售还是能顺利出手的，而大机构的限售非流通股则可以通过大宗交易平台互相倒手之后继续在二级市场出售，这也导致了该“利好”不具备实质性的限制作用；且市场更担心在限制政策的刺激下，部分大小、非可能会加速减持。所以，该“利好”只是忽悠了散户，而被机构投了反对票。

第二，再弄清楚主力的现状。

任何“利好”出来后，股市能不能上涨，还要看主力的反应。若市场主力没有反应，“利好”就没有什么意义。如果“利好”出来后，股市会大涨，则前提条件是主力手中已经积累了大量的底部筹码，所以正好顺势拉高。主力成本比散户低很多，自然希望涨得越高越好。但是，如果主力手中没有多少低价筹码，即在“利好”出来前主力还没有建仓或来不及建仓，那么主力是很难在突发性“利好”下高成本建仓的，如果跟散户同步建仓，将来的结果多数是主力将自己套牢而将散户解放，但这样的现象几乎不可能出现。即使有主力逢“利好”大举建仓，也往往是游资的短期行为，大主力资金是很难在突发性“利好”下抢筹码的。

要判断主力前期是不是获得了大量的低价筹码，则从“利好”前3个月的成交量中可以窥知一二。如果该阶段大盘的成交量一直低迷，即没有出现多、空双方从一致看空到产生重大意见分歧时的巨大成交量，那么主力资金就没有进场建仓；既然没有建仓，那么主力宁可等着股市回落也不会拉抬股价，于是“利好”自然就会失效。

5. 如何应对熊市政策

在一个单边市场里，牛市是令人兴奋的市道，几乎不用关注政策消息和技术形态，大部分交易者就可以坐收渔利；而熊市则是一个令人厌恶的市场，但数千万交易者义不得彻底脱身，所以熊市政策更能吸引交易者的关注。

在应对熊市政策的时候，交易者需要掌握两点：

第一，要知道熊市出台政策的大致时机。

通常当以下情况出现时，管理层会有利好的政策出台：

(1) 当股市一度暴跌或数次暴跌时。所谓暴跌是指一周内的跌幅达到了20%左右；

(2) 大盘持续跌幅达到了50%，且成交萎靡，人气溃散，小“利好”基本无效时；

(3) 大盘即将跌破重要的整数关口，如3000点、2000点、1000点等时；

(4) 低迷的股市已严重影响到新股发行和老股增发，使股市的融资功能基本丧失时；

(5) 开始有股民闹事或自杀，影响社会秩序稳定，同时股市环境开始引起国务院重视时。第二，要知道熊市出台政策的前与后。

在熊市中，很多交易者都有等待利好政策出台的想法，但政策往往不会如期而至，更不会以个别交易者的意志为转移。即使上述某些条件已经具备，管理层也往往在等待和评估最适合的推出时机。而在市场人气极度溃散时，管理层则常常会准备“利好组合拳”，并在其认为适合的环境和点位推出，以达到事半功倍的效果。因此，揣摩市场的心态和管理层的手法，是交易者在应对熊市政策前需要做的功课。但需要注意的是，管理层冷静的心态远远超过民众的呼声，即利好政策常常是“千呼万唤始出来，犹抱琵琶半遮面”。

利好政策在出台前往往会进行一段时间的酝酿，所以大艋常常会在大众半信半疑的时候有所反弹；等到利好政策千呼万唤终于出台时，大盘大幅度的高开又往往会招致大量交易者逢高减磅；但只要该利好政策是有实质性效果的，那么大盘后市往往还会再度快速上扬。通常而言，一个有实质性意义的重大利好政策，可以透露出管理层坚决维护股市的心态和手段，行情一旦因此而爆发，往往会在短期内有20%左右的涨幅。因此，交易者此时不必见好就收，而是应该持股待涨。

二、如何利用市场信息

1. 市场信息的来源和作用

股票市场上的信息多种多样，但主要可分为以下三个方面：

(1) 宏观信息

这一类的信息主要来自于政府各个职能部门，如国务院、人民银行、国家统计局、国家税务总局、外汇管理局等。从这里出来的信息都具有一定的权威性，特别是当其公布某项具体政策时，往往意味着在某个行业或领域将会出现重大的变化，从而影响到股市相应板块的发展。

宏观信息是关系到整个国家经济发展的信息，虽然不是针对股市发布的，对股市的影响却常常是间接而久远的。但是，如果在熊市后期，宏观面的信息仍属于利空状态，那么有可能引发证券市场管理层的利好政策出台，这就是俗语中“物极必反”的体现；如果在牛市末期，宏观面的信息仍属于利好状态，那么股市就可能招致证券市场管理层的利空政策打压，这也是俗语中“盛极而衰”的写照。

(2) 市场信息

这一类的信息主要来自于股市结构链里的成员，包括证监会、证券登记结算公司、交易所、上市公司、相关行业等。由于这些信息是股市内循环里的信息，因此往往对股市有直接的影响。直观的说，宏观信息是影响股市的外部环境因素，而市场信息则是影响股市的内部环境因素。如果是证监会、证券登记结算公司、交易所披露的信息，那么对大多数股票都会有影响；如果是行业和产业内的信息，那么对相关板块的个股都会有影响；如果只是某家上市公司的信息，那么不仅对该股有重大影响，还有可能影响到同板块同质地的其他个股。所以面对各类市场信息时，交易者应区别对待。

(3) 其他信息

这一类信息主要来自民间网络，多数来自于一些主力机构和市场人士，其可信度不大，常常表现为小道消息。如证监会将爆出重大利好、某某股将进入重组阶段、某某股主力即将拉升、某某概念即将爆发、某某板块被外资看好等等。它们的出现即使不能验明真假，也往往会对个股走势产生短期的影响，但不值得交易者去追逐。

需要指出的是，信息只是股价上涨的诱因，而资金才是股价上涨的推动力量。如果看不到主力资金进入，普通交易者最好就不要介入。

2. 如何管理和利用市场信息

市场上的消息层出不穷，且良莠不齐，如何快速寻找到自己所需的信息，如何有效整理各类信息资料，如何建立自己的信息数据库，是资深交易者的必备技能。下面，简要介绍信息管理的步骤。

第一，搜集各种信息资料。

在搜集宏观信息时，要考虑：GDP、CPI、利率、汇率、存款准备金率、税收、国债、财政支出等数据。

在搜集市场信息时，要考虑：行业状况、公司状况、资金流向、市场心理、股市管理层政策等信息。

在搜集其他消息时，主要搜集证监会的消息，一些小道消息往往是其政策出台前的泄露信息，宁可信其有而不可信其无。搜集信息的来源主要是互联网，包括“解读大盘走势”中“消息面分析”里的一部分网站，以及一些政府职能部门的官方网站。可能交易者所寻到的消息有些延迟，但总比没有要好，至少交易者心中有大局观后会更加清醒。

第二，精选各类信息资料。

在公开的互联网上，有着无数的市场信息，对它们进行筛选和甄别是一件复杂的工作。在分门别类进行资料整理时，交易者要注意三点：

其一，要能识别哪种信息有价值，哪种信息无价值；

其二，要注意信息的时效性，太迟的信息往往失去了其应有的价值；

其三，要能辨别信息的真伪性，鱼目混珠的信息自然会影响交易决策。

在察看信息的时候，无论是信息提供者故意说谎，还是信息提供者本身认知片面，或是信息出现 r 不应有的数据错误，或是信息时效性太差等，带给交易者的都将是不可预见的风险。只有获得的信息全面、真实、客观、及时，才能保证交易者的决策拥有正确的根基。

第三，充分利用有效信息。

在获得上述信息资料后，交易者首先要进行综合分析，先分析大局势，再分析大盘，再分析板块及个股；其次是要对大盘和个股走势进行验证，切不可听到消息就匆忙决策，因为市场的涨跌并不取决于消息本身，而是取决于市场对消息的反应程度；再次是要针对股价的高、中、低位置来辨证地看待利好消息或利空消息，切不可见利好消息就买入，见利空消息就卖出。

3. 注意信息里的误区

在信息不对称的弱有效市场里，信息经济学的常识常常成为主力操纵媒体并引导交易者在股市中追涨杀跌的有效凭据，这种现象在中国股市里每天都在上演。股市里的信息有真、有假、有好、有坏、有有用的、有没用的，关键是看主力机构如何利用。比如，对于有价值的假信息，主力机构会疯狂的进行短线炒作；而对于有价值的真消息，主力机构则会进行长线操作。

在市场信息里打时间差也是主力机构最常用的手法。一些内幕人士总是能准确掌握上市公司的最新动态，当上市公司将重大利好消息公布于众时，内幕人士则往往在广大中小交易者蜂拥而至下扬长而去。内幕人士在证券市场上打信息披露的时间差，是其与上市公司勾结牟利的常用手法，而在这背后，反映的则是中国股市管理制度的缺陷和监管力度的不足。

通常而言，主力机构对核心消息会进行严格的控制，往往只有老板和首席操盘手才能知晓，甚至他们的家属都无法知道。对信息进行严密封锁是主力坐庄成功的前提，也是其避免遭受法律制裁的需要。因此，那些“消息灵通人士”所透露的消息，以及被部分大众所熟知的消息，往往不是流言和谎言，就是过了时的消息。

特别是在公司重组事件上，市场上出现的消息最多。但交易者要明白，上市公司重组事件存在众多的不确定性，比如交易对象、交易价格、交易方式等，哪一方面出现了偏差，重组都可能前功尽弃；而公司之间谈合作是天天有的事情，能不能合作成功以及合作后能否有绩效，都是一个未知数。所以，交易者对公司重组的消息要有清醒的认识。

三、如何识别股票好坏

一只股票的好与坏，往往取决于其后期的涨幅空间，而不完全取决于其价值。严格来说，购买股票的依据来自于三个方面：投资价值、投机价值、相对价值。

1. 投资价值

股票的投资价值是指股票本身所具有的价值，它由股票所属上市公司的质量和前景所决定。在这里，上市公司本身的价值是第一位的，而股价是第二位的，是股票的价值引导股价的变动。

股票的投资价值往往表现在两个方面：

一个是现在的价值，以现有的公司经营业绩来衡量。如果表现在每股经营业绩上，则可以用市盈率这个指标来衡量。市盈率是每股当前股价除以每股税后净利润的结果，理论上是越低就越能体现出公司业绩在每股上的含金量。但有些股票的市盈率非常低，往往是其不受市场欢迎的原因。

另一个是未来的价值，表现在公司未来的经营空间、发展速度、发展规模、发展潜力等上面，是一种可以长期看好的内在价值和预期回报。这个价值不是市盈率可以体现出来的，往往是综合公司高管素质、公司发展风险、公司拓展空间、兼并整合预期等多项要素而得出的结论。所以，并不是市盈率越低的股票就越会受到市场的追捧，也不是市盈率越高的股票就一定会被市场抛弃。

综合来说，股票的投资价值就是股票背后的上市公司的内在价值，由公司的现有价值和未来价值来共同体现。但由于普通交易者不易获得大量的第一手资料，所以对股票进行投资价值的研究是非常困难的；而且，股票即使是有投资的价值，也不一定就会在股票市场上有良好的表现，还要看有没有主力资金的深度介入，若缺乏了大资金的集中推动，散兵游勇是造就不了一波大行情的；此外，对于那些高高在上的百元股票，即使有再好的业绩支撑，也往往会因为涨幅巨大而封住了上行空间，丧失了，被新资金追捧的机会。

2. 投机价值

所谓投机价值，仅仅是针对股价而言的。在这里，股价是第一位的因素，而价值则是第二位的因素。也就是说，股价本身具有投机的价值. 是股价决定了股票的投机或投资价值——价格低的股票才有投机的价值，而价格高的股票，则往往丧失了投机的价值。所以，投机把握的是一个短期内的操作问题，它不在乎任何股票的长周期运作，也不在乎股票本身的价值和质地，而只在意标的物在某一时间段的价差问题。

股票的投机价值也往往表现在两个方面：

一个是现有的投机价值。当交易者看到股票现有的价格同现有的价值相比偏低时，即意味着现有投机价值成立。这个方法是通过同板块的个股来进行对比分析的，只有对比同板块价格最高的股票，才能知道被对比的股票是否具有尚未被大众识别的价格差距。当然，这种比较的第一步通常是通过同板块内个股的市盈率来进行的。

另一个是未来的投机价值。由于同板块内的个股经过市场无数交易者的研究和筛选后，往往已经自动平衡了现有的投机价值，贵的自然有贵的理由，便宜的自然有便宜的原因，所以股票未来的投机价值往往体现在对板块未来价值的挖掘上。当某板块整体价值被严重低估时，或风险释放得最为彻底时，就引发出了该板块的未来投机价值。板块是否具备未来的投机价值是通过板块之间的对比来发现的，而不是天马行空地随意估价。有潜在价值的板块，其最后的表现往往是在大盘中特立独行或率先突围。当然，某些个股也具有尚未开发的未来投机价值，比如有不确定的重组价值等，但这就不是在研究股票投机价值的问题，而是风险偏好的问题了。

综合来说，股票的投机价值就是一个理由加大量资金推动的结果。股票短期内的定价权不在上市公司，也不在市场大众，而是在主力手中。当主力用资金推动个股上涨后，什么高价的理由都是成立的，但主力为了吸引市场跟风，必须先选择一个堂而煌之的理由，并掀动媒体舆论一致看好。比如几年前基金鼓吹的价值投资，后来开发的主题投资等，如果不是其手握大量的资金并造就了阶段性的财富效应，这些“投资”的概念一样会被市场潭没。所以，交易者不要轻信什么价值论、主题论、业绩论、成长论等说法，那些不过是资本游戏所必须的道具，可以利用，但不可深信。

实际上，投资和投机也是可以结合的，并不是分裂孤立的。投资虽然是对某一标的物的长期看好和持有，但价格围绕价值上下波动的时候，往往会偏离太多。当价格过度向上偏离价值时，即可以对标的物作适当性的减仓动作；当价格过度向下偏离价值时，则可对标的物作适当性的增仓动作；这两个动作属于阶段性的、纯粹因价格而引起的操作，所以本身也是一种投机行为；只是与纯粹的投机行为不同的是，投资者无论是增仓或减仓，会一直持有该标的物，而纯粹的投机者则不在乎标的物本身而只在乎价差。

所以，如果我们将视野拉得足够远，就会知道，股票长期的定价权依然在上市公司及其所属国经济手中。任何投机行为都必须建立在一个适合的本体上，交易者只要把握了这个本源体，后续市场的投机行为迟早就会发生，甚至是不间断地频繁发生。投资是一个长远而坚守的过程，而投机则是这个过程里的波动片断，巴菲特投资之所以成功，就是长期掌握了优质股票本源体而充分利用了市场的投机行为。因此，交易者究竟想做一名什么样的市场参与者，需要自己去理解并把握，同时应重点考虑投资所在国的国情。

3. 相对价值

当交易者研究股票投资价值的时候，需要知道股票内在的价值是多少；当交易者研究股票投机价值的时候，需要知道股票的价格是高是低。事实上，对于普通交易者而言，这两者都不易把握。而技术分析主要研究的是股票的相对价值，即股票高低位置的相对价值，这实质上是研究市场行为价值的一种方法，其前提是认为市场当前的动作是合理的，是所有参与者深思熟虑之后的决策结果，因而交易者没有必要再去研究股票的内在价值和现有价格是否对称的问题，也没有必要再去问无数个为什么的问题。因此，从实用的角度来看，如果说普通交易者既无能力去研究股票的投资价值，又无资金去推动股票的投机价值，那么惟一的方法就只有研究股票的相对价值了。

股票的相对价值，是指股票现阶段高低位置的相对价值。它的意义不在于研究股票的绝对高价和绝对低价，而在于研究目前股价相对于历史高低价位而体现出的涨跌概率。它讲究的是入场的时机，它认为，如果进入的时机不好，什么股票都具有巨大的风险。所以，对于普通交易者而言，股票的好坏不重要（高风险的往往有高回报），股票的贵贱也不重要，重要的是股票和大盘现在所处的阶段，它们是在高位还是中位或是低位？是在上升的趋势中？还是在下降的趋势中？是在回调的趋势里？还是在反弹的趋势里？说到底，综合性的技术分析才是低风险性盈利的基础，而股票相对价值才是广大技术分析者所关注的对象。

但是，大多数交易者是厌恶高风险的。要远离高风险的股票，交易者就要首先判断大盘是否市盈率普遍太高（比如达到了50倍），早已脱离了其应有的投资价值；同时，交易者还要能区分目前个股是否处于巨大的涨幅阶段，这个涨幅是同大盘的涨幅来进行比较的，如果涨幅超出大盘太多，主力即将出逃的可能性就比较大，此时的报酬/风险比将差强人意；此外，还要看个股价值是否已经被严重透支，就目前中国股市的状况来看，普遍25倍的股票市盈率是一个比较正常的水平，熊至10倍的市盈率或牛至50倍的市盈率也是一个可以被市场接受的水平。但无论个股如何被市场看好，超过了100倍的市盈率就说明其价值已经被严重透支了，这样的股票不可久留。

在分析股票高低位置的时候，交易者需要注意：

（1）对于低价格的股票，其同类个股可以相互比较；对于高价格的股票，其同类个股不可相互比较；

（2）市盈率只能在判断股价贵贱时起参考作用，不能成为绝对的判断标准，且应有适当的上幅空间；

（3）股票要经除权和复权两次分析，对于复权后高高在上的股票，即使其市盈率不高也要保持警惕。

4 如何选股

市场上的股票基本上可以分为四类：

第一类是绩优股。它的特点是流通盘大、业绩好且持续稳定，分红或送股是其最大的价值体现。它们多产生于传统性的生产加工行业或金融服务行业，是人们必需生活品和服务品的提供者。

第二类是成长股。它的特点是公司规模小，所需资金少，业绩不出色，但后期发展潜力巨大。它们多产生于服务行业或新兴市场，是人们高增值性产品或新需求产品的提供者。

第三类股票没有明显的绩优股和成长股的特性，其业绩和成长性往往不稳定，价格波动幅度较大，适合于投机交易。

第四类股票是基本上没什么优势的股票，财务状况恶化，重组机会很小，即将面临退市。

如同招聘选人一样，第一类股票是有“大德”者，优点是好把握而缺点是无大利；第二类股票是有“大才”者，优点是有大利而缺点是不好把握；第三类股票是有“小德小才”者，优点是可以塑造而缺点是不易塑造；第四类股票是“无德无才”者，常常被大多数交易者摈弃。

目前市场上的股票数量接近 1600 只，大约有 1%属于“大德大才”者，它们的价格往往很高，属于市场中的抢手品种，但在相同的市场波动中，其涨/跌速度较慢，且涨/跌空间有限。这种状况的出现，往往有三种原因：一是其背后的交易者多数为长线交易者，因而对价格的波动不太敏感，减少了其跟风投机的特性；二是高价股因为价格很高，给人“太贵”的感觉，使人很难相信它还能再涨几倍，因而失去了市场多数交易者的追涨兴趣；三是在 K 线网上，高价股大幅上涨时会使阳线拉得很高，容易激发抛盘，而低价股即使涨停也往往不引人注意，冈而容易持续上涨。后两个原因会促使市场短线资金涌入低价股，从而加剧低价股的波动性。但需要说明的是，这 1%的“大德大才”者，往往不是投机者喜欢的品种，也不是单个基金重仓的品种，而往往是“大众情人”，被基金扎堆拥有。

市场上大约还有 10%的股票属于“大德”者，10%的股票属于“大才”者，这些都是基金类机构或中、长线交易者的囊中物，其价格多数都高于市场平均价格很多，没有较好的性价比；而风险较大的 ST 类、

*ST 类、PT 类股票，也大约占据了市场 10%的份额，再加上 10%左右的没有多少前景的超低价股，“无德无才”者就占据了市场 20%的份额。即使这里面有一些个股重组的机会，会出现乌鸡变凤凰的故事，但多数无法被交易者把握。当然，这对于拥有“垃圾处理站”功能的某些交易机构来说，未尝不是高风险、高收益的交易品种。

综上所述，前 20%左右的股票因为估值可能过高导致上升空间有限，而后 20%的低价股则往往本身就存在着各种问题，所以真正低风险、高收益的股票在于价格适中的这 60%的股票中，这些股票就属于“小德小才”者了。如果以 2008 年 7 月沪市大盘 2800 点的行情来看，这 60%股票的股价均在 5—15 元之间，而高性价比的股票则往往在 5—10 元之间，这个价位的股票几乎占据了当时市场总量的 50%，具有很大的挑选余地。然后，结合行业板块和当时行业的景气度，交易者就可以找到几个行业里的龙头股票进行追踪了。

总结来说，交易者在建立自己的股票池时，其选股的步骤应如下：

(1) 找出当年有发展前景的行业，同时考虑国家政策的调整和通货膨胀等因素；

(2) 从这些行业中找出低于市场平均价位的股票，再考察其基本面，择出高性价比者；

(3) 将大流通盘和小流通盘的股票过滤掉，因为大流通盘股票难上涨，小流通盘股票难出手；

(4) 再从中选出股性活跃的股票；

(5) 最后找出主力的痕迹，即使没有主力也不要着急，未来短庄入驻的可能性很大。

第五章 分清市场主力

证券投资基金

公募基金投资

类公募基金投资

私募基金投资

证券投资基金

一、证券投资基金的概述

1. 证券投资基金的概念

证券投资基金是指一种利益共享、风险共担的集合证券投资方式，即通过发行基金单位，集中投资者的资金，由基金托管人托管，由基金管理人管理和运用资金，从事股票、债券等金融工具投资，以获得投资收益和资本增值。各国对证券投资基金的称呼有所不同。在美国，证券投资基金被称为“共同基金”；在英国和香港被称为“单位信托基金”或“投资信托计划”；而日本、韩国和中国台湾则称之为“证券投资信托基金”。但在本质上，它们都是大众的一种间接性投资工具，以帮助大众从证券市场上获得投资收益和资本增值。

2. 证券投资基金的特点

（1）广泛吸收社会闲散资金，聚合成大规模的投资资本，从而提高整体收益水平。

（2）购买不同股票、债券、基金等，以组合式的分散投资方式，最大限度地降低投资风险。

（3）具有专业的投资管理团队和丰富的市场操作经验。

(4) 资金由银行托管，且具有完善的管理构架和风险控制体系。

(5) 经常披露与投资相关的信息，接受社会大众和监管部门的监管。

(6) 产品线比较丰富，有股票型、债券型、成长型、收入型、平衡型等基金品种。

(7) 投资量起点低，且具有较好的变现能力，同时国家还给予一定的免税政策。

3. 证券投资基金的历史

投资基金的发展已有150年左右的历史，它起源于英国，发展于美国，进而扩展到全世界。就美国来看，共同基金已经成为美国最大的金融中介，其资产已超过全美所有商业银行的总资产，并成为美国证券市场中最大的机构投资者。据美国投资公司协会的调查统计，截至2006年年末，全球共同基金管理的资产总额达到了21.76万亿美元，比1996年末增长了257%。

二、证券投资基金的类型

证券投资基金按照不同的标准可以分为不同的类型，下面简要述之。

1. 公募基金和私募基金

证券投资基金按照资金募集方式的不同，可分为公募基金和私募基金。公募基金是受政府主管部门监管的向不特定投资者公开发行受益凭证的证券投资基金。这些基金在法律的严格监管下，有信息披露、利润分配、投资限制等行业规范。目前国内证券市场上的封闭式基金和开放式基金都属于公募基金。

私募基金是相对于公募基金而言的，是指通过非公开方式面向少数机构投资者和富有的个人投资者募集资金而设立的基金。私募基金的销售和赎回都是基金管理人通过私下与投资者进行协商来完成的，一般以投资意向书（非公开的招股说明书）等形式募集基金。在国外，私募基金的主要形式是对冲基金，是为谋取最大回报的投资者而设计的合伙制投资工具，如国际上早期的量子基金、老虎基金等。

相比于公募基金，私募基金具有以下优势：

(1) 由于私募基金面向少数特定的投资者，因此，其投资目标可能更具有针对性，能够根据客户的特殊需求提供度身定做的投资服务产品；

(2) 私募基金所需的各种手续和文件较少，受到的限制也较少，一般性的法规要求不如公募基金的严格详细，且私募基金的投资更具灵活性；

(3) 在信息披露方面，私募基金不必像公募基金那样定期披露详细的投资组合，一般只需半年或一年私下公布投资组合及收益即可，政府对其监管远比公募基金宽松，因而投资更具隐蔽性，获得高收益回报的机会也更大。

2. 公司型基金和契约型基金

证券投资基金按组织形式的不同，可分为公司型基金和契约型基金，这是证券投资基金最基本的分类。美国是公司型基金的代表，中国、英国、日本等则是契约型基金的代表。

公司型基金是具有共同投资目标的投资者依据《公司法》组成以盈利为目的、投资于各种有价证券等特定对象的股份制投资公司。这种基金通过发行股份的方式筹集资金，是具有法人资格的经济实体，基金持有人既是基金投资者又是公司股东。公司型基金成立后，通常委托特定的基金管理人或者投资顾问动用基金资产进行投资，其资金存放于指定的保管公司。

契约型基金是基于一定的信托契约而成立的基金，由基金管理公司(委托人)、基金保管机构（受托人）和投资者（受益人）三方通过信托投资契约建立而成。委托人依照契约运用信托财产进行投资，受托人依照契约负责保管信托财产，投资者依照契约享受投资收益。契约型基金筹集资金的方式一般是基金单位，这是一种有价证券，表明投资人对基金资产的所有权和收益分配权。

公司型基金与契约型基金的主要区别，是它们在内部治理和外部监管结构方面的差异。公司型基金为保护投资者，并为产生一个独立、有效、按照投资者最佳利益行事的基金董事会提供了良好的组织基础；契约型基金则难以提供这方面的充分保证。还需要外部更加严密、细致和严格的法律环境提供强有力的帮助。显然，在我国目前阶段，这个外部环境尚不尽人意。

3. 封闭式基金和开放式基金

证券投资基金按照基金份额是否固定，可分为封闭式基金和开放式基金。

封闭式基金是指基金发起人在设立基金时，限定了基金单位的发行总额，待筹足总额后，基金即宣告成立，之后往往会进行至少一年时间的封闭式运营，在封闭期内不再接受新的投资。封闭式基金的基金单位在证券交易所挂牌交易，投资者在封闭期内卖出此类基金单位时，必须在二级市场上进行竞价交易方可转让。但是封闭式基金一般在一年之后会有一周的开放时间，以方便旧的持有者退出，新的介人者进来。

开放式基金是指基金发起人在设立基金时，虽然也会有一个筹集资金的额度，但是在筹足总额、基金宣告成立之后，其基金的规模是可以变动的，基金既可以随时根据市场供求情况发行新份额，也可以被投资人赎回。开放式基金不上市交易，投资者可以定期通过银行或其他部门进行基金的申购和赎回动作。目前，开放式基金已成为国际基金市场的主流品种，美国、英国、中国香港和中国台湾基金市场中90%以上的基金都是开放式基金，开放式基金与封闭式基金的区别：

（1）基金规模不固定。开放式基金无固定存续期，规模因投资者的申购、赎回可随时变动；封闭式基金则有固定的存续期，存续期内的基金规模是固定不变的；

（2）不上市交易。开放式基金在销售机构的营业场所销售和赎回，不上市交易；封闭式基金则在证券交易场所挂牌交易；

(3) 价格由净值决定。开放式基金的申购、赎回价格以每日公布的基金单位资产净值加、减一定的手续费计算；封闭式基金的交易价格则主要受市场对该基金单位的供求关系的影响；

(4) 管理要求更高。开放式基金随时面临赎回的压力，因此更注重流动性等风险管理，要求基金管理人具有更高的投资管理水平；封闭式基金则可以在封闭期内制定长期投资策略或安于现状。

4. 成长型基金、收入型基金、平衡型基金

证券投资基金按照投资目的不同，可以分为成长型基金、收入型基金和平衡型基金、成长型基金的投资目的是为了获得资本的长期增值。一些成长型基金的投资范围很广，包括很多高成长行业的股票；一些成长型基金的投资范围则相对集中，只集中投资于某一类高成长行业的股票；但它们的投资标的都是那些具有良好增长潜力的股票。成长型基金的价格波动一般比收入型基金或货币市场基金的价格波动大，但收益一般也比较高。

收入型基金是以追求稳定的经常性收益为目的的基金。其投资对象主要是那些能支付股利的大盘蓝筹股、公司债券、政府债券和可转让大额存单等收入比较稳定的有价证券。收入型基金一般把所得的利息和红利都分配给投资者。这类基金虽然投资回报不高，但风险相应也较低。

平衡型基金是既追求长期资本增值又追求经常性收益的基金。这类基金主要投资于债券、优先股和部分普通股。这些有价证券在平衡型基金的投资组合中通常都有比较稳定的组合比例，一般都是把资产总额的25%~50%投向优先股和债券，其余的资产则投向于普通股票。平衡型基金的风险和收益状况介于成长型基金和收入型基金之间。

5. 股票型基金、债券型基金、混合型基金、货币市场基金、指数型基金

证券投资基金依据投资对象不同，可分为股票型、债券型、混合型、货币市场和指数型基金。

(1) 股票型基金

根据中国《证券基金运作管理办法》规定，股票型基金是以股票投资为主，且百分之六十以上的基金资产投资于股票的基金。在美国共同基金巾，大部分基金属于股票型基金；在我国的投资基金中，也是以股票型基金和偏股型基金居多。

按照投资对象的规模，股票型基金又可分为大盘股基金、中盘股基金、小盘股基金。国内通用的分类方法是：将股票按照流通市值排序，累计流通市值靠前的30%的股票为大盘股，累计流通市值靠后的30%的股票为小盘股，中间40%的股票则属于中盘股。

(2) 债券型基金

根据中国《证券基金运作管理办法》规定，债券型基金是以债券投资为主，且百分之八十以上的基金资产投资于债券的基金。债券型基金的投资对象主要包括国债、金融债、公司债、可转债、资产支持证券、央行票据、回购以及中国证监会批准的允许基金投资的其他固定收益类金融工具（还可通过参与一级市场的新股申购来提高收益率）。

债券按照到期日不同可分为长期债券和短期债券，按照发行者的不同可分为政府债券、企业债券、金融债券等，因而债券型基金也可由此来进行划分。一般来说，债券的收益比较稳定，投资风险较小，因而债券型基金的投资风险比较低。

(3) 混合型基金

根据中国《证券基金运作管理办法》规定，投资于股票、债券和货币市场工具，并且股票投资和债券投资的比例不符合前面两种基金类型的，即为混合型基金，通常也被称为平衡型基金。混合型基金可分为资

产配置基金、平衡型基金、灵活组合基金和混合收入型基金。

在通常情况下，如果股票市场处于熊市，部分投资者将会抛售股票型基金，涌人到低风险的债券市场，因而债券型基金此时的表现就会好一些；如果股票市场开始走牛，那么股票型基金的表现要远远好于债券型基金，而债券型基金此时则成为投资者抛弃的对象。混合型基金就是为了平衡这两者利益而出现的，在牛市期间，其可以加大股票方面的投资，而在熊市期间，其可以加大债券方面的投资。

(4) 货币市场基金

根据中国《证券基金运作管理办法》规定，仅投资于货币市场工具的基金，称为货币市场基金。它是介于银行存款和其他各种证券投资基金之间的一种理财工具。

目前，货币市场基金的投资范围主要包括短期国债、中央银行票据、银行背书的商业汇票、银行承兑汇票、银行定存和大额可转让存单以及期限在一年内的回购等货币市场工具。货币市场基金不仅是整个基金家族中风险最小的投资工具，同时也是整个基金家族中流动性最高的投资工具，收益略高于银行存款利息且非常稳定，甚至免利息税、免申购费、免赎回费。

(5) 指数型基金

指数型基金是一种按照证券价格指数（例如上证 180 指数等）编制原理来构建投资组合的基金。它的运作方法比较简单，只须根据每一种股票在指数中所占的权重投入相应比例的资金进行购买即可。在西方发达国家，指数型基金越来越受到市场投资者的青睐。

市场上的基金可大致分为主动型基金和被动型基金。主动型基金就是七面所讲述的股票型基金、债券型基金和混合型基金，它们都力图取得超越大盘指数的成绩；而被动型基金则是指指数型基金，其追踪的仅仅是某一特定指数，而不试图获得超越大盘指数的业绩。由于该基金的投资简单，省去了大量的研究和管理费用，所以基金管理费比较低；又由于其采取的是长期持有策略，所以其交易成本也很低；而且由于其投资的是某一指数里的所有股票，所以投资风险也比较小。但是，指数型基金只有在明确的牛市里才有可观的收益，因为只有在牛市里，特定指数才会有持续高涨的表现。

以是银河证券基金研究中心的统计数据，从该表中我们可以对各基金品种的发展有一个直观的了解：

基金资产净值和份额规模汇总表（截至 2007 年 12 月 31 日）

	统计基金数量（只）	资产净值（元）	资产净值比例（%）	份额规模（份）	份额规模比例（%）
全部	363	3275402810275	100	2232319992358	100
封闭式	34	232144129778	7.09	73574264119	3.3
开放式	329	3043258680496	92.91	2158745728238	96.7
股票型基金	130	1656494481680	50.57	1099705670750	49.26
指数型基金	17	205636522881	6.28	124854239562	5.59
偏股型基金	58	623841123586	19.05	445654468274	19.96
平衡型基金	24	223079689242	6.81	160516598284	7.19
偏债型基金	8	15032170901	0.46	12611347169	0.56
债券型基金	28	66210556575	2.02	56625733750	2.54
中短债型基金	3	929403418	0.03	922410634	0.04
保本型基金	4	14218836348	0.43	9004214886	0.4
特殊策略基金	6	126779565480	3.87	137814714545	6.17
货币市场基金（A 级）	40	92192557351	2.81	92192557351	4.13
货币市场基金（B 级）	11	18843773028	0.58	18843773028	0.84

三、证券投资基金的运营

基金公司要筹集和管理庞大的资产，其运营是一件非常复杂的工作。这里仅就交易者应该熟悉的部分作讲述。

1. 基金的参与主体

在证券投资基金的运营过程中，主要有四个方面的参与主体：基金发起人、基金持有人、基金管理人和基金托管人。

(1) 基金发起人

基金发起人是指发起设立基金的机构，它在基金的设立过程中起着重要的作用。在基金设立中，它所扮演的角色类似于股份公司设立时的发起人。

由于基金的特殊性，各国法律对基金发起人的要求比对普通的股份公司发起人的要求更加严格。如我国《证券投资基金法》规定，发起人必须具有从事证券经营、证券投资咨询、信托资产管理或者其他金融资产管理的较好经营业绩和良好社会信誉，且最近三年没有违法记录，注册资本不低于三亿元人民币等等。

(2) 基金持有人

基金持有人是指持有基金份额的自然人和法人，也就是基金的投资人，是基金投资活动的受益者和风险承担者，是基金资产的实际所有者，享有基金信息的知情权、表决权和收益权。从理论上来说，基金的一切投资活动都是为了增加投资者的收益，一切风险管理都是围绕着保护投资者利益来考虑的。

基金持有人相当于股份公司的股东，可以通过基金持有人大会行使其权利。基金持有人的基本权利包括对基金收益的享有权、对基金份额的转让权和在一定程度上对基金经营决策的参与权。同时，基金份额持有人也必须承担一定的义务。

(3) 基金管理人

基金管理人是指凭借专业的知识与经验，根据相关法律及基金契约的规定，按照科学的投资组合原理进行投资，谋求所管理的基金资产不断增值的机构。通俗的说，基金管理人即是进行基金具体操作和日常管理的负责人。基金投资者能否取得较好的回报，完全取决于基金管理人的投资运作，因而对投资者而言，选择好的基金管理人尤为重要。

基金管理人在不同国家和地区有不同的名称。例如，在英国称为投资管理公司，在美国称为基金管理公司，在日本称为投资信托公司，在中国台湾称为证券投资信托事业，在中国内地则称为基金管理公司。但他们的基本职责都是一样的，即运用和管理基金资产，并对基金持有者负责。

（4）基金托管人

基金托管人是投资人权益的代表者，是基金资产的名义持有人或管理机构。它依据基金运行中"管理与保管分开"的原则，对基金管理人进行监督并对基金资产进行保管。基金托管人一般都会与基金管理人签订托管协议，在托管协议规定的范围内履行自己的职责并收取一定的报酬。基金托管人和基金管理人是一种既相互合作，又相互制衡、相互监督的关系。

为保证基金资产的独立性和安全性，基金托管人会为基金开设独立的银行存款账户，并负责账户的管理工作。基金银行账户款项收付及资金划拨等均由基金托管人负责，基金投资于证券后，有关证券投资的资金清算也是由基金托管人完成。

在国外，对基金托管人的任职资格都有严格的规定，一般都要求由商业银行或信托投资公司等金融机构担任，并有严格的审批程序。而在我国，十几家商业银行基本上都具备了托管人的资格。截至2008年3月31日，中国工商银行托管资金7047.30亿元，占资金托管市场28.47%的份额，位居行业第一。

2. 基金公司的内部管理

（1）通用的组织结构

我国现有的投资基金都是契约型基金，基金资产的管理运用是通过基金管理公司来进行的，基金本身不具有法人地位。基金管理公司在我国主要以有限责任公司的形式存在，其组织结构设置受《公司法》等相

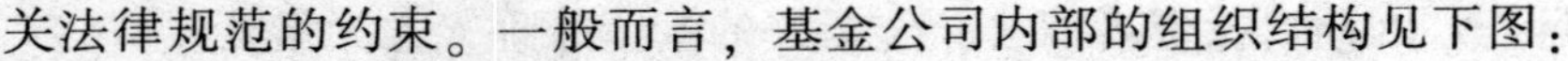

关法律规范的约束。一般而言，基金公司内部的组织结构见下图：

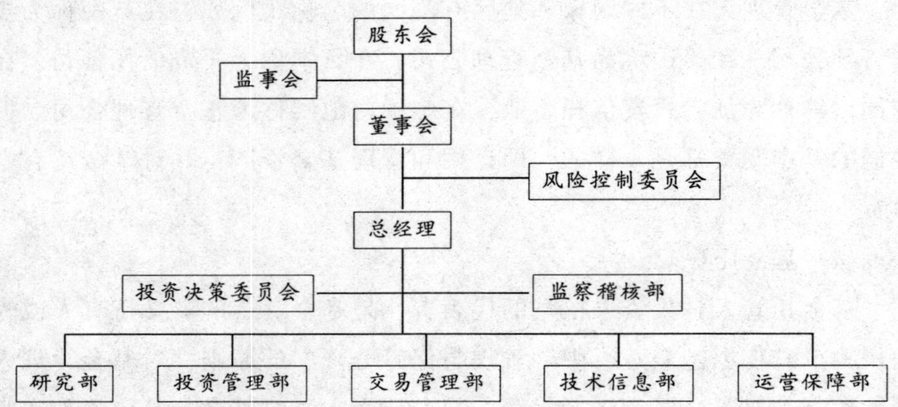

其中，股东会是基金管理公司的权力机构；股东会选举产生董事会和监事会；监事会负责对公司的经营管理实施监督；董事会聘任公司总经理主持日常经营管理工作。基金公司内部通常设有研究部、投资管理部、交易管理部、技术信息部、运营保障部、监察稽核部，同时常设有风险控制委员会和投资决策委员会；投资指令由基会经理下达，交易管理部确保交易指令在合规的前提下得到执行，监察稽核的目的则是检查、评价公司内部控制制度和公司投资运作的合法性、合规性和有效性，同时监督公司内部控制制度的执行情况，维护基金投资者的正当权益。

(2) 投资决策

每个基金公司都有一个投资决策委员会，该委员会是公司非常设机构，是公司最高投资决策机构。一般由公司总经理、主管投资的副总经理、投资总监、研究总监、交易总监等人员组成，总经理为投资决策委员会主任，督察员则列席会议。

投资决策委员会的功能是为基金投资拟定投资原则、投资方向、投资策略以及投资组合的整体目标和计划。投资决策委员会的主要职责包括：

①审批投资管理相关制度，包括投资管理、交易、研究、投资决策等方面的管理制度；

②确定基金投资的原则、策略及选股原则等；

③确定资产配置比例，包括资产类别比例和行业或板块的投资比例；

④确定各基金经理可自主决定投资的权利以及投资总监和投资决策委员会审批投资的权限；

⑤根据权限，审批各基金经理提出的投资额超过自主投资额的投资项目。

基金公司的投资策略通常包含三个层次：

①资产类别配置策略：主要考虑基金资产在不同金融工具中的配置比例。现阶段国内基金管理公司的资产类别配置主要是围绕股票、债券、现金这三类资产在展开。股票型基金主要的资金配置在股票上，而债券型基金主要的资金则配置在债券上。

②行业资产配置策略：基金管理人将在对影响行业投资收益的众多因素进行深入分析的前提下，运用数量化评估模型，挖掘出最具投资价值和最适合投资的行业进行资产配置。

③单一证券选择策略：在股票投资方面，基金管理人通常会运用自上而下和自下而上的方法，对上市公司进行深人研究并运用不同的指标对股票进行筛选，构建股票池和投资组合；在债券投资方面，总体策略则分为利率预期策略、收益率曲线策略和债券品种选择策略，通过对宏观经济和市场状况的分析完成债券组合的建立和调整。

(3) 投资过程

基金公司的投资决策程序基本上包括：投资决策委员会决策、投资总监决策、建立投资组合、构建投资组合模型、研究确认、风险评估六个步骤。具体来说：

①基金经理先对不同大类别的资产收益/风险状况作出判断；公司策略分析师则提供宏观经济分析和策略建议；股票分析师则提供行业和个股配置的建议；债券分析师则提供债券和货币市场工具的投资建议；数量分析师则结合本基金的产品定位和风险控制要求提供资产配置的定量分析。然后，基金经理再结合自己的分析判断，同时根据基金契约规定的投资目标、投资理念和投资范围拟定大类资产的配置方案，向投资决

策委员会提交投资策略报告。

②投资决策委员会拿到基金经理提交的投资策略报告后，审议报告的可操作性和合理性。同时根据现行法律法规和基金契约的有关规定，根据投资的期望值和风险性，确定投资原则、投资目标、投资策略以及投资组合的总体设计，并适时调整投资组合，提高投资组合的抗风险能力。

③在投资决策委员会制定出总体投资计划的基础上，投资管理部进一步对方案进行深入细致的分析，建立明确的投资组合，并在投资执行过程中将有关投资实施情况和风险评估报告反馈给投资决策委员会，同时接受风险控制委员会的风险控制建议和监察稽核部的监察及稽核（由于证券市场易受到政治、经济、投资心理及交易制度等各种因素的影响，导致基金投资面临较大风险，因此，风险控制委员会有必要监控内部投资的决策和实施过程，并根据市场价格水平制定公司的风险控制政策，提出风险控制建议。）。

基金公司在确定了投资决策后，就会进入决策的实施阶段。基金经理将根据投资决策中规定的投资对象、投资结构和持仓比例，向交易管理部的交易员发出交易指令。这种交易指令具体包括买入（卖出）何种有价证券、买入（卖出）的时间和数量、买入（卖出）的价格区间等。

3. 基金的信息披露

基金的信息披露是减少基金持有人和基金管理公司委托代理关系不透明的主要手段，规范的信息披露也是基金规范运作的一个重要方面。基金信息披露主要包括募集阶段的信息披露、运作阶段的信息披露和临时性的信息披露。下面简要介绍一下运作阶段的信息披露。

基金在基金契约生效后，就开始进入了正式运作阶段。在此期间，基金管理人有义务向投资者定期披露基金的运作情况和收益情况。基金需要定期公布的文件包括基金净值和累计净值公告、基金年度报告、基金半年度报告和基金季度报告。

基金的定期公告采取均衡披露的原则：基金季报分三组均衡披露，

按基金管理公司名字首字的首个拼音字母排序；基金的年报和半年报则分五组均衡披露，按基金管理公司名字首字的首个拼音字母排序，同时将基金管理公司分为五组，以最后五个披露日分别为各组的披露日期。

下面简要介绍基金应披露的具体事项：

(1) 净值公告和累计净值公告

依据《证券投资基金信息披露管理办法》第十五条的规定，开放式基金的基金合同生效后，在开始办理基金份额申购或者赎回前，基金管理人应当至少每周公告一次基金资产净值和基金份额净值。基金管理人应当在每个开放日的次日，通过网站、基金份额发售网点以及其他媒介上，披露开放日的基金份额净值和基金份额累计净值。

基金资产净值：是指基金资产总值减去按照有关规定可在基金资产中扣除的费用之后的价值。

基金单位资产净值：是指计算日基金资产净值除以计算日基金单位总数后的价值。基金累计净值：是指基金单位资产净值与基金成立以来累计分红的总和。

(2) 基金的年度报告、中期报告和季度报告依据《证券投资基金信息披露管理办法》第十六条的规定：基金管理人应当公告

半年度和年度最后一个市场交易日基金资产净值和基金份额净值。基金管理人应当在前款规定的市场交易日的次日，将基金资产净值、基金份额净值和基金份额累计净值登载在指定报刊和网站上。

第十八条规定：基金管理人应当在每年结束之日起九十日内，编制完成基金年度报告，并将年度报告正文登载于网站上，将年度报告摘要登载在指定报刊上。

第十九条规定：基金管理人应当在上半年结束之日起六十日内，编制完成基金半年度报告，并将半年度报告正文登载在网站上，将半年度报告摘要登载在指定报刊上。

第二十条规定：基金管理人应当在每个季度结束之日起十五个工作日内，编制完成基金季度报告，并将季度报告登载在指定报刊和网站上。

第二十一条规定：基金合同生效不足两个月的，基金管理人可以不编制当期季度报告、半年度报告或者年度报告。

需要说明的是，基金中期报告是反映基金上半年的运作及业绩情况的报告，主要内容包括管理人报告、财务报告重要事项揭示等。其中，财务报告包括资产负债表、收益及分配表、净资产变动表等会计报表及其附注，以及关联事项的说明等。基金中期报告可以不经过审计。

基金年度报告是反映基金全年运作及业绩情况的报告，是基金存续期内信息披露中信息量最大的文件。除中期报告应披露的内容外，年度报告还必须披露托管人报告、审计报告等内容。在年度报告中，投资者需要关注的事项主要有：基金的投资策略、基金的投资组合、基金经理的投资风格、基金持有人结构、基金的分红策略、基金的内控机制等。

四、证券投资基金的投资

1. 投资范围的限制

我国《证券投资基金管理暂行办法》第三十三条规定，证券投资基金投资应符合以下要求：

(1) 1个基金投资于股票、债券的比例，不得低于该基金资产总值的80%；

(2) 1个基金持有1家上市公司的股票，不得超过其资产净值的10%；

(3) 同一基金管理人管理的全部基金持有1家公司发行的证券不得超过该证券的10%；

(4) 1个基金投资于国家债券的比例，不得低于该基金资产净值的20%；

(5) 中国证监会规定的其他比例限制。

我国《证券投资基金管理暂行办法》第三十四条规定，禁止基金从事下列行为：

(1) 基金之间相互投资；

(2) 基金托管人、商业银行从事基金投资；

(3) 基金管理人以基金名义使用不属于基金名下的资金买卖证券；

(4) 基金管理人从事任何形式证券承销或者从事除国家债券以外的其他证券自营业务；

(5) 基金管理人从事资金拆借业务；

(6) 动用银行信贷资金从事基金投资；

(7) 国有公司违反国家有关规定炒作基金；

(8) 将基金资产用于抵押、担保、资金拆借或者贷款；

(9) 从事证券信用交易；

(10) 以基金资产进行房地产投资；

(11) 从事可能使基金资产承担无限责任的投资；

(12) 将基金资产投资于基金托管人或者基金管理人有利害关系的公司发行的证券；

(13) 中国证监会规定禁止从事的其他行为。

同时，《证券投资基金运作管理办法》中第二十八条规定：开放式基金应当保持不低于基金资产净值百分之五的现金或者到期日在一年以内的政府债券，以备支付基金份额持有人的赎回款项，但中国证监会规定的特殊基金品种除外。

第三十二条规定：

基金管理人应当自基金合同生效之日起六个月内使基金的投资组合比例符合基金合同的有关约定。

以上条款说明，股票型基金平时应该有60%的资金投资于股票，20%的资金投资于债券，最多只有20%的资金是空闲的，这就是为什么在熊市期间股票型基金会大量亏损的根本原因；如果基金公司要留5%的现金以应付平时的基金赎回需求，那么真正能投入市场的资金只能是其资产净值的95%；同时，新基金被批准运作后，并不一定就会急于买人股票，其等待的时间可能会达到3个月，这就是为什么大量的新基金被批准人市后，市场当时往往不会有什么反应的原因。

2. 基金的资产配置

资产配置是指根据投资需求将投资资金在不同资产类别之间进行分配，通常是将资产在低风险、低收益证券与高风险、高收益证券之间进行分配。对于基金管理公司而言，资产配置通常意味着要计算各种不同资产的收益率、标准差和相关性，并运用这些变量进行均值一方差的最优化，以选择不同风险收益率的资产组合。

资产配置的过程通常包括以下几个步骤：

(1) 明确投资目标和限制因素。通常要考虑投资者的投资风险偏好、流动性需求、时间跨度要求，并考虑市场上实际的投资限制规则以及税收等问题，最终确定投资需求。

(2) 明确资本市场的期望值。包括利用历史数据与经济分析来预测所考虑资产在一定持有时间内的收益率，确定最佳投资方向。

(3) 确定有效资产组合边界。即找出在既定风险水平下可获得最大预期收益的资产组合，同时确定风险修正条件下投资的具体目标。

(4) 寻找最佳投资组合。即在一定的限制条件下，选择最能满足投资者收益/风险目标的资产组合，确定实际的资产配置战略。

(5) 明确资产组合中包括哪几类资产。通常考虑的三种主要资产类型是货币市场工具、同定收益证券和股票，再从中确定具体的配置比例。

按照国外基金公司的经验，将资金投资在 10~15 只股票上，即可以消除大部分非系统性风险，实现资金在股票上的资产配置需求。

3. 基金的选股逻辑

由于我国证券市场并不是一个强有效的市场，存在着大量的不对称信息的因素，因此，被动式的指数型基金在牛市之外无法取得理想的收益，而主动式的投资组合管理、试图战胜大盘指数的投资策略仍然大行其道。在这些积极型的投资组合管理中，基金经理们基本上都把注意力放在了价值型股票和成长型股票上，并为此建立了相关的选股原则。

价值型股票的挑选原则就是寻找便宜的优质股票。有着这种选股标准的基金经理一般将目标锁定在具有较低市盈率、较低股价、较低 B 值、较高净资产、较高派息率的股票上，希望在买人这类“暂时被低估”的股票后，市场能够发现它们的真正价值，由此获取差价收益。但这种选股策略的风险在于：市场可能在很长一段时期内不认同基金经理对这类股票的定价。

成长型股票的挑选原则就是寻找预期收益能够高速成长的股票。有着这种选股标准的基金经理一般将目标锁定在具有适中市盈率、适中价格、适中 B 值、较高净资产的股票上，至于这些股票近期有没有过分红派息则无关紧要。但这种选股策略的风险在于：如果公司的收益成长未能达到预期的水平，那么该类股票的价格就会有大幅下跌的风险。

在具体选择股票的时候，基金经理通常有两种方法可以操作：一是“自上而下”法，即通过对国家宏观经济形势的分析和预测，以及对国家产业政策和产业周期等的研究，挑选在投资期限内有投资价值的行业进行分析，再从中挑选出具有良好投资价值的股票；二是“自下而上”法，即先从上市公司基本面分析出发，挑选出具有良好投资价值的股票，而后再具体分析其所属的行业状况和行业前景，以作为挑选股票的参考因素。

公募基金投资

在中国证券市场上，公募基金包括所有的封闭式基金和开放式基金，除了货币市场基金外，其余所有的基金都或多或少的会进行证券的买卖交易。他们的买卖原则和交易风格非常相近，又因其资产庞大，构成了中国证券市场的绝对主力，因而也就成为了交易者的重点研究对象。尽管“一基独大”的局面正慢慢被多元化的投资局面所取代，但公募基金主导的格局不会轻易被替代，市场的主流趋势也不会轻易发生改变。下面，先来研究公募基金。

一、公募基金的状况

1. 公募基金的规模

根据中国证监会的统计数据显示，截至 2008 年 3 月，中国内地共有 58 家基金管理公司，总计管理的基金资产规模高达 25975 亿元（不含 QVn)。这 58 家基金管理公司共计管理着 353 只基金，其中，华夏基金管理公司、博时基金管理公司、嘉实基金管理公司所管理的资产规模均超过了 2000 亿元，初步显示了我国内地基金业的个体规模和经营实力。此外，根据中国上市公司市值管理研究中心发布的《(2007 年中国上市公司市值年度报告》显示：截至 2007 年 12 月底，沪深两市 A 股总市值达

3244 万亿元，其中流通市值在总市值中仅占 28. 4%，大约为 9. 2 万亿元；同时期，我国 58 家基金公司共管理着 353 只基金，基金净值为 3. 2 万亿元，基金持股市值占流通市值的比重达到了 28%。

2. 公募基金的持有结构

根据国金证券基金研究中心的数据显示，2007 年的公募基金里，个人投资者持有基金份额的比例占到了 8995%，偏股型开放式基金仍然是大众投资者的主要投资对象；而封闭式基金的持有人则以机构投资者为主，比例为 56. 06%。见下表：

2007 年各类基金中个人投资者持有状况

	2007 年末	2007 年中	变化
所有基金中的持有人户数（万）	9971.16	4332.85	5638.81
所有基余中的个人持有比例	89.95%	85.96%	4.01%
封闭式基金中的个人持有比例	43.94%	45.09%	–1.15%
积极投资股票型开放式基金中的个人持有比例	94.77%	91.21%	3.56%
混合型开放式基金中的个人持有比例	94.69%	92.44%	2.25%
指数型开放式基金中的个人持有比例	92.63%	91.66%	0.97%
保本型开放式基金中的个人持有比例	91.49%	91.26%	0.23%
债券型开放式基金中的个人持有比例	35.38%	49.93%	–14.55%
货币型开放式基金中的个人持有比例	66.62%	61.22%	5.40%
LOF 中的个人持有比例	93.45%	88.82%	4.63%
ETF 中的个人持有比例	55.48%	48.43%	7.05%
QDII 中的个人持有比例	98.36%		

注：积极投资股票型开放式基金和混合型基金样本涵盖 LOF 基金，指数型基金样本涵盖 ETF 基金。

再来看看封闭式基金十大投资者的构成比较，见下页表：

2007年封闭式基金十大投资者构成比较

持有人类型	2007年年报			2007年中报		
	持有份额（亿份）	占十大持有人比例	出现次数	持有份额（亿份）	占十大持有人比例	出现次数
保险	240.81	80.21%	205	213.30	79.74%	209
QFII	13.70	4.56%	35	13.48	5.04%	15
券商及理财	18.52	6.17%	32	15.57	5.82%	32
社保	11.12	3.70%	26	11.46	4.28%	31
一般机构	7.79	2.59%	23	8.32	3.11%	24
基金公司	7.27	2.42%	12	5.35	2.00%	9
个人	1.02	0.34%	7			
合计	300.23			267.48		

2007年年报统计样本为当期尚未进行封转开或未进入封转开流程的34只基金，2007年中报统计样本为当期尚未进行封转开或为进入封转开流程的32只基金。

可见，保险资金因为缺乏专业的投资团队，所以买入了大量的封闭式基金，期望封闭式基金的管理团队能助其实现获得较高收益的预期；而个人投资者则完全抛弃了封闭式基金，这往往是缘于早期封闭式基金劣迹斑斑的行为且不易以较好价格赎回的缘故。

3. 公募基金的稳定性

市场普遍认为基金秉承长期投资的理念，其股票换手率应该比较低，其稳定性应该比较强，但数据显示并非如此。见下表：

各类基金换手率比较

类型	2005年	2006年	2007年上半年	2007年下半年	2007年
封闭式基金	166.40%	227.99%	130.63%	93.69%	210.24%
股票型开放式基金	221.61%	374.56%	247.03%	130.23%	320.17%
混合型开放式基金	213.48%	482.06%	295.46%	172.48%	425.81%
基金行业平均	201.67%	375.70%	244.48%	137.99%	337.75%
A股市场	310.05%	376.41%	437%	244.11%	502.2%

注：基金股票换手率=（统计期内股票交易量÷统计期内平均持股市值）÷2

由上页表可见，随着国内股市从2006年开始走牛，A股市场的当年换手率为376%，2007年则上升至502%，市场投机性可见非同一般。尤其值得注意的是，2006年公募基金的换手率竟然和整个市场的平均换手率持平，均达到了376%，公募基金的投机性也暴露无疑。尽管2007年公募基金的换手率同比市场平均换手率有所降低，但相比于国外基金公司75%的年平均换手率而言，仍然意味着强烈的投机。这预示着公募基金正在适应国内的市场环境，但同时也说明他们正在背叛自己的长期投资理念，视筹资过程中的产品设计和美好规划如同文字游戏。

4. 基金专户理财

基金专户理财又称基金管理公司独立账户资产管理业务，是指基金管理公司向特定客户募集资金或者接受特定客户财产委托担任资产管理人，由商业银行担任资产托管人，为实现资产委托人的利益需求，运用委托财产进行证券投资的一种活动。相对于基金公司主营的公募基金而言，基金专户理财接近于私募基金。

二、公募基金的表现

1. 金发行与股指涨跌

基金发行与股指涨跌是否具有某种关联呢？先看下表：

1998~2008年基金发行募集情况一览表

年份	基金数量（只）	募集规模（亿元）	封闭式数量（只）	封闭式募集规模（亿元）	开放式数量（只）	开放式募集规模（亿元）
1998年	5	100	5	100	0	0
1999年	17	405	17	405	0	0
2000年	11	55	11	55	0	0
2001年	16	241.26	13	124	3	117.26
2002年	22	580.99	8	133	14	447.99

续表

年份	基金数量（只）	募集规模（亿元）	封闭式数量（只）	封闭式募集规模（亿元）	开放式数量（只）	开放式募集规模（亿元）
2003 年	39	678.51	0	0	39	678.51
2005 年	62	1002.79	0	0	62	1002.79
2006 年	89	3887.72	0	0	89	3887.72
2007 年	73	4267.54	2	76.75	71	4190.79
2008 年 5 月 20 日前	28	962.95	0	0	28	962.95
合计	385	13967.16	56	893.75	357	13109.41

由上表可见，历史上基金的发行曾经历过两次高潮。第一次出现在开放式基金刚推出之时，即 2001 年 9 月华安创新基金面世之时，投资者将认购新基金视同为买原始股，致使当年发行的基金达到了 241 亿元，是 2000 年基金发行规模的 4. 4 倍，几乎呈井喷状态。但是众所周知，沪市大盘指数在 2001 年 6 月从 2245 点跌落后，9 月份大致为 1800 点，10 月份大致为 1500 点，而后至 2002 年 1 月份，就只有 1300 点左右了。可见，基金新推出之时，对大盘的推动作用不明显。随后 4 年，尽管基金入市数量突飞猛进，但大盘仍不见有明显的起色，这说明少量的基金份额左右不了股市的发展趋势。

基金发行的第二次高潮是在 2006~2007 年间。伴随股市不断上涨，基金业绩得到了投资者的广泛认同，也获得了大量社会资金的追捧。2006 年公募基金募集到的资金有 3888 亿元，股市正在突飞猛进，这等于是锦上添花；2007 年公募基金募集到的资金有 4268 亿元，却无法阻止后期的股市暴跌，这也成为管理层最不可理解的事情。原以为公募基金占据了约 1/3 的主导市场地位，又是长期投资和价值投资的追捧者和贯彻者，谁料到半年内沪指却从 6124 点急挫至 2990 点，跌幅超过 50%后仍然要靠政策来救市。可见，熊市要是来临了，谁也阻挡不了它的脚步，投资者不能迷信基金的权威和地位。而且在熊市里，基金不仅碌碌无为，反而往往会成为股市上涨的最大障碍，因为其库存的股票远多余其存留的现金。

总体来说，基金发行规模与大盘波动有一些关联，但是实际情况却比较复杂。在看到基金大举人市时，理智的交易者要注意以下几点：

(1) 审批基金发行仅代表管理层开闸放水的意愿，而基金发行的频率则可以反映场外资金对市场机会的判断，交易者要注意对比同一时期内股票型、债券型、货币型基金这三者的发行规模。

(2) 当新基金被大量批准发行之时，交易者还要注意股票型基金和混合型基金的批准发行数量及实际募集到的资金数量，不能笼统的看待被批准发行基金的总和。

(3) 由于基金管理人有 6 个月的时间来建立自己的投资组合，所以当新基金人市时，除了市场心理会受到鼓舞外，实际上是看不到新基金的作为的，除非大盘正蓄势待涨。

(4) 在股市单边上扬时，基金发行对市场的影响就如同不断暴光的利好消息，会对股市上涨起到煽风点火的作用；在熊市里，这些“利好”则被埋没，而基金本身也在建仓时顾虑重重。

(5) 宏观经济、上市公司、市场资金是影响股市上涨的三大根本性因素，新基金被批准人市只能说明市场资金在增加，不能代表股市就一定会上涨。

(6) 基金有强烈的助涨助跌特性，交易者不能迷信基金的长期投资策略和价值投资方法，当熊市来临时，所有的股票都会下跌，覆巢之下没有完卵。

2. 基金的操作风格

(1) 从行业选择上来说，基金往往都是先看国际和国内宏观经济面，再来选择有投资或投机价值的行业。

(2) 从股票选择上来说，基金无一例外地都要对所选股票进行基本面分析。这包括对公司品牌的分析、治理结构的分析、管理层的分析、市场的分析、产品的分析、财务报表的分析等等，力求避开“地雷股”；

为了防止大资金进得去出不来的情形，基金对股票的流通性也有要求，流通股在2亿股以下的股票或买卖不活跃的股票，基本上不属于基金建仓的范畴，被庄家控盘的股票也不是其参与的对象；为了防范高风险，避开舆论的讨伐，基金也很少会碰SST和ST类股票，以维持自己“价值投资”的形象。从选股结果上来说，沪深300指数里的股票几乎都是基金的重仓货；从投资策略来说，积极成长、质优价廉、周期反转二三大策略仍是基金的投资依据；而“大行业里的小巨人”、“资产整合中的龙头公司”和“大型集团的窗口公司”等仍是基金关注的重点；同时，精选个股、耐心等待、波段交易，则一直是基金应对国内不稳定股市的有效手段。

(3) 从集中度上来说，基金力求以投资组合的方式来分散投资风险。但即使是在沪市大盘指数跌至2900点的2008年6月18日，中国股市也只有1556家上市公司，而两市市盈率低于50倍的股票只有763只，可是截至到2008年5月，国内共有基金353只、QFII60只、社保组合29只、券商集合理财产品31只、信托理财产品86只，这些自诩是价值投资的机构只要每只平均投资3家上市公司，就需要市场有1600多只好股票来供应（尚未估算券商自营和私募机构的购买力），显然是僧多粥少。同时有数据显不，截至2008年3月31日，国内299只基金共持有沪深A股893只，而实际上。该市场存续时间在2年以上且稍具投资价值的股票不超过500只。但即使是这样，基金仍无法规避机构投资者趋同性的集中持股风险。在牛市，这种状况会造成市场单边上扬，而在熊市，这种看似抱团取暖的盟约式方法，并不能有效阻止个股下跌。

(4) 从持股时间上来说，根据国金证券研究所统计，即使是在整个股市单边向上的2007年上半年，基金的平均持股换手率也达到了244.48%，甚至某只基金的持股换手率竟然达到了4068倍，平均每个交易周就将股票换仓一次。虽然下半年股市开始走熊，但2007年基金全年的股票换手率也达到了337.75%。与此相反，同期保险资金和QFII的持股换手率大概只有基金的1/2（国外基金的平均年换手率只有70%~80%）。这说明国内基金并没有坚持组合投资、理性投资、长期投资的原则，而是在中期看好的股票上不断进行着高抛低吸的投机行为，或者是不断地在从事短线交易。通过这种方式，基金一方面制造了滚动盈利的噱头，一方面也完成了制造高额成交量的特定目的。这要么是基金经理的不成熟投资心理的表现，要么就是典型的利益输送行为。

(5) 从投资目的上来说，基金的目的都是为了获取投资收益，但是在实现该目的的时候，各基金的投资策略却有所不同。有的基金以稳健投资为首要任务，侧重的是基金净值的安全性，同时兼顾基金的收益性；有的基金则是以获利为最终追求，侧重基金的收益性，而不太在乎短期内基金净值的波动性。根据这些投资策略的差别，基金往往会在价值型股票和成长型股票之间作出一个投入比例的选择。价值型股票是未来预期获利空间相对较小、同时风险也较低的品种，以大盘蓝筹股为代表，对应的是稳健的投资风格；而成长型股票是未来获利空间相对较大、同时风险也相对偏高的品种，以具有潜在成长性的中小盘个股为代表，对应的是激进的投资风格。但有的时候，这两者的区分并不明显，而有些时候，这两者又不可兼得。所以对于价值型和成长型个股的选择，从另一个角度还可以描述成是对低风险品种和高风险品种的选择。但无论基金的投资策略侧重于哪一方面，最终基金还是会在价值型股票和成长型股票里做选择。

(6) 从投资风格上来说，基金有两种风格，一种是积极型风格，一种是被动型风格。同样是在购买股票，同样是为了获取收益，但股票型基金和平衡型基金的投资就属于积极的投资方式，它们着重于积极选股和积极选时，力求其投资收益战胜大盘指数的表现；而指数型基金则无须积极选股，只用把握住大盘的单边上升时机后，照着特定指数（如上证 50 指数或深证 100 指数）里的股票全部且按权重比例下单即可，其往往只追求投资收益不输于大盘指数的表现。很多散户在牛市里都会出现赚了指数不赚钱的现象，一些基金也不例外。

(7) 基金往往具有羊群效应。所谓羊群效应是指跟风交易的行为，这种行为在中国股市里非常普遍，一日跌停上千只股票就是最好的证明。羊群效应的具体表现为：当某些先知先觉的基金率先买人某些股票时，当这些股票价格的上涨推动其资产净值大幅提升后，各种猜测将会导致更多的基金随后买人这些股票，从而推动这些股票继续上涨。

(8) 基金往往会有坐庄行为。如今坐庄不流行一家独大的模式，往往允许多家机构集中持有并共同致富。一般来说，主力控盘的程度分三类：一类是高度控盘，持股比例往往超过股票流通盘的50%；二类是适度控盘，持股比例往往占到股票流通盘的30%；三类是轻度参与，持股比例往往占到股票流通盘的10%以内。即使有法规限制一家基金公司旗下所有基金持有某上市公司股票的比例不得高于该公司发行股票数量的10%，但是很多基金公司除了自身所管理的基金外，还管理有社保基金、专户理财资产，甚至身后还有券商、信托公司等大股东的资金，以及少量私募基金和外围合作资金，其联合坐庄就已经不再是理论性问题了。一旦基金联合内外资源控制了个股30%以上的流通盘时，也就意味着该股的筹码基本上已被锁定。而后，通过基金故意泄露的某些数据、合作券商的大力吹捧、股票技术图形的完美展现等，该股票往往就会在市场的追捧下一飞冲天。这些手法其实就是典型的坐庄手法，只不过基金所炒作的股票都有些货真价实的地方，并被冠以价值投资的美名。需要注意，基金通常不会重仓小盘股股票，但如果市场上出现了基金重仓小盘股股票的现象，则有可能是基金取得了该上市公司的配合权，该股未来往往会走出较好的行情。

(9) 其他操作方面。由于基金是政府稳定股市的棋子，且必须保持60%的股票仓位（股票型基金），所以这为交易者的逃顶行为提供了良机；由于基金在熊市里无所作为，所以交易者在熊市里最好多关注游资的表现，而不要寄希望于基金；由于基金往往有制造成交量和输送利益的嫌疑，所以交易者在分析基金持有的股票时，不要被大成交量所迷惑；由于基金对上市公司的研究大多属于“二手研究”，其赖以分析的信息来源主要是券商的研究报告，很少实地深入对上市公司做调查也没有足够的时间去了解上市公司，所以基金本身没有胆量长期看多；由于每年4月上旬是基金的年度分红时间，如果基金当时的资金不够分红，那么往往就会在3月份卖出股票，导致3月份的股市可能下跌；同时，国内基金投资者最容易在两个时间段赎回基金，一是在反弹市场中当基金净值重新超过1元使投资者不再亏钱时，另一个是在市场明显转弱使投资者的盈利即将转为亏损时，所以这两个时间段都有可能加剧基金兑换现金以备赎回的动作，由此导致股市走弱。

3. 基金的灰色现象

数万亿元资金掌握在一个迅速崛起的新兴行业，加之监管的不健全和信息的不透明，中国的基金业已经暴露出了很多问题，交易者需要了，解这些情况，以增进对基金的熟悉程度。大致而言，基金往往存在着如下的问题或现象：

(1) 违规宣传和销售。比如大肆鼓吹投资收益，不做或少做风险提示，违规散发宣传资料，避实就虚进行宣传等等；或者采取抽奖、给回扣、送保险、送现金或基金单位、直接或间接进行基金认购和申购费用的打折，以及以低于成本的销售费率来销售基金等等。这些都会导致投资者在选择基金的时候，完全依赖于基金公司的自我宣传，在信息不对称的情况下，投资者很容易跌入基金公司设下的销售陷阱及运作陷阱。

(2) 利益输送。绝大多数基金公司的股东是证券公司或信托公司，且部分基金中的大客户本身就是机构投资者，当他们手中的股票被套时，可能就会要求基金接盘，而接盘的基金经理通常会获得巨大的好处。因此，当股价在高位时若股东中出现基金的身影，则需要引起交易者的警惕。此外，由于一家基金公司旗下可能会管理有几只基金，包括封闭式基金、社保基金和开放式基金，因此基金之间的利益输送行为也经常存在。如老基金向新基金进行利益输送，封闭式基金向开放式基金进行利益输送，或者这两者向社保基金进行利益输送。常见手法就是让无法出局的基金在高位实现解套，或在底部向其他基金供应低价股票。值得注意的是，基金专户理财业务也许会出现更多利益输送事件，因为一对一的大客户比起一年都见不上一面的小投资者要难应付得多。

（3）送红包。是指基金经理或交易员将唾手可得的股票收益送给某些交易者，也是利益输送的一种行为，但数量往往不巨大。通常表现为：先由关联交易者在开盘时以远低于开盘价的买价进行申报，而后由基金砸出大笔卖单成交，之后股价通常会马上回升，使关联交易者即刻获得收益。

（4）建老鼠仓。某些基金经理在用公有资金拉升股价之前，会先用自己亲戚或关系户的账户资金在低位先行建仓，而后等自己管理的公有资金将股票拉升至高位后，率先卖出获利。当老鼠仓数量巨大时，基金往往会陷入到无法顺利平仓的局面。

（5）倒仓。是指甲、乙双方通过事先约定的价格、数量和时间，在市场上进行对倒交易的行为。一家基金公司管理的两只基金通过相互倒仓，既可以解决基金的流动性问题，又能以利益输送的方式提高某只基金的净值。

（6）相互砸盘。由于市场过分关注基金业绩的短期排名，导致基金经理在季度末可能会纷纷针对其他基金的重仓股进行砸盘，希望借此挫低该基金的净值，进而影响其排名状况。

（7）玩净值游戏。基金公司可以通过对倒的手法以利益输送的方式来增加某些基金的净值，使这些基金避免因亏损而被投资者大量赎回；当基金净值处于大幅下挫后即将回升持平时，基金又会通过对倒的手法作出亏损的姿态，以躲过见好就收的投资者要求赎回基金的高峰期。

（8）玩公告时间差游戏。由于基金的投资组合信息是在每个季度结束之日起的15个工作日之后披露，于是一些基金就会于每个季度末在股票高位“积极做多”，在股票低位“大肆做空”，等到15个工作日之后广大交易者见信息披露跟风时，则反向操作以牟取收益。因此，交易者在追踪基金投资组合的信息披露时，需要保持警惕。

（9）玩公告内容游戏。比如，按规定，基金需列示报告期内新增及剔除的所有股票明细，但是，只要基金没有卖完曾经重仓持有的股票，哪怕只留有100股，以后在该股上再重仓时就不属于新增股票，从而可以逃避信息披露。此外，在一个季度内，基金可以在个股七不断进行交易，等到要披露信息时，该股可能只被基金持有100股，根本不值得披露持股状况。

(10) 玩分红游戏。由于基金公司通常按照管理的资产规模收取管理费，而投资者对同一只基金的持有偏好也常常不会超过2年，因此如何继续发行新基金并尽可能的扩大销售规模，是每家基金公司的工作重点。为了促进新基金的销售，某些基金公司会对新基金进行利益输送以保持其高净值的状态，或做分红次数多而实际分红少的动作以挽留基金持有人，或先对老基金进行分红从而为新基金的销售制造噱头等等。这种“割麦苗”式的分红行为不仅使基金失去了利滚利的巨大优势，同时也已演变为基金公司“圈钱”的手段。

(11) 制造成交量。基金的销售有一部分是由券商来完成的，因此基金公司通常都会向券商作出交易量的承诺，以至于基金分仓动作给券商带来的佣金收入，往往相当于券商新建十几个营业部的一年利润之和。基金既然承诺了给券商带来一定的交易量，就不得不违背其投资理念，频繁调动资金并将交易风险转嫁给基金持有人。即使是基金公司没有对券商作出过交易量的承诺，但巨大的交易量也会使基金公司获得丰厚的交易回佣，而这些灰色收入显然是基金持有人不知道的。

(12) 出卖表决权。当监管机构制定和推行分类股东投票表决制度，要求上市公司重大事项要有2/3以上的流通股股东同意时，作为可以持有上市公司10%股份的基金公司，多数是占到了上市公司一边，其中的黑暗内幕包括基金公司索贿出卖投票权等，往往屡见不鲜。

(13) 与地下庄家勾结。

(14) 其他违规现象。比如，购买控股股东的股票或由其承销的股票；变现巨额资金后超额申购新股（比如股票型基金的持仓量没有保持80%）；恶意高价申购新股；买卖股票超过投资额的上下限等（如平衡型基金的股票投资比例为30%~60%，但在牛市时，该基金可能会用70%的资金来购买股票，而在熊市时，可能只用20%的资金来购买股票。)。

基金业出现如此多的问题，其根本原因往往有三点：其一，由于基金持有人高度分散，召开持有人大会的成本及难度都很大，重要事项审议所需的50%以上的表决权也很难凑齐，因此持有人对基金管理公司根本无法监督与制约；其二，国有商业银行作为托管人，基本上也是处于无为而治的状态，只把注意力放在了自己所托管的资金有无差错的问题上，这进一步加剧了，基金并不是在为基金持有人服务而是在为基金公司股东负责的倾向；其三，多重代理委托关系也使得我国的基金管理人成了不受利益相关者监控的特殊群体，出现诸多的管理漏洞和黑幕现象也就理所当然了。虽然2006年10月证监会颁布了《基金管理公司投资管理人员管理指导意见》，但在基金公司行为未得到有效规范之前，交易者还是应该保持清醒的认识。至少交易者要意识到：基金并不是理财专家，他们所看好的股票不一定值得跟进，他们的交易动作也往往具有欺骗性。

类公募基金投资

QFII、社保基金、证券资金、保险资金等这些被国家监管的资金，都具有公募基金类似的投资风格，因此放在这里一并讲述。

一、解读 QFII 金投资

1. QFII 的概述

QFII 是 Qualified Foreign Institutional Investor（合格的境外机构投资者）的缩写。它是一国在货币没有实现完全可自由兑换、资本项目尚未开放的情况下，有限度地引进外资、开放资本市场的一项过渡性制度。这种制度要求外国投资者若要进入一国证券市场，必须符合一定的条件，得到该国有关部门的审批后，汇入一定额度的外汇资金并转换为当地货币，再通过严格监管的专门账户投资当地的证券市场。同时，包括股息及买卖价差等在内的各种资本所得，必须经审核后方可转换为外汇汇出。

我国的 QFII 是指符合《合格境外机构投资者境内证券投资管理办法》规定的条件，经中国证券监督管理委员会批准投资于中国证券市场，并取得国家外汇管理局额度批准的中国境外基金管理机构、保险公司、证券公司以及其他资产管理机构。我国台湾地区以及韩国等地的经验表明，引入 QFII 机制后，热衷投资绩优股、重视上市公司分红、关注公司长远发展等理性投资理念开始盛行，市场投机行为有所减少，并在一定程度上可以降低市场的巨幅波动。

2. QFII 相关法规

中国证券监督管理委员会、中国人民银行与国家外汇管理局联合发布的《合格境外机构投资者境内证券投资管理办法》已于2006年9月1日起开始实施，以下条款值得交易者关注：

（1）合格投资者在经批准的投资额度内，可以投资于下列人民币金融工具：在证券交易所挂牌交易的股票；在证券交易所挂牌交易的债券；证券投资基金；在证券交易所挂牌交易的权证；中国证监会允许的其他金融工具。合格投资者还可以参与新股发行、可转换债券发行、股票增发和配股申购。

（2）境外投资者的境内证券投资应当遵循下列持股比例限制：单个境外投资者通过合格投资者持有一家上市公司股票时，持股比例不得超过该公司股份总数的10%；所有境外投资者对单个上市公司A股的持股比例总和，不超过该公司股份总数的20%。境外投资者根据《外国投资者对上市公司战略投资管理办法》对上市公司进行战略投资时，其战略投资的持股不受上述比例限制。

3. 我国 QFII 的发展

2002年11月，中国证监会与中国人民银行联合下发了《合格境外机构投资者境内证券投资管理暂行办法》，QFII制度进入试点期，累计投资额度的上限为40亿美元。

2003年6月，瑞士银行有限公司和野村证券株式会社成为首批获得投资额度的QFII。

2005年4月，26家QFII共获得39亿美元的投资额度，已接近40亿美元的七限。

2005年7月，QFII投资额度获准增加到100亿美元。

2006年9月，开始实施《合格境外机构投资者境内证券投资管理办法》。

2007年2月，49家QFII的投资额度达到了99.95亿美元，接近100亿美元的上限。

2007年12月，QFII投资额度获准扩大至300亿美元。

二、解读社保基金投资

1. 社保基金的概念

社保基金是一个被简化了的统称，共有五种概念：一是“社会保险基金”；二是“社会统筹基金”；三是基本养老保险体系中个人账户上的基金，称为“个人账户基金”；四是包括公司补充养老保险基金（公司年金）、公司补充医疗保险在内的公司补充保障基金；五是“全国社会保障基金”。

根据《全国社会保障基金投资管理暂行办法》规定，可以进入股市的“社保基金”特指全国社会保障基金，是指全国社会保障基金理事会负责管理的由国有股减持划人资金及股权资产、中央财政拨人资金、经国务院批准以其他方式筹集的资金及其投资收益形成的由中央政府集中的社会保障基金。全国社会保障基金是中央政府集中的社会保障资金，是国家重要的战略储备，主要用于弥补今后人口老龄化高峰时期的社会保障需要。

2. 社保基金的相关法规

2001年颁布的《全国社会保障基金投资管理暂行办法》中有如下规定：

第二十五条：社保基金投资的范围限于银行存款、买卖国债和其他具有良好流动性的金融工具，包括上市流通的证券投资基金、股票、信用等级在投资级以上的公司债、金融债等有价证。理事会直接运作的社保基金的投资范围限于银行存款和在一级市场购买国债，其他投资需委托社保基金投资管理人管理和运作，并委托社保基金托管人托管。

第二十八条：划入社保基金的货币资产的投资，按成本计算，应符合下列规定：

(1) 银行存款和国债投资的比例不得低于50%。其中，银行存款的比例不得低于10%。在一家银行的存款不得高于社保基金银行存款总额的50%。

(2) 公司债、金融债投资的比例不得高于10%。

(3) 证券投资基金、股票投资的比例不得高于40%。

第二十九条：单个投资管理人管理的社保基金资产投资于一家公司所发行的证券或单只证券投资基金，不得超过该公司所发行证券或该基金份额的5%；按成本计算，不得超过其管理的社保基金资产总值的10%。

第三十条：委托单个社保基金投资管理人进行管理的资产，不得超过年度社保基金委托资产总值的20%。

第三十八条：社保基金投资管理人提取的委托资产管理手续费的年费率不高于社保基金委托资产净值的1.5%。

3. 社保基金的发展

2000年9月，全国社会保障基金理事会成立。

2001年7月，社保基金首次“试水”股市。

2002年底，南方、博时、华夏、鹏华、长盛、嘉实六家基金公司成为首批社保基金管理人，中国银行、交通银行为基金托管人。

2003年6月2日，全国社保基金理事会与南方、博时、华夏、鹏华、长盛、嘉实6家基金管理公司签订相关授权委托协议（合同为期两年），全国社保基金正式进入证券市场。

2004年12月，全国社保基金理事会继续选定易方达基金、国泰基金、招商基金和中金公司4家机构作为社保基金的委托方（委托期为三年）。

截至2004年12月，全国社保基金组合共有23个。其中，股票投资组合有12个，债券投资组合有6个，其他包括回购在内的投资组合有5个。

2005年7月，社保资金直接入市，这两只由社保理事会直接管理的投资组合分别是社保基金001组合和002组合，以成份指数股和上证ETF为主要投资对象。

2008年6月，社保基金获准投资私募股权基金，额度可以达到社保基金总资产的10%。

截至2008年6月，进入股市的社保基金已达29只。

4. 社保基金的规模

全国社保基金2003年进入国内股票市场，2004年开展股权投资，2006年进入全球资本市场……其规模由2001年底不足100亿美元增长到2007年底的700多亿美元，年收益率超过11%。目前，社保基金投资品种已扩大到股票、固定收益产品、实业投资和现金四大类13个品种，市场范围从国内已拓展到境外。

2008年6月，全国社保基金理事会党组书记、理事长戴相龙表示，2007年末全国社保基金总市值为5162亿元（股票投资比例为35.18%），加上入股交通银行、中国银行和工商银行，总资产达6000多亿元，到2010年可以达到1万亿元。

5. 社保基金的操作风格

社保基金因其身份特殊，所以其操作风格同其他机构相比略有差异：

（1）社保基金是一个有着特殊身份的机构投资者，它由政府主管单位直接管理，事关数亿百姓未来生存的安定。就目前的中国股市来说，还无法脱离“政策市”的环境，因而社保基金的操作可以与管理层的政策调控默契配合，从而保证其在博弈市场中立于不败之地。

（2）由于我国特殊的管理体制，社保基金不像其他机构投资者一样需要接受市场监管部门的管制，而是可以超脱于市场监管之外。即使它在投资过程中有涉嫌操纵股价等不法行为，按目前的现实状况来看，也很难追究它的责任。因而社保基金可以获得一些非常规性的收益。

(3) 社保理事会有专门的风险控制流程，在进行重大投资时，都要经过专门的咨询委员会、投资管理委员会、风险管理委员会审议通过。因此，很多重大交易指令的下达并非由受委托的基金公司来完成，中间的“信息处理过程”大有文章。

(4) 2007 年 5 月 30 日和 10 月 31 日，专业媒体分别报道了《社保基金减仓 H 股》和《社保基金再度减持中资股》，这是社保基金去年两次集中减持行动，但这两次集中减持却使其逃过了 5 月 30 日和 11 月 1 日之后的股市暴跌。可见，社保基金的减仓动作可以成为交易者逃顶的风向标。

(5) 就目前来说，管理社保基金的基金公司有十家。由于社保基金“择时准确”，这些受托管理的基金公司自然也在择时方面具有优势。在基金季报或年报中，受托管理社保基金的基金公司，其仓位跟其他基金公司不会一样。因此，这十家机构的行踪值得交易者留意。

(6) 社保基金交给基金公司管理时，是以大客户的身份被独立管理的，这个大客户具有特殊的身份和特殊的价值，导致受托的基金公司即使牺牲关联的基金利益也往往不会使其出现亏损。因为一旦出现亏损，社保基金很可能不再选择该公司进行委托管理。

(7) 社保基金中有很大比例的资金投资于股票市场，会给市场注人新鲜血液，但社保基金是老百姓的养命钱，容不得闪失，所以社保基金会坚持长期投资、谨慎投资和责任投资的原则，这使得受托基金公司在投资时比较谨慎，稳定的低收益和高分红的股票往往是其首选目标。

(8) 不同的受托基金公司有不同的投资风格，而二十几个社保基金组合也具有自己的特定使命和大致投向，在集中投资方向上略有分化。但是根据社保基金在 2007 年集中持有机械设备行业、金属和非金属行业的股票来看，在熊市中，社保基金和 QFII 的投资路线有相似之处。

(9) 根据社保基金的要求，受托基金公司在执行选股策略时曾有“三不买原则”：

第一，不买 ST 股和违规的上市公司股票；第二，不买两年内涨幅超过 100%的股票；第三，不买小规模股票，如市值在 3 亿元以下和流通盘在3000万股以下的股票。

（10）“安全第一、兼顾价值”。除了看重低风险外，社保基金还强调对上市公司基本面的研究，这包括行业方面的分析，也包括公司竞争力的分析。同时，社保基金也强调顺势而为，具有适可而止的操作思路，其进、出场时间有长有短，并非一味地长期持股。

总体来说，除去私募基金外，社保基金已稳居市场第二大主力位置。但因其求稳，所以在牛市时不是交易者重点追踪的对象；而在牛市涨幅太高或牛市末期时，则值得交易者重点关注其减仓的动作，这往往是市场政策即将出现重大变化的征兆；在熊市里，社保基金的动向也值得交易者适当关注，重大利好政策不会与其失之交臂。

三、解读证券资金投资

1. 券商自营业务

对于券商而言，经纪收入（收取客户通过该证券公司进行交易的佣金）、自营收入（自行买卖证券所获得的收益）、承销收入（承销上市公司的股票所获得的收人）是其主要的收入来源。但就目前来看，经纪收人仍占了券商总收入的六成左右，这意味着券商还生存在“靠天吃饭”的阴影里，如果市场不景气，那么券商的总收入就会直线下降。但是，对于部分创新类券商而言，直接投资业务、定向资产管理业务、集合理财业务、权证业务等正成为其新的盈利来源。

2002年以前，在旧庄还未走向末路的年代，很多券商都有操盘手，A营业务很红火，他们就是当时市场上最具话语权的庄家派别。但在2001年之后的大熊市中，在多家券商因自营业务被拖累到破产或被兼并之后，券商A营的规模呈现出全线收缩的现象；而2006年11月开始施行的《证券公司风险控制指标管理办法》，又将券商股票自营管理纳入到资本金管理体系中，要求券商的自营业务不得高于其净资本的200%，其中股票自营不得超过净资本的100%，超比例部分的投资成本要按100%

提取风险准备金。通过先整顿、后限制，如今的券商已不可同日而语，其自营规模甚至不足基金的5%。

券商坐庄的时代已经过去，一方面是资金量大不如前的原因，另一方面是因为券商自营账户受到了证监会的严密监控，若有异动马上就会接到证监会的询问或警告。

失去了坐庄的资格后，券商自营的收益也不容乐观。如2007年一季度，券商仅在24只

个股中持有了5%以上的流通股，其弱势地位显而易见；而在2007年涨幅最大的前10只A股：鑫富药业、锦龙股份、广济药业等股票中，除了广发证券在2007年上半年现身于锦龙股份的前十大流通股东名单之外，其余9只牛股前三个季度的前十大流通股东名单中均未见到券商的身影。

2. 券商受托管理业务

券商受托管理业务包括券商集合理财业务和定向资产管理业务。截至2008年5月，国内已有54家证券公司取得了证券资产管理业务许可，17家试点开展集合资产管理业务，20家开展了定向资产管理业务。截至2008年4月底，证监会批准设立了35只集合资产管理计划，其中4只集合计划已到期清算，存续的31只集合计划受托金额为619亿元，定向资产管理业务受托金额为205亿元。

券商集合理财是国家允许证券公司发行近似于开放式证券投资基金的理财产品，券商为这种理财产品的发起人和管理人，并按照集合理财计划进行投资。券商集合理财产品一般分为限定类和非限定类。限定类产品一般投资于债券、债券型基金、货币工具和其他信用度高且流动性强的固定收益类金融产品，同时投资股票等权益类资产的比例一般不超过其资产净值的20%，个体投资者的参与起点不低于5万元；非限定类产品的投资范围由集合资产管理合同约定，投资于固定收益类和权益类的比例不受限制，个体投资者的参与起点不低于10万元。

2008年5月31日，证监会发布了《证券公司集合资产管理业务实施细则》。该细则规定：单个集合理财产品持有一家公司发行的证券不得超过集合理财产品资产净值的10%，投资于一家公司发行的证券不得超过该证券发行总量的10%；在申购新股的过程中，可以不设申购上限，但是申报的金额不得超过集合理财产品的现金总额，申报的数量不得超过拟发行股票的总量。在规定中还有一点值得交易者注意：《证券法》规定持有上市公司5%以上股份的股东在六个月内出现既买又卖的行为，其责任主体是客户，其收益归上市公司所有，因此券商通过专用账户在某公司上持股超过5%以后再为客户卖掉该公司股票时，应在每次交易前取得客户的同意。

同基金相比，券商集合理财产品都有固定的合约时间限制，相当于封闭式契约型基金，因此集合理财产品不易变现；在信息披露上，法规只要求证券公司至少每三个月向客户提供一次准确、完整的资产管理报告，信息披露不如基金透明并具有滞后性；同时相对于基金而言，券商的研究优势比较明显，在捕捉行业发展趋势上较有优势；而且券商集合理财产品的管理费往往低于同规模的公募基金，但产品收益超过一定标准则管理者要参与收益分成。如“平安年年红1号”的年收益率大于8%时，管理人要提取20%的业绩报酬；“东方红3号”的年收益率超过10%的部分，管理人可提取25%的业绩报酬。

在投资收益上，2007年，130只股票型基金的平均收益率为126.84%，而券商集合理财产品中的股票型产品的平均收益率为114.49%，略逊于股票型基金；但在2008年上半年的熊市里，券商集合理财产品则比基金的表现要稍微好一些，这可能是集合理财产品没有持仓量的限制所致。

2008年5月31日，证监会还同时发布了《证券公司定向资产管理业务实施细则》。根据规定，该业务接受单个客户的资产不得低于100万元。与集合理财产品不同的是，定向资产管理业务的资金定向投资于实体项目，如华能澜沧江水电收益专项资产管理计划、中国联通CDMA网络租赁费收益计划等，不进入股票市场. 所以这里不多介绍。

由此可见，2008 年，券商自营资金加 E 集合理财资金，总计能进入股市的不会超过 1600 亿元。因此，无论是从资金总量还是从市场影响力来看，券商都排在了公募基金、社保基金、保险资金、QFII 之后。就 2008 年一季度的情况来看，券商持股市值仅为 210.78 亿元，只占整个股市流通市值的 0.28%，其市场影响力微乎其微。

3. 证券资金投资风格

尽管证券公司的市场影响力日见势微，但作为市场的主力机构，还是有一些操作风格可以透露的。比如：

（1）由于券商资金量不大且无信息披露上的限制，所以券商重仓时偏重于成长型股票，也善于炒作题材，运作手法比较独特，操盘手法比较凶悍。

（2）2007 年，券商自营盘主要集中于沪深 300 指数、上证 180 指数和深证 100 指数里的股票，这意味着券商开始随着基金的脚步前进，无出头之意。

（3）由于优质上市公司数量有限，所以券商与基金、QFII 主力交叉持股的状况明显，但游走的灵活性也比较大。

（4）在价值投资的前提下，券商比较注重操作时机的选择，即喜欢做波段式交易，这也是其在失去坐庄能力后的新的生存方式。

（5）有时，券商喜欢剑走偏锋，比如 2006 年中期大举买入 15 只中报亏损股，而同年第三季度则对中小板股票情有独钟。

（6）部分券商拥有自己的研究平台，甚至基金公司的很多研究报告都来自于券商，所以券商操作的股票往往会率先透露某些信息。

（7）对于集合理财产品，本着对客户负责的态度，券商在操作上表现得比较保守，这也是其在 2007 年跑输于公募基金的原因。

（8）在熊市做短线及对政策信息的捕捉方面，券商往往要比基金显得更高明。如 2008 年 4 月，券商和 QFII 一同大肆加仓以迎接重大利好消息便是一例。

(9) 券商对外一致唱多或评为增持的个股，不一定是其同期所持仓的品种，这也许是其在为有业务关系的基金制造声势。

(10) 2008年上半年，券商开始主动现身大宗交易市场，这也许是券商意欲低价持仓的另一个便利通道。

四、解读保险资金投资

1. 我国保险资金入市发展的历史

2005年1月17日，中国保监会联合中国银监会下发了《保险公司股票资产托管指引（试行）》和《关于保险资金股票投资有关问题的通知》，明确了保险资金直接投资股票市场所涉及的资产托管、投资比例、风险监控等有关问题。

2005年2月17日，华泰财险保险资产正式下单买入股票，成为国内直接投资股市的保险资金第一单。

2005年3月，向保监会递交直接投资股票市场入市申请的9家保险公司已全部获得保监会的批准，这9家公司分别是：中国人寿、中国人保股份公司、中国再保险集团、平安保险、太平洋保险、新华人寿、泰康人寿、太平保险、华泰财险（这9家保险公司的资产总和约占全国保险业总资产的95%，而中国人寿和中国平安又几乎占据了这里面的一半。）。同时，保监会批准这9家保险公司成立旗下的资产管理公司，并单独组建了友邦资产管理中心，形成了“9+1”的格局。

2005年9月12日，中国保监会对外公布了《保险外汇资金境外运用管理暂行办法实施细则》，保险外汇资金境外运用进入实质性操作阶段。按照《细则》规定，保险外汇资金可以投资中国公司在纽约、伦敦、法兰克福、东京、新加坡和香港证券交易所上市的股票，并可采用一级市场申购和二级市场交易方式，但不允许投机炒汇。

截至2007年底，中国保险业总资产已达3万亿元，按照直接入市

10%和间接入市10%的比例计算，2008年保险资金的可入市资金达6000亿元（但实际投入相当有限）。

2. 保险资金入市的相关法规

根据《保险机构投资者股票投资管理暂行办法》和《保险公司股票资产托管指引（试行）》的规定：

(1) 保险机构投资者股票投资应当符合以下比例规定：

①对于保险机构投资者股票投资的余额，传统保险产品按成本价格计算，不得超过本公司上年末总资产扣除投资连结保险产品资产和万能保险产品资产后的5%；投资连结保险产品投资股票比例，按成本价格计算最高可为该产品账户资产的100%；万能寿险产品投资股票的比例，按成本价格计算晟高不得超过该产品账户资产的80%。

②保险机构投资者投资流通股本低于1亿股的上市公司的成本余额，不得超过本公司可投资股票资产（含投资连结、万能寿险产品，下同。）的20%。

③保险机构投资者投资同一家上市公司流通股的成本余额，不得超过本公司可投资股票资产的5%。

④保险机构投资者投资同一上市公司流通股的数量，不得超过该上市公司流通股本的10%，并不得超过上市公司总股本的5%。

⑤保险机构投资者持有可转换债券转成上市公司股票时，应当转入本公司股票投资证券账户，一并计算股票投资的比例。

(2) 保险机构投资者的股票资产市场价值发生大幅波动时，亏损超过本公司股票投资成本10%的，或者盈利超过本公司股票投资成本20%的，应于3日内向中国保监会报送《股票投资风险控制报告》。

(3) 保险资产管理公司必须通过自有的独立席位进行受托资产的股票交易。申请办理股票投资专用席位，应当凭中国保监会资金运用监管部门的《席位确认函》，到证券交易所办理相关手续。保险机构投资者租用证券经营机构席位的，租用的席位不得与证券经营机构的自营席位及其他非自营席位联通。

同时，保监会原先规定：保险资金不能买ST类股票，不能买12个月内涨幅超过100%的非ST类股票，购买股票的金额不能超过公司上年末总资产的5%；但在2007年7月，保监会决定有条件地取消前两条限制，同时规定：直接投资股市比例由原来的不超过上年末总资产的5%提高到10%，通过购买基金间接人市的比例由原来的15%降为10%，权益类投资上限合计为20%不变。

3. 保险资金的投资风格

从理论上计算，目前保险资金的直接人市资金可达3000亿元，如果再加上可以投资基金的资金，则总计人市资金可以达到6000亿元，甚至可以与社保基金齐居市场主力机构第二位置（除去私募基金外）。所以，对于这类资金的操作手法也是值得交易者关注的。大致上，保险资金在投资的过程中呈现出如下的风格：

（1）由于保险资金既无基金的管理优势，又无QFII的国际背景，也无社保的国家背景，更无券商的研究优势和私募基金的机制优势，所以它注定成为跟风派。

（2）由于保险资金全部由独立的保险资产管理公司管理，且在证券公司拥有专门的交易席位，所以其投资的性质与基金有所相似，有高抛低吸的习惯。

（3）保险资金的运作管理中，没有采取明星经理制模式，而选用的是集体决策制。公司设立投资管理委员会，重大决策需要投资管理委员会多数通过才能执行。

（4）保险资金和社保基金一样具有不容亏损的内在要求，所以其操作的手法比较保守，和其他机构交叉持股、抱团取暖的现象比较严重。

（5）保险资金没有净值排名的压力，没有赎回的压力，所以相对于基金而言，善于长期持股，甚至往往会大量买进封闭式基金，成为封闭式基金里的最大买主。

(6) 进取型账户的保险资金类似于公募基金，在契约里规定有最低投资股票的下限，所以即使是在熊市里，这些账户也不得不保持高仓位运转，进而出现大幅亏损。

(7) 在股票的选择上，保险资金主要关注四类公司股票：具有国际竞争力的公司，具有垄断性资源的公司，具有市场竞争力的消费品公司，优质的基础设施类公司。

(8) 保险资金喜欢持有高价位且流通性较好的股票。比如 2007 年末，17 家保险公司持股的平均股价为 28.13 元，高出当时市场平均股价 36.89%。

(9) 在大势不好时，保险资金所持优质股并不能扭转下滑的趋势，但是却比较抗跌。如保险资金持股股价在 2008 年一季度的平均跌幅为 24.82%，而同期上证指数跌幅达 34%。

(10) 从 2007 年的投资表现来看，保险资金中的三大巨头为国寿、平安和太平洋。国寿的动作比较保守，而平安和太平洋则比较积极，操盘力度很大，尤以平安对市场的嗅觉最为敏锐。

五、解读公司年金投资

1. 公司年金的概念

公司年金是指以员工薪酬为基础，个人和公司分别按比例提取一定金额统放在个人账户下，由金融机构托管，并指定专业投资机构管理的补充养老保险制度。2004 年 5 月 1 日，劳动保障部颁发《公司年金试行办法》进一步规定，公司年金是指公司及其职工在依法参加基本养老保险的基础上，自愿建立的补充养老保险制度。

我国正在完善的城镇职工养老保险体系，是由基本养老保险、公司年金和个人储蓄性养老保险三部分组成的。因此，公司年金被称为城镇职工养老保险体系的“三个支柱”之一。在实行现代社会保险制度的国家中，公司年金已经成为一种普遍实行的公司补充养老金计划，又称为

"公司退休金计划"或"职业养老金计划"，并成为各国养老保险制度的重要组成部分。

2. 公司年金的发展历程

(1) 公司年金制度的探索阶段 (1991~2000 年)；

(2) 公司年金制度的试点阶段 (2000~2003 年)；

(3) 公司年金制度整体框架初步形成阶段 (2004 年至今)；

其中，2004~2005 年，劳动保障部相继发布了一系列法规制度，为公司年金入市和运作奠定了重要的制度基础；2005 年 8 月，29 家机构获得第一批 37 个年金基金管理资格；2007 年 11 月，第二批 24 家公司又获得了年金基金管理资格。

3. 公司年金的规模

一般而言，公司年金只能交由指定的金融公司进行管理，目前主要有五大类公司具备管理资格，它们分别是：银行、保险公司、基金公司、证券公司、信托公司。就目前来看，银行签下的公司年金最多，在该行业签署年金最多的是工商银行，截至 2008 年 2 月底，该行管理的公司年金个人账户已达 362.5 万户，托管年金基金规模达 407 亿元；其次是保险公司，以平安保险公司为领头羊，截至 2008 年 1 月底，平安公司已签约和中标的公司年金投资资产规模达 145 亿元；排在第三位的是基金公司，以南方基金为代表，截至 2008 年 3 月 24 日，委托其投资管理的公司超过 80 家，管理的年金规模超过 90 亿元；至于证券公司和信托公司，由于市场 15 碑和影响力等问题，签下的年金数量比较少。

4. 公司年金投资的相关法规

2004 年 5 月 1 日开始实施的《公司年金基金管理试行办法》中有如下规定：

第四十六条：公司年金基金财产的投资范围，限于银行存款、国债和其他具有良好流动性的金融产品，包括短期债券回购、信用等级在投资级以上的金融债和公司债、可转换债、投资性保险产品、证券投资基金、股票等。

第四十七条：公司年金基金财产的投资，按市场价计算应当符合下列规定：

(1) 投资银行活期存款、中央银行票据、短期债券回购等流动性产品及货币市场基金的比例，不低于基金净资产的20%；

(2) 投资银行定期存款、协议存款、国债、金融债、公司债等固定收益类产品及可转换债、债券基金的比例，不高于基金净资产的50%。其中，投资国债的比例不低于基金净资产的20%；

(3) 投资股票等权益类产品及投资性保险产品、股票基金的比例，不高于基金净资产的30%。其中，投资股票的比例不高于基金净资产的20%。

第四十九条：单个投资管理人管理的公司年金基金财产，投资于一家公司所发行的证券或单只证券投资基金，按市场价计算，不得超过该公司所发行证券或该基金份额的5%，也不得超过其管理的公司年金基金财产总值的10%。

第五十六条：投资管理人提取的管理费不高于投资管理公司年金基金财产净值的1.2%。

5. 公司年金的投资风格

由于公司年金是职工的养老金，容不得闪失，所以很多公司和单位出于风险的考虑，将年金委托给银行和保险公司进行管理，由银行和保险公司主要投资于货币市场和债券市场以及股票一级市场（即打新股市场）。例如，据万得资讯数据统计显示，2007年全国共有94个大型公司年金计划参与了首发、增发的网下申购（基本上以首发为主），累计申购动用资金达到了3873亿元，与2006年相比，增幅达到了570%。

银行和保险公司瓜分了大部分公司年金后，剩余的公司年金则被基金公司、证券公司、信托公司托管，但其市场影响力非常有限。对于这些资产的投资管理，由被委托的管理机构按制度进行，其投资手法由各管理机构的操作风格来决定，只是更强调低风险的获益能力。因此，公司年金并不属于主力机构的研究范畴，而只是主力资金的来源渠道。

私募基金投资

根据美国一项统计数据表明，按管理金融资产的规模来计算，美国资本市场机构投资者中排在第一位的是私募基金，排在第二位的是各种养老基金，排在第三位的才是公募基金（又叫共同基金），且私募基金普遍跑赢了标准普尔指数。在国外基金业的发展历程上，大都经历了由公募基金发展演变为私募基金占主导地位的阶段，如巴菲特管理的哈撒韦基金、索罗斯管理的量子基金、罗杰斯管理的宇宙基金等都是世界著名的私募证券投资基金。

西方私募基金的服务对象是社会上层人士，即金融资产在百万美元以上的高收入者，这种定向的资产管理模式，加之私募基金良好的激励机制和灵活的投资策略，使得私募基金聚集了投资领域最优秀的人才，其投资理念、投资风格、投资方向已成为市场的风向标。但是，中国目前正处于公募基金大爆发的黄金发展期和私募基金蹒跚起步的萌芽期，私募基金产品尚不能根据不同类别投资者的偏好和需求去开发，社会投资者也并未产生明显的分化，于是高、中、低端投资者均涌向了公募基金，导致公募基金的规模迅速膨胀，并占据了市场的主导地位。

一、私募基金发展概述

1. 私募基金的概念

私募基金在国外被称为 Privale Placement，是与公募基金（Public Offering）相对应的一个金融概念，是非公开宣传的、私下向特定投资人募集资金的一种集合投资，基金管理人和投资者收益共享、风险共担，基金的销售和赎回由基金管理人与投资者私下协商进行。

2. 私募基金的种类

从国际经验来看，私募基金的投资对象非常广泛，包括股票、债券、期货、期权、认股权证、外汇、黄金白银、房地产、信息软件产业以及中小公司风险创业投资等。投资范围包括从货币市场到资本市场再到高科技市场、从现货市场到期货市场、从国内市场到国际市场等一切有投资机会的领域。根据上述投资对象可以将私募基金分为三类：

（1）证券投资私募基金（在国外叫对冲基金）。它是以证券投资及其他金融衍生品投资为主的一类基金，以前的量子基金、老虎基金、美洲豹基金等对冲基金即是典型的证券投资私募基金。这类基金由管理人自行设计投资策略，可以根据投资人的要求结合市场的发展状态适时调整投资组合或转换投资理念，且资金较为集中，投资过程简单，能够大量采用财务杠杆和各种获利形式进行投资，一般投资回报比较高。

（2）产业私募基金（在国外叫私募股权基金）。该类基金以产业投资为主，以有限合伙制的形式存在。管理人只是象征性的出少量资金，绝大部分资金由募集而来。此类基金一般有 7~9 年封闭期，期满时一次性结算投资收益。

（3）创业投资基金（在国外叫风险投资基金）。其投资对象主要是那些处于创业期或成艮期的巾小高科技公司的内部股权或其他权益，以分享其高速成长所带来的高收益，其特点是投资回收周期长、收益高、风险高。

3. 证券投资私募基金的形式

就目前来看，我国证券投资私募基金的类型主要有五类：

(1) 契约型基金

契约型基金常常以交易工作室、投资咨询公司、投资顾问公司和投资管理公司等名义存在，并通过与投资者签订委托投资协议，为投资者提供委托理财服务。这类私募基金的资金通常以投资者的名义开户，即资金取现密码由投资者掌握，证券交易密码由管理者掌握（少数投资者也会将资金全权委托给管理者进行管理），如有投资收益或亏损，则按合同里的规定执行。这种契约形式一般依靠关系或信誉来吸收资金，因而容易引发道德风险，一旦产生纠纷，双方权益难以得到法律的有效保护。比如管理人得不到应有的报酬，或投资资金被用于频繁交易及替人抬庄、锁仓等行为。另外，该方式所管理的账户往往多而不集中，容易增加交易成本，也难以统一进行操作，难以保证交易过程中各个账户的公平性。但据业内人士估计，契约型基金的个体虽小，其总规模却在这五类私募基金形式中位居首位。

(2) 公司型基金

公司型基金是指由发起人按《公司法》组建投资公司，由特定投资者购买公司股份成为股东（或由几家大型公司联合出资成立投资公司），再由公司委任某一投资管理机构或自己组织专业团队来管理公司资产的一种组织形式。但受《公司法》的限制，公司型基金的股东人数一般不多，比如有限责任公司的股东数量不得超过 50 人，股份有限公司的股东数量不得超过 200 人，因而致使该形式难以发展壮大；而且若公司股东频繁进出，将导致公司股东身份及注册资本时常发生变化，需要经常到T 商管理局办理变更手续，因而不利于该形式的组织管理；同时，投资公司还涉及到营业税、个人所得税、公司所得税等诸多税项，不利于投资收益的最大化，因而此类基金的数量往往很少。

(3) 有限合伙型基金

这是国外最常见的私募基金组织形式，但在我国却是自 2007 年 6 月实施新的《合伙企业法》之后才开始出现的企业组织形式。它由发起人担任普通合伙人，出少量的注册资本，由投资人担任有限合伙人，出绝大部分注册资本，但普通合伙人须承担无限法律责任，而有限合伙人则以投资额为限，享受投资收益和承担亏损责任。在这里，投资者投入的资金形成了基金单位，在合伙期内不可取走，普通合伙人则扮演了基金管理人的角色，负责资金的投资管理，有限合伙人对资金的运作只有建议权和知情权，但由于普通合伙人承担了无限责任，所以其道德风险大为减少。在费用上，除收取一定的管理费外，普通合伙人还将依据合伙章程享受一定比例的收益提成，但由于有限合伙企业采用“透过实体缴税”的方式进行纳税（即合伙企业不作为经济实体纳税，其净收益直接发放给投资者，再由投资者交纳所得税。），因此没有企业所得税和营业税等负担。

(4) 信托类证券集合理财产品

信托类证券集合理财产品是一种依据银监会《信托公司集合资金信托计划管理办法》设立、由信托公司专营的一种理财产品。但在该产品中，信托公司不负责投资管理，而是聘请私募机构在集合理财产品中担任投资顾问并负责具体运营（这种私募机构通常以投资管理公司、投资咨询公司的名义存在）。由于私募机构从事的是高风险、高收益的投资，所以其不仅收取固定的管理费，还按一定比例收取业绩提成。“信托产品+私人管理”模式最初由深圳发起，称之为“阳光私募”，这是因我国私募基金法律制度不完善才出现的私募“借道信托”的特殊现象。但该方式的成本较高，比如私募机构要收取管理费和业绩提成，信托公司要收取托管费，银行要收取销售费等，真正分到投资者手中的收益就为数不多了。需要注意的是，在该类产品中，私募机构往往要以一定的现金（比如集合理财产品资金的5%）参与合作，当集合理财产品有较大亏损时，先以这部分资金进行赔付，所以该产品的投资收益略有保障。

(5) 券商集合资产管理计划

券商集合资产管理计划必须根据证监会相关条例设立，由证监会负责基金设立和日常监管，由证券公司专营。但是，目前这种集合理财计划已逐渐演变为由券商负责管理的“公募基金”，不收业绩提成而只收管理费的现象越来越普遍，非公开募集的方式也越来越公开化，风险控制和监管也越来越严格，所体现的私募基金特点越来越少，而公募基金的特点则体现得越来越多。

注意，在认识私募基金时，交易者必须将其与非法的募集资金形式区分开来。比如，根据我国《刑法》规定，非法集资是指法人、其他组织或个人未经有权机关批准向社会公众募集资金的行为，其募集的对象是社会公众，手段大多为诈欺，即募集资金的投向往往与事先所说的投向不符，且通常向公众作出高回报或高利息的虚假承诺；同时，《刑法》还规定，非经金融主管机关批准，任何单位或个人都不得从事吸收公众存款或变相吸收公众存款的业务，否则即构成违法行为，而非法吸收公众存款或变相吸收公众存款的认定依据在于是否给付了高利息。可见，只要募集资金来自于小范围内的熟知群体，且资金的用途明确、合法并与募集时设立的投资方向一致，同时不设定保底收益而采取风险共担的方式，以上这些基金形式就不属于非法的资金募集形式。

4. 国外私募基金的发展

全球第一只私募基金由阿尔弗雷得·文斯勒·琼斯于 1949 年在美国创立。1968 年以前，全球大约只有 200 只私募基金；到了 1988 年时，全球则有 1373 家私募基金，管理资产规模约 420 亿美元；而截至 2006 年末，全球对冲基金（私募基金的新称呼）管理的资产总额已达 1.43 万亿美元，比 1996 年末增长了 6 倍。同一时期，全球共同基金（类似于国内的公募基金）管理的资产总额达 21.76 万亿美元，只比 1996 年末增长了257%。可见，尽管当时全球对冲基金管理的资产总额仅占共同基金管理资产总额的 6.6%，但对冲基金的增长速度已明显高于共同基金。而且鉴于对冲基金可以利用杠杆进行交易，投资风格较为大胆，因此其市场影响力不容小觑。

除了富裕阶层的个人资金外，对冲基金也越来越受到保险基金、养老基金、大学捐赠和慈善基金等机构投资者的青睐。近年来，国外机构投资者在对冲基金中的投资比重不断上升，目前已超过个人投资者的比重。根据美国对冲基金研究公司（HFR）估计，2007年对冲基金全年净流入资本为1945亿美元，其中大部分是机构投资者的贡献，而大部分机构投资者是通过投资“对冲基金的基金”来进行投资的。另据经济合作发展组织（OECD）估计，约有20%的欧美养老基金以及40%的日本养老基金打算投资对冲基金，可见对冲基金在国外受欢迎的程度。

随着资产规模的不断扩大，对冲基金在全球金融市场中的地位和影响也越来越大，并已成为许多重要金融市场的主要参与者。据中国人民银行2007年的分析报告显示，对冲基金相关交易占据了纽约证券交易所18%~22%的交易量、伦敦证券交易所30%~35%的交易量，持有全球75%的活跃型可转债；此外，对冲基金还占据了新兴市场国债交易45%的交易量，垃圾债券市场47%的交易量，高收益债券市场25%的交易量；而在衍生品金融市场，对冲基金则占到了整个信用衍生品交易的55%，仅在2007年，对冲基金在利率互换市场以及信用衍生品市场的交易量就分别增长了49%和50%。

随着管理的资产规模迅速增加，对冲基金的投资策略也不断丰富，从最初的“卖空+杠杆”策略（市场中性基金），发展成为单策略型（包括套利型、方向型、事件驱动型等）、多策略型（包括新兴市场型、并购型等）、基金中的基金等多种投资策略；

其风险特征也呈现出多样化趋势，既有高风险、高收益的宏观对冲基金，也有低风险但收益相对稳定的市场中性基金。另据美国市场1995~2000年间对冲基金与共同基金的业绩比较，表现位于前10名的对冲基金的平均收益率达到了53.6%，而表现位于前10名的共同基金的平均收益率为36%；同时表现最差的10只对冲基金的平均收益率为-7.7%，而表现最差的10只共同基金的平均收益率为-19.8%。可见，对冲基金无论在市场任何时期，均能战胜共同基金。

5. 我国证券投资私募基金的发展

1993~1995 年：萌芽阶段。

随着中国证券市场的发展，证券公司与大客户逐渐形成了不规范的信托关系，证券公司自有资金和太户资金成为当时私募基金的主要来源。

1996~2000 年：形成阶段。

随着上市公司的数量增加和市场主力的呼风唤雨，很多上市公司将闲置资金委托给证券公司进行投资，众多民间投资公司则自成一派，加之遍地开花的交易工作室，私募基金三分天下。

2001~2003 年：治理阶段。

三年熊市和证监会的严管，消灭了诸多市场主力，使私募基金处于风雨飘零的状态，为数不多的大户则以游资的方式频繁狙击股市。

2004 年至今：发展阶段。

自从 2004 年 2 月"阳光私募"出现后，私募基金以多种形式重新进入股市，并在市场中占据了仅次于公募基金的地位。一大批业界精英开始加入私募基金行业，私募基金得以蓬勃发展。

6. 我国证券投资私募基金的规模

2001 年 6 月 30 日，人民银行非银行司司长夏斌在中国社科院金融研究中心和北京特华财经研究所主办的中国金融论坛上作了《中国私募基金报告》的主题演讲，该报告对全国公司名称中含有"投资咨询"、"投资顾问"、"投资管理"、"财务管理"、"财务顾问"字样的近 7000 家公司进行了调查，估算出当时中国已存在约 7000 亿元规模的证券投资私募基金，并且北京的私募基金量最大，上海其次，深圳位居第三。

2005 年 12 月 29 日，中央财经大学发布了国内首份《中国地下金融调查》报告，报告显示，全国证券投资私募基金规模已占证券市场投资总额的 30%~35%；其中，2001 年的规模大致为 8000 亿元，2002 年以后，由于市场行情不景气，证券投资私募基金规模收缩至 6000 亿~7000

亿元；且2001年之后，北方多数私募机构深陷A股市场。境况惨淡，而深圳的一些私募机构则缘于地理优势开始转战香港股市，保存并壮大了自己的实力，从此形成了南强北弱的市场格局。

2006年，据国信证券研究所所长何诚颖估计，当时的证券投资私募基金规模大约占到了股票市场总成交额的30%。2006年深沪两市的股票成交总额为9万多亿元，当年的股票换手率约为4倍，则当时的股市资金规模约为2.3万亿元，由此推算.证券投资私募基金当年在股票投资上的规模应接近7000亿元，再加上债券和权证交易，证券投资私募基金当年的总规模大致为7000亿~8000亿元。该研究所发布的报告还认为，京、沪、深三地的证券投资私募基金至少要占到全国50%以上的市场份额，其中，深圳证券投资私募基金的规模大约为1400亿元，北京大约为1300亿元，上海大约为1000亿元。

2007年上半年，据全国政协委员李雅芳测算，我国证券投资私募基金总规模已达到了1万亿元。

二、解读信托基金投资

1. 信托的概念

根据2001年出台的《中华人民共和国信托法》规定，信托是指委托人基于对受托人的信任，将其财产权委托给受托人，由受托人按委托的意愿以自己的名义为受益人的利益或者特定目的进行管理或者处分的行为。信托是一种金融行为，它具有财产管理与融通资金以及融资与融物相结合的特点，是一种金融信托。

2. 我国信托业的发展

我国信托业的真正发展始于1978年，当时全国正处于改革初期的百废待新时期。1979年10月，我国第一家信托机构——中国国际信托投资公司经国务院批准诞生了，它的诞生标志着我国现代信托制度进入了新纪元。但是，我国信托业内“事故”频发，到2002年时，信托业经过第五次清理整顿后，信托公司数量从1000多家减少到59家，信托资产也从6000多亿元下降到了2000多亿元。直至2003年以后，信托规模才开始出现较快的增长。

3. 我国信托投资基金的发展

伴随着证券市场的强劲表现，2007年，信托公司证券投资类产品出现了爆发式增长，其规模从2006年的80亿元提高到2007年的749亿元，同比增长825%；同时，中融信托、深国投、华宝信托、平安信托、中信信托、中诚信托等多家信托公司的证券投资类信托资产开始超过100亿元，中融信托甚至达到了510.18亿元。

私募与信托结合的方式（俗称“阳光私募”）始于2004年2月。当时，深圳赤子之心资产管理有限公司总经理赵丹阳与深圳国际信托投资公司、国泰君安（亚洲）合作推出了深国·赤子之心（中国）集合资金信托。随后该方式获得了市场的广泛认同，并受到了市场前所未有的追捧，私募借道信托实现“阳光化”的速度也开始显著加快。

4. 我国信托投资基金的相关法规

2007年3月1日开始实施的《信托公司集合资金信托计划管理办法》中规定：

信托公司设立信托计划，应当符合以下要求：

（1）委托人为合格投资者；

（2）参与信托计划的委托人为唯一受益人；

（3）单个信托计划的自然人人数不得超过50人，合格的机构投资者数量不受限制；

（4）信托期限不少于一年；

（5）信托资金有明确的投资方向和投资策略，且符合国家产业政策以及其他有关规定；

(6) 信托受益权划分为等额份额的信托单位；

(7) 信托合同应约定受托人报酬，除合理报酬外，信托公司不得以任何名义直接或间接以信托财产为自己或他人牟利；

(8) 中国银行业监督管理委员会规定的其他要求。

注意，2007年底，深国投将证券投资类信托计划投资单一股票的比例上限从10%提高至20%，这意味着信托类基金在投资股票市场时，是被当作一个投资机构来看待的，其行为只受限于《证券法》和信托公司自己的规定。此外还要注意，虽然信托产品不能进行公开营销，但却可以委托银行、保险、证券等金融机构进行推荐，这其实和公开营销没有多大区别。

5. 我国信托类证券集合理财产品

在我国证券市场上，信托公司参与新股申购时的扎堆现象比较明显。比如在2007年，全国44家信托公司参与新股申购时共动用了9068亿元资金，这一数量是2006年的14.75倍。但是，也有不少信托公司一直将资金委托给专业的管理公司进行操作，于是就出现了信托类证券集合理财产品。截至2008年4月30日，市场上尚存的信托类证券集合理财产品共有86只，主要由深圳国际信托投资有限公司（简称深国投）、上海国际信托投资公司（简称上国投）、云南国际信托有限公司（简称云南国投）、平安信托投资有限责任公司（简称平安信托）、华宝信托投资有限责任公司（简称华宝信托）组织发行。其中，深国投和平安信托旗下的证券集合理财产品最多，且信息披露较为完善，是该行业里的风向标。

对于掌管这86只信托类证券集合理财产品的40家公司，国金证券研究所在2008年5月份曾经给出过评价，他们认为：上海涌金投资咨询有限公司、上海朱雀投资发展中心、江苏瑞华投资发展有限公司、深圳市星石投资顾问有限公司、深圳市天马资产管理有限公司应获得五星级评价；上海励石投资管理有限公司、上海景林资产管理有限公司、上海证大投资管理有限公司、深圳民森投资有限公司、深圳市新同方投资管理有限公司、深圳市武当资产管理有限公司、淡水泉（北京）投资管理有限公司应获得四星级评价。

6. 信托类证券集合理财产品的投资风格

(1) 从产品特性上来说，由于阳光私募向特定客户非公开发行，因而可以按照管理人的投资风格定制产品，并与特定客户进行交流，获得投资意向。同时，针对不同的人群，信托公司也可以开发不同投资对象的产品，以获得更多的资金市场份额。

(2) 从资金来源上来说，阳光私募面向的是特定高端客户，最低投资额一般为100万元，同时集合理财产品至少有一年的封闭期，因此其资金来源和资金规模较为稳定，往往没有建仓时间限制和赎回的压力，不会像公募基金那样被动地应对资金进出流向。所以在操作策略上，其既可以采取相对稳定的投资策略，也可以采取比较激进的投资风格。

(3) 从资金安全上来说，阳光私募已开展了第三方托管业务，由托管人负责受理集合理财产品的认购、赎回、资金划拨、信托单位净值计算与公布等。目前此类模式正在被大量复制，新成立的阳光私募产品都引入了托管银行，因此其资金安全程度可以与公募资金媲美。

4) 从资金规模上来说，与公募基金动辄几十亿元的资金相比，阳光私募平均1亿~2亿元的规模难以与其抗衡，即使是大型的阳光私募，其规模通常也不会超过5亿元。但资金规模越大，管理难度越大，显然，阳光私募船小好掉头的优势明显。

(5) 从人才配置上来说，不少优秀的公募基金经理已投奔于私募基金，使私募基金的研究实力和操作水平有了显著提高。在机构设置、投资管理和人员配置等方面，“阳光私募”都借鉴了公募基金的做法。一般来说，阳光私募里的管理人数不超过10人，其工作要涉及到市场研究、风险控制、投资交易、行政管理、财务管理等诸多方面，因而团队的综合实力欠佳，但其操作却往往比较快捷灵活。

(6) 从核心高管上来说，阳光私募最核心的部分是经理人，而公募基金由于大量优秀经理流失，已开始重视团队培养和团队决策。在阳光私募里，由于人少资金也少，所以其决策不仅灵活，而且基金经理的个人作用非常突出，大都带有鲜明的个人投资理念色彩。比如赵丹阳的赤子之心公司强调重仓投入和长期持有；但斌的东方港湾公司强调完全复制巴菲特的投资思路；杨骏的晓扬投资公司则专著于波段操作和板块轮换操作。

(7) 从劳动报酬上来说，阳光私募除了按固定比例收取管理费外，还会根据业绩表现和累计收益收取提成。其管理费一般为集合理财产品总额的 1%~2%，提成为投资收益的 20%，其中信托公司占 3%，管理机构占 17%，每年度计提一次。此外，集合理财产品也有认购费，一般为认购资金的 1%，且第一年的赎回费率为 0.5%，以后依次递减。相比之下，公募基金经理的收入虽然也由基本工资与奖金组成，但只有业绩总排名在前 25%的基金经理才能拿到奖金。一般而言，中小基金公司为优秀基金经理提供的年收入不过百万元，即使是大型基金公司也只有 300 万元左右。在这样的报酬机制下，阳光私募显然有很强的追求业绩的动力。

(8) 从组织结构上来说，虽然大部分私募基金仍然采取相对简单的组织结构，但阳光私募已开始向公募基金看齐，设置类似行业研究部、上市公司经营管理研究部、公募投资基金研究部等部门，甚至也设置有投资决策委员会和风险控制委员会. 以尽量减少个人决策的失误。

(9) 从内在机制上来说，阳光私募经理的报酬与业绩直接挂钩，又少了利益输送对象，故阳光私募往往做得心无旁骛、有的放矢；而部分管理机构动用自有资金设定风险补偿金的方式，更使基金经理人的利益与投资者利益挂钩，从而减少了道德风险和投资风险；同时，阳光私募少了净值排名的压力和频繁赎同的压力，也就少了急功近利的短期操作行为，使经理人可以坚持自己的投资理念和投资策略。

(10) 从信息披露上来说，《证券投资基金法》并没有要求私募基金作出必要的信息披露，因而大部分私募基金的信息披露都不够积极，容易形成“黑箱操作”的现象。但是，为了体现自身的实力和水平，同时也为了扩大信托公司和集合理财产品的影响力，部分阳光私募开始定期进行信息披露。但一般而言，集合理财产品的净值披露时间都是通过合同事先约定的，有的是一周公布一次，有的是一个月公布一次，重仓股的情况也可以根据合同约定进行披露。

三、解读公司机构投资

这里的公司机构主要是指投资咨询公司、投资顾问公司、投资管理公司、资产管理公司、财务管理或顾问公司以及常有大笔证券交易行为的其他公司或机构。其资金来源可以是自有的，也可以是私下募集的；募集来源可以是上市公司的资金、国有公司的资金、民营公司的资金、地方政府某种名义上的筹备资金，也可以是民间资金等。

一般来说，机构投资的风格不容易分析。如果该机构配有职业操盘手，那么其风格可能会类似于游资的短炒方式；如果该公司投资只是由投资经理负责，那么其风格可能会类似于基金的偏长线投资方式。值得注意的是，就目前中国股市而言，过去的长庄股仍然存在，而庄家往往就是机构投资者。比如，鑫富药业以1224.63%的年度涨幅位居2007年A股涨幅榜首，但截至2007年6月30日，其前十大流通股东中却有八位全部是个人投资者。散户的资金和心态是无法维持十倍之多的股价行情的，很显然，是机构投资者利用个人股东账户造就了这只大牛股。

同样是2007年，中国股市曾传出“史上最牛散户刘芳”的新闻：一位名叫“刘芳”的自然人频繁成为许多上市公司的流通股大股东，只要是其拥有的股票，往往就会出现连续数13的涨停板现象；但是，有记者发现名为“刘芳”的人不过是一个普通的司机，住在不足70平方米的老式住宅楼里，邻居也说看不出他是个有钱的人。

可见，私募机构利用个人投资者账户进行股票操作的现象，仍在我国股市频繁闪现，其隐蔽的操作方式也给交易者的判别制造了困难。但对于一些新出现的牛股，如果其十大流通股股东几乎都是自然人，则无论他们是否为上市公司高管，都应该引起交易者注意，这往往是私募机构幕后使然，该股后市值得看好。

四、解读大户游资投资

所谓游资，是对在不同的市场中来回移动以寻找获利机会的国际套利资本的通俗说法，也往往称之为"热钱"。当某一市场有利可图时，游资就会千方百计地流入市场进行套利；而一旦无利可图，游资就会迅速撤出，从而引起金融市场动荡。国际游资进入中国市场，既可规避欧美股市的调整风险，又可以享受中国股市高速成长的成果，还可以获得人民币的高利息和升值收益。在几重回报的驱使下，国际游资频繁冲击中国股市也就理所当然了。据有关报道称，目前国际游资规模大约在 7.2 万亿美元左右，而华林证券研究所副所长刘勘则预测，2008 年流入中国的热钱将超过 2500 亿美元。

除了这部分"过江龙"性质的游资外，国内超级大户的资金以及代客交易的工作室资金，则被称为内地证券市场的游资。这其中，以"涨停板敢死队"最为典型，他们带动着游资频繁冲击股市，形成了股市每日精彩纷呈的涨停板现象。据媒体披露，东吴证券杭州湖墅南路营业部章建平夫妇的资产一度高达 20 亿元，2007 年在股票上的交易额达到了 700 亿元，占该营业部当年一半以上的成交量。在创业板草案出台前，龙头股份、复旦复华、力合股份、钱江生化 4 只创投概念股被市场暴炒，据说，龙头股份与复旦复华就是章建平夫妇在操作，而且这两只股票的行情断断续续地持续了 4 个月，贯穿了整波创投行情的始末。

若按参与个股时间长短来看，游资可分为超短线、短线、短中线三种交易风格。其中，超短线的操作时间多为 1~2 个交易日，将个股拉出首个涨停板之后，一旦情况有变，游资就会立即离场；短线的操作时间则一般为 3~9 个交易日，将股价接连拉升几日后，若市场跟风状况不佳，游资也会立刻离场；短中线的操作时间则多数为 10~30 个交易日，个股短期升势往往相当凌厉，中途也会出现短暂的调整过程。从操作技术上来说，游资善于围绕超跌、题材、政策、重大事件等概念，通过快速拉升 1~3 只关联股票或连续推动个股涨停的手法，为自己谋取短期内的最大利益。此外，权证市场也往往是游资的天下。

交易者在对主力进行分析时，必须关注“日涨跌幅偏离值达到 7%”的公告，以分析主力的身份及意图。比如在买进列表中，交易者要看交易额前三名中是否有机构席位参与，买进量是否巨大，如是，则说明机构看好该股。再看交易额前三名中是否有常见的“涨停板敢死队”所在的营业部参与，如有，则说明该股有游资猛烈参与；在卖出列表中，交易者也要看交易额前三名中是否有机构席位参与，卖出量是否巨大，如是，则说明机构不看好该股。再看交易额前三名中是否有常见的“涨停板敢死队”所在的营业部参与，如有，则说明该股已被游资抛弃。非游资集中的券商营业部往往只是在进行常规的交易，其交易量一般不会特别突出，基本上属于普通机构、大户和散户的交易量。

注意，在市场公开信息中出现“机构专用”字样时，往往是指基金专用席位、社保专用席位、券商自营专用席位、券商理财专用席位、保险机构专用席位、保险机构租用席位、QFII 专用席位等机构投资者买卖证券的专用通道。一般而言，如果在某只股票公开信息中出现机构席位大量净买入现象，则该股股价具有一定的后续上涨空间，因为机构投资者看好的往往是股票的成长性或估值优势；如果股价在机构席位买人后的短期内出现快速下跌时，则交易者可在机构席位买人价位附近（建仓成本区）进行重点关注；相反，如果在大量的卖出交易中出现了机构席位，那么该股后期运行趋势往往不容乐观，交易者应提高警惕及时回避风险。

第六章 详解坐庄行为

庄家概述

庄家手法

跟庄事项

庄家概述

庄家是中国股市中一个神秘的概念，他不是一个人，而往往是一个有组织的团队。其曾经是股市里的希望，也曾经是股市里的灾难，但历史总会给其一个公平的评价。没有庄家就没有暴利，没有暴利就没有投机者的希望，没有市场角逐的热情。只是任何事情都有一个度，无论大庄或小庄、长庄或短庄，都必须适可而止，大家都有赚钱的希望，游戏才能继续下去。

从本质上来说，坐庄是一个价值发现和调动市场能量跟进的过程，也是通过摸顶和探底来探索股票合理价值区间的过程。其所发现的价值可以是业绩好、成长性高、有题材概念、被严重低估、有强烈跟风效应等诸多卖点所在，其调动市场能量的方法则可以通过技术图形、媒体报道、小道消息、名人讲话等方式来进行。对于庄家而言，其不仅要善于释放多头的力量，也要善于释放空头的力量，因而坐庄成功的关键是要正确释放市场的能量，同时引导并利用市场能量，在市场情绪的起伏波动中完成高抛低吸的运作过程。

一、什么是庄家

“庄家”一词源于赌博活动，是指拥有雄厚的资金筹码，利用有利的特殊条件来操纵或影响赌局的团体或个人。证券市场是一个博弈的市场，总是会有资金雄厚、条件特殊的主力可以操纵股价，从博弈的另一方获取收益，股市“庄家”概念由此而来。具体而言，证券市场上的庄家，是指通过雄厚的资金收集大量股票筹码、以影响股票供求关系来操纵或影响股票价格走势、并最终实现获利目的的团体。

股市庄家现象从本质上来说，并不是个别的现象，也不是某一个团体的现象，而是一种社会现象或一种国情的反映，是一种制度和文化在资本市场上的延伸。股市庄家是中国渐进式改革时期畸形制度在证券市场的人格化代表，常常混合于国家利益、地方政府利益、贵权利益和个体利益之中。在股市庄家的背后，实际上几乎囊括了所有与证券市场相关的经济及政治主体，在其纷纷将噬血之管插入股市的同时，还以驱赶、鼓动、诱导等各种方式将社会公共资源推入股市，以供其消化和享受。

就目前来看，由于证券市场环境的变迁，股市庄家的活动空间已受到制约，其控庄的手法也有所变化，有时仅仅表现为市场主力的特征。尽管庄家的地位和意义已不可同日而语，但其基本功能和特定手法却没有多大的变化，只是参与股票的深度普遍降低而已。但总体来说，坐庄是一个很复杂的过程，如果仅仅是一个低位收集筹码然后高位抛出筹码的过程，那么任何资本雄厚者都可以轻易做到。实际上，那些忽视坐庄手法和技巧，漠视坐庄条件和规律的庄家，最后往往成为了股市中的牺牲品。

二、庄家的分类

1. 根据持股时间来划分

(1) 短线庄家

短线庄家运作周期从 2 天到 30 天不等。重势、重概念、重技术形态、持仓量少、严格止损是这类庄家的鲜明特征。一般控盘程度为 1%~10%，建仓时间为 1~10 天。

(2) 中线庄家

中线庄家运作周期大致为一波中级上升趋势的始末时间，在牛市中可能是3~6个月，在熊市反弹期里可能是30~60天。一般控盘程度为10%~30%，建仓时间为10~30天。

(3) 长线庄家

长线庄家运作周期大致为一个牛市的始末时间，甚至只要上市公司基本面没有恶化，就有可能长期持股并做少量的波段性操作。一般控盘程度为10%~50%，建仓时间为1~12个月。

2. 根据坐庄家数来划分

(1) 合伙庄

合伙庄是指两个或两个以上的庄家共同坐庄。既然是共同看好，那么其所控制的股票的基本面往往不错，流通盘也比较大，有长久的市场吸引力。

(2) 单独庄

单独庄是指一个庄家独霸目标个股，其控盘程度在30%~70%之间的庄家。一般这类庄家实力强大，控盘能力高，所控制的股价走势也比较有规律。

3. 根据入庄时间来划分

(1) 新庄

新庄是指第一次人驻目标股的庄家。一般而言，他们往往会介入刚上市的新股，或老庄已撤出很久的个股。

(2) 老庄

老庄是相对于新庄而言的，是指已经进驻目标股的庄家。他们对个股的股性比较清楚，对股价的走势也往往把握得较好。

4. 根据股价走势来划分

(1) 强庄

强庄是指那些资金实力雄厚、控盘程度较高、使股价走势常常特立独行且明显强于大盘的庄家。一般而言，强庄所控制的股票往往具有良好的基本面，因而庄家有信心独来独往。

(2) 弱庄

弱庄是指那些资金实力较弱、对大盘或个股缺乏信心、主要靠做波段交易来赚取利润的庄家。这类庄家所控制的股票不易分出好坏，但基本上都要看大盘的脸色行事。

5. 根据驻留情况来划分

(1) 常驻庄

常驻庄是指那些常年累月驻守于目标股中做高抛低吸动作的庄家。这类庄家往往对目标股比较熟悉，只关注大盘的状况，只要有机会就会在目标股上赚取差价。

(2) 游走庄

游走庄是指那些到处出击个股的庄家。其常常在市场出现爆发行情或题材行情时瞄准一只股票做足一次，而后打一枪换一个地方，经常转换个股目标。

三、庄家的特征

从操作层面来说，庄家往往具有以下的特征：

(1) 与上市公司或媒体部门等有较好的配合关系，善于制造市场炒作题材。

(2) 具有较专业的操作人员或团队，对股市规律和股价走势规律比较熟悉。

(3) 在市场底部以现金购买大量筹码，在市场高位则以筹码兑换大量现金。

(4) 有能力控制一段时期内的股价走势，包括使股价连续上涨或持续下跌。

(5) 在股票市场上，其所参与的股票走势比较独特，常常大幅领涨于大盘。

(6) 操纵价格和欺骗参与者是庄家最重要的特征，其欺骗包括消息面和技术面的双重欺骗。

从内在属性来说，庄家往往又具有以下的特征：

(1) 在某一时期内，庄家行为能激活市场，刺激交易，甚至能提高上市公司的市价资产。

(2) 不仅在二级市场上加大了市场投机成份，同时也可能加剧上市公司的短期经营行为。

(3) 庄家行为常常违反《证券法》，使监管机构受到严重的挑战，给社会造成不良影响。

(4) 坐庄需要大量的资金，进、出场均不易，当操作不得法时，被套或亏损也时有发生。

(5) 庄家行为在股票走势图上或多或少会留下痕迹，这会给市场交易者提供赚钱的机会。

(6) 庄家在股价走势中要玩弄很多花样，但交易者如能识破或不理会，庄家则无可奈何。

庄家手法

一、建仓阶段

1. 建仓的手法

所谓建仓，就是把资金变成股票，通过大量收集流通股来改变股票供求关系，最终影响或控制股价走势。无论庄家怎么变换花样，低买高卖是其盈利的惟一渠道，所以，除了新股外，庄家的建仓工作一定是在股价相对较低时进行的，即使是建仓时的价位较高，如果大势不好，庄家还是会把股价打下来之后继续建仓以摊低成本。

从理论上来说，只要庄家认为股票比较便宜，或认为后期股价还会有更高的上涨空间，都会进行建仓。股价通常只有三种运行方式，即：上涨、下跌、横盘，而庄家建仓的工作则可以在这三者中的任何一个阶段进行实施。表现在技术图形上，就有可能是：

(1) 单边下跌的建仓方式

即在股价连绵下跌的过程中逢低吸纳，但股价单边下跌往往也是主力故意打压所致。

(2) 单边上涨的建仓方式

即在股价持续上涨的过程中以竞价的方式购买股票，但股价单边上涨往往也是主力主动吸货所致，通常在时间紧迫的情况下或竞争者众多时才会出现这种情形。

(3) 结合上述两种状况的建仓方式

即以“V”字型（当股价跌到实在跌不下去时开始提高建仓价格）或“V”字型（追涨吸货后再利用已有筹码进行打压式吸货）的方式建仓，如果多来几个回合，就会形成双重底或三重底的建仓形态。

(4) 横盘的建仓方式

即在股价进行阶段性横盘时暗中小单建仓，但通常也是因为主力有计划地在某一价格区间进行建仓，才会导致股价处于横盘状态。如果横盘时的股价在中间阶段往下降一些，就会形成圆弧底的建仓模式。

还有三种建仓方式比较特别：

(1) 新股建仓方式

即通过新股上市首日涨跌幅无限制的便利条件快速收集坐庄筹码。一般来说，大批中签专业户在新股上市首日必然套现出局，市场大众则往往因新股无历史走势可寻而不敢轻易介入，这些都给庄家在新股上建仓提供了方便。通常 1~3 口内新股的换手率可以达到 120%，激进的庄家则往往可以从中收集到 30%左右的筹码。

(2) 一级市场建仓方式

即在一级市场上通过认购、配售新股进行建仓（过去大肆在上市公司内部收集职工股的行为也属于一级市场上的建仓方式）。此外，部分由券商承销的股票如果卖不完，或券商本身也看好该股，那么也会有大量的筹码被券商锁死或成为其建仓的筹码。

(3) 大宗交易建仓方式

当多个庄家同时看好某一股票导致相互之间的持仓筹码不相上下时，往往不利于股价的上涨，最后通常会通过协议转仓的方式将筹码集中于某一庄家手中。为了不使股票价格产生波动，同时也为了避免泄露行踪，庄家们就会通过大宗交易的平台在收市之后进行交易，而转仓的价格由双方事先协商，但也不能超过大宗交易制度的限制。自 2007 年以后，很多“大小非”都是通过大宗交易平台来实现转让的，这为新时期的庄家建仓提供了便利的条件。

既然庄家建仓的方式多种多样，似乎就难以判断个股的建仓时机，但是，成交量往往会暴露庄家的建仓痕迹。一般来说，如果没有庄家刻意收集筹码，一只股票的日成交量应该始终保持均衡或跟随大盘的日交易量起伏；如果该股在某一阶段内的成交量持续增大，而这一阶段的股价正好处于阶段性的底部区间，那么庄家建仓的可能性就非常大。

2. 建仓时间与空间

(1) 建仓时间

建仓是一个比较复杂的过程，其跟大盘趋势有关，跟庄家手中的资金性质有关，跟其计划吸取的筹码数量也有关。从理论上来说，短线庄家建仓的时间为 1~10 天，中线庄家的建仓时间为 10~30 天，长线庄家的建仓时间为 1~12 个月。但在实际过程中，大盘的意外走势往往会改变很多庄家在建仓时间上的安排，使其建仓行为加速或延缓。

(2) 建仓空间

建仓空间是指庄家收集主要筹码时的价格区间。如果该区间的震荡空间太小，则不利于收集大量的筹码；如果震荡的空间太大，则会耗费不必要的资金。从理论上来说，庄家建仓的空间将会控制在进场第一单价格的±30%幅度内；但如果是在新股上建仓，那么庄家在上市首日吸货后再向下打压股价的幅度就会加大很多，这是因为庄家在上市首日吸货的目的就是为了获得筹码以方便日后打压股价，从而实施低成本的建仓策略。一般来说，建仓的空间也会受到大盘趋势的影响，使建仓空间不得不陆续提高或再三降低。

3. 建仓结束时的特征

对于资金量不是特别大的交易者而言，领先于庄家进场或随同庄家一起进场都是不明智的行为，因为谁也无法肯定庄家建仓的过程何时结束，而资金的使用效率是跟时间的有效利用直接挂钩的。所以，普通交易者最好是在庄家建仓完毕后才开始进场。一般来说，庄家在建仓结束时，庄股会有如下的特征：

(1) 即使是很小的成交量，个股也能拉出大阳线或涨停板，说明筹码已被庄家高度集中。

(2) 个股日 K 线走势我行我素，不受大盘影响。即大盘涨而个股不涨，大盘跌而个股不跌。

(3) 受利空消息打击后股价不跌反涨，说明个股筹码被锁死或是庄家一路通吃的强势表现。

(4) 个股日 K 线走势起伏不定，分时图走势剧烈震荡，甚至成交时而密集时而稀疏，给人莫名其妙的感觉，而成交量有时也很不规则，这些往往是庄家建仓完毕后的试盘或洗盘动作。

4. 持仓量的计算

通常情况下，庄家持仓量的高低与股价上涨幅度和上涨时间是成正比例关系的，如果能够计算出庄家的持仓量，那么我们就可以大致判断出庄家的目标价位，以此决定是否进场或 m 场。但由于庄家吸货有时是间歇式的，有时是低吸高抛式的，有时又是由几个短庄接替介入的，所以很难准确判断出其持仓量的大小。至于那些据说能测算出庄家持仓量的方法和公式，往往只是言论者自圆其说罢了。比如，一只新股跌了大半年，这期间的换手率为 800%，谁能知道庄家的持仓量是多少？所以，交易者不必去迷信那些计算庄家持仓量的方法和公式。

我们虽然无法知道庄家的持仓量，却可以根据一些特定现象知道庄家持仓量的相对多寡，得出一个大致的庄家持仓量的判断，这比盲目进场或错误计算要好得多。比如，在庄股行情启动时或股价突破底部重要阻力位时，庄家是不会采用对倒手法的，如果此时的成交量很大，那么说明庄家的持仓量不占大多数，外部流通筹码比较多；如果此时的成交量只是略有放大，那么说明庄家的持仓量基本上已达到了可以控盘的地步，即可能有 30%~40%的流通筹码被其掌握；如果庄股仍要顶着市场抛压向上突破，那么说明庄家手中的筹码已经有不少了，且不在乎继续持有更多的筹码；如果庄股见市场抛压过大而暂时退缩，那么说明庄家手中的筹码有限，且资金实力也有限。

此外，通过股票在阶段性高位进行调整时的成交量.也可以发现庄家的控盘能力和持仓状况。如果散户手中的筹码众多，那么在股价进行调整的时候，自然就会蜂拥而出（也有可能是短线庄家在减仓），这一方面暴露了庄家控盘实力偏弱的问题，另一方面也说明市场对该股缺乏持有的信心；相反，在股价急遽下跌时如果成交量萎缩，则说明庄家有持股信心，也说明该股的筹码锁定程度较好。通常而言，庄家可以使成交量放大却不能使成交量缩小，所以萎缩的成交量往往是反映个股筹码锁定程度和庄家持仓量大小的一面镜子。

在对庄家持仓量的多寡进行判断时，交易者一定要同时结合股价突破重要点位、股价上涨时段、股价调整区间这三者的成交量进行综合分析，只有对股价上涨过程中各个环节里的成交量进行比较分析，才可以得出更为具体的庄家持股数量的结论；也只有明确了庄家大致的控盘程度，交易者才可以制定出有利的操作策略。

一般来说，交易者在介入庄家持仓量较少的个股时，一定要求该股的成交量始终保持着放大的迹象，只有成交量不断放大才能证明资金正在盘中不断做多，只有资金积极做多才可以保证股价持续上涨。如果庄家的持仓量很少，即使股价短期上涨的速度较快，也往往无法持续较长的时间，因为当短庄抛出其为数不多的筹码之后，若市场无新的短庄接盘，股价就会快速下跌。

5. 平均建仓成本价的计算

庄家的平均持仓成本价由平均建仓成本价和平均拉升成本价构成。平均建仓成本价是指庄家在一个既定区间建仓时所买入股票的平均价格；平均拉升成本价是指庄家在拉抬、试盘、洗盘过程中所买入股票的平均价格；平均持仓成本价则是指庄家在出货前所购人全部股票的平均价格。

注意，成本是一个金额的概念，而成本价是一个价格的概念，所以这里并不包括庄家的借贷成本和印花税、交易佣金等成本。

一般来说，庄家至少要使股价在平均建仓成本价之上上涨50%才能有利可图。可见，知道了庄家的平均建仓成本价就可以知道庄家的最少获利目标，即股价的最少运行高度。但在判断庄家持仓数量和平均建仓成本价之前，交易者要先确认个股中是否存在庄家。在一只庄股开始启动时，如果可以确认庄家建仓过程已经结束，那么往往有两种方法可以对其平均建仓成本价作出判断：

（1）通过一般常识和对成交量的分析来确认庄家的建仓区间及其平均建仓成本价。

一般来说，如果是新股上市首日，那么庄家最多可以获得1/3的筹码；以后即使是该股拉大阳线，庄家当日能买到的筹码也不会超过当日成交量的1/4；如果是靠开盘即封涨停板或快速拉涨停板的方式来吸货，只要涨停板不打开，则几乎当日所有的抛出筹码都归庄家所有；如果涨停板被打开过，那么可能有一半的抛单被庄家吸纳；如果该股收大阴线而成交量又比较大，则可能有1/4的抛盘被庄家接纳。以此类推，交易者即可大致测算出庄家的持仓数量和平均建仓成本价。当然，如果按这样的计算方式得出的庄家控盘比例超过了70%，就往往不大准确了，需要适当减少估算出来的筹码数量。还有一种简单的估算办法，就是将庄股启动之前的密集成交区当作是庄家的主要建仓区间，在那里求得一个平均的价格即是庄家在那个阶段里的平均建仓成本价。如果在庄股启动之前有三个密集成交区，则可以先得出三个平均成交价，然后将这三个平均成交价再做一次平均，将所得出的这个新的平均价向附近最大成交量区域的价格靠近，即可大致得出庄家的平均建仓成本价（由于庄家在拉抬股价时所花费的资金较少，所以当交易者得出庄家的平均建仓成本价后，只要将该价格稍微上提一些，即可估算出庄家的平均持仓成本价）。

（2）利用移动成本分布图来确认庄家的平均建仓成本价。

通过该指标，交易者可以知道庄股启动之前的最大密集成交区位于何处，而当时的平均价位又是多少。如果交易者确信庄家在一开始没有介入该股的话，那么通过该指标，也能知道距离最近30日、60日、100日内的平均成交价，以确认新庄的介入深度和平均建仓成本价（详见“解读移动成本”一章）。显然，采用这种计算机自动统计的方式，交易者可以更直观、更快捷地得出相应结论。但是，如果庄家采用跳跃式建仓（比如新股上市时虽然成交量非常大，但庄家没有立即进入，而是在后期进行间歇式吸货。），或者始终采取低吸高抛的方式建仓，那么交易者是很难知道庄家手里现在还有多少筹码的。由此可见，没有一种方法可以准确计算出庄家的建仓数量和平均建仓成本价，这两个数据只有庄家自己知道。

总体来看，庄家持仓情况和庄股走势呈现出以下的关系：庄家持仓量较多的个股，以缓慢上涨为主，且未来股价的上涨空间巨大；庄家持仓量较少的个股，往往边震荡边上升，且未来股价的上涨空间要视大盘趋势而定；庄家持仓量更少的个股，则往往以短期震荡为主，且未来股价的上涨空间要视大盘热点状况而定。至于庄家持仓量何谓多、何谓少，需要交易者用经验来判断，这里所描述的只是一种常见的现象。

二、试盘阶段

试盘是指庄家利用某时间段的买卖信息来测试市场多、空双方力量对比的一种手段，通过某一时间段有目的的快速买进和卖出，庄家可以得到市场心理状况和市场筹码状况的反映，并进而调整自己的交易策略。

1. 试盘的目的

（1）测试目标股是否已经存在着其他庄家，以免扰乱自己的操盘计划，同时确认是否建仓及建仓的时间和成本。

（2）测试市场抛盘的大小和跟风的热情，以决定是否拉升和如何拉升股价（比如快速拉升、缓慢拉升、阶梯式拉升等）。

（3）测试市场抛盘的大小和承接的力量，以决定是否打压和如何打压股价（比如快速打压、缓慢打压、波浪式打压等）。

2. 试盘的方法

试盘，通常只有两种方式：

（1）急拉股价

即庄家将股价急拉到某一高位后放任自流，以此来测试市场接单和抛盘的状况。接单多表示买盘跟风踊跃，市场看好该股；抛盘多表示外部浮筹较多，筹码不稳定；若是接单多抛单也多，则说明浮动筹码不稳定但市场看好者众多。得到以上信息后，庄家就可以重新制定操作战术了。

（2）急压股价

即庄家通过把股价向下打压，以查看市场跟风的抛盘有多少，测试市场筹码的稳定程度以及持股者的信心和容忍度；同时也可以测试出市场的承接力量有多大，看出有无机构或大户进场等状况。

至于在何时启用试盘的方法也是大有讲究的。通常而言，庄家会在大盘强势时往上急拉股价，在大盘弱势时往下急压股价，在大盘盘整时使股价上蹿下跳；同时利用利好消息急拉股价，利用利空消息急压股价，利用板块走势来同步测试股价反应等等。

3. 试盘时间与空间

（1）试盘时间

一般来说，短线庄家的试盘时间往往只有5~30分钟；中线庄家的试盘时间往往在一周之内；而长线庄家的试盘时间多数在半个月以内（半个月内间歇式的有几天试盘的动作）。

（2）试盘空间

短线庄家的试盘空间往往只在股价的±5%以内；中线庄家的试盘空间往往只在股价的±10%以内；长线庄家的试盘空间往往会在股价的±20%以内。

4. 试盘的技术特征

在试盘的盘口，一些突发性的动作辅以大手笔的交易，使股价急剧上升或下跌的现象，都可能是庄家试盘的结果；如果试盘只耗时一天，那么当天通常会收带有上影线或下影线或十字星的K线图，也可能会出现大阳线或大阴线；如果测试用了2~3天，那么就有可能形成黄昏星、启明星、平顶、平底等常见K线形态，或出现今日大阳线而明日大阴线等错乱图形；而在成交量上，也会呈现出忽大忽小的不规律现象——这些都是庄家在试盘过程中所留下的技术特征。

三、洗盘阶段

洗盘，是指庄家以快速打压或反复震荡的方式摧毁持股者信心、迫使意志不坚定者交出筹码以便于自己吸纳或促使新介入者持有，从而提高市场参与者的平均持股价格、稳定后期股价上涨时的市场根基的行为。除少数短线庄家和基金联合坐庄的不用洗盘程序外，其余庄家多数会采用洗盘的方式来排除异己，为未来股价获得更高的涨幅空间清除障碍。

1. 洗盘的目的

庄家在拉升股价之前，一般都会进行洗盘的动作。洗盘主要有以下目的：

(1) 在股价处于低位时的首次洗盘，往往是庄家在催促意志不坚定者卖出股票，方便自己继续吸纳筹码；而在股价上涨多时之后的再次洗盘，则往往是庄家在迫使市场浮动筹码出局，同时吸引一直等待股价出现回调的交易者介入，以提高市场的整体持仓成本。这样，即使股价继续上涨，新介入者由于盈利不丰厚也会拒绝卖股，从而保持了股价的稳定性，方便了庄家以后的出货工作。

(2) 庄家可以通过洗盘高抛低吸赚取差价，同时也能腾出部分现金，为后期拉升股价做准备。

(3) 庄家可以通过洗盘使股价上蹿下跳，以扰乱交易者的判断能力，达到乱中取胜的目的。

(4) 庄家可以利用洗盘来等待市场跟上自己的节奏，或等待上市公司发出利好消息。

(5) 当庄家同时持有数只股票的筹码时，可以通过洗盘来调整所持股票的持仓比例。

2. 洗盘的方式

洗盘多数是以打压股价的方式进行的，但在某一阶段里会略有不同。比如：

(1) 向下打压的洗盘方式

当股价从底部上涨一段时间后，必然会有一部分短线交易者开始准备落袋为安，于是庄家利用此心理开始往下打压股价，迫使短线交易者夺路而逃。在他们的带动下，股价常常会有一周左右的下跌时间。最极端的方式是通过跌停板来洗盘，但股价往往会在当日或第二日就开始回升，同时在跌停的盘口也可以看到大手笔的买单源源不断。

(2) 横向整理的洗盘方式

当股价在某一个区域内形成较长时间的整理平台时，往往会使短线交易者失去持股的耐心，而“盘久必跌”的股市常识也会使中线持股者忐忑不安，于是庄家就会利用平台整理的方式折磨持股人，以滞涨、不涨、反跌等方式刺激持股者抛售股票。

(3) 剧烈震荡的洗盘方式

这种洗盘方式有些像横向整理的洗盘方式，区别在于它整理的幅度更大。庄家通过使股价上蹿下跳、反复震荡的方式，可以折磨短线交易者和中线持股者，迫使其交出筹码；也可以在此期间通过高抛低吸的方式来赚取差价；当然，这种方法更有利于扰乱市场参与者的步伐，使其频繁出错、懊恼出局。这当中，也包括跳空高开或涨停板开盘的洗盘方式，通常这之后股价就会出现绵长的跌势，似乎无休无止，“三只乌鸦”甚至“五只乌鸦”的现象时有发生，只是阴线的实体常常很小，而且没有多大的成交量。

(4) 边拉边洗的洗盘方式

这种洗盘方式最明显的特征是：股价一直运行在10日或20日均线上方，偶尔会有1~5天的回挫现象，但往往回调的幅度不深，遇到10日均线或20日均线股价就会反弹。这类个股的基本面通常比较理想，而当时的大盘趋势也往往不会很恶劣。这种洗盘方式在基金扎堆的个股中比较多见，只要基金停止进货，股价就会回落，于是一些散户往往趁势出局，自己清理了自己。

3. 洗盘时间与空间

(1) 洗盘时间

庄家洗盘的时间如果太短，往往不能将浮动筹码清洗干净；如果太长，又可能招致过多的新人人场抢筹；所以短线庄家的洗盘时间往往在3天以内，中线庄家的洗盘时间往往在一周左右，长线庄家的洗盘时间往往在一个月左右，当然长达三个月的情况也有。这要视当时大盘的状况而定，也跟庄家的实力和操盘风格有关系。但洗盘不是出货，期间的成交量往往不大。

(2) 洗盘空间

洗盘空间是指庄家洗盘时股价的震荡幅度。在底部吸货阶段进行洗盘时，股价回调幅度往往会折返过半，甚至会达到个股前期最低价附近；股价脱离底部区间后的洗盘动作，其回调的幅度通常是前期拉升幅度的1/3或1/2处，若再深，则可能招致散户抢筹且浪费庄家的时间和资金；股价快速拉升时期的洗盘动作，其回调幅度一般在前期拉升幅度的10%以内；而以大幅震荡上行方式进行边拉边洗的洗盘动作，其回调幅度多数为前期拉升幅度的20%左右。

4. 洗盘结束时的特征

洗盘的时候，为了恐吓持股者，庄家通常会做出比较恶劣的技术图形，比如乌云盖顶、三只乌鸦、黄昏之星、岛型反转等，甚至不惜采用对倒的手法制造成交量，造成量增价跌的假象。但洗盘过程中的成交量多数是一个逐渐递减的过程，只要庄家不抛售，成交量自然就会因卖盘不足而越来越小。

当庄家洗盘完毕时，流通筹码的锁定程度会更高，其成交量甚至常常会达到地量的水平。当获利盘、套牢盘、保本盘纷纷涌出后，留下的基本上都是市场中的坚定持股者，因此，即使是小单连续拉动，也会导致个股出现大阳线的状况。

四、拉升阶段

庄家将大量持股者清理出局后，往往就会快速拉升股价，使其远离自己的成本区，同时尽量减少新人参与，因为此时的股价仍然处在比较低的价位。一般来说，拉升波段视庄家需要往往不止一波，而可能是几波。

1. 拉升的目的

(1) 使股价快速上涨，以提高资金的使用效率。

(2) 避免夜长梦多的现象，包括大盘趋势的改变、公司基本面的改变、坐庄信息过分暴露等。

(3) 吸引市场人气，吸引交易者的关注和参与。

2. 拉升的方式

拉升股价的方式往往会根据庄家拉升股价的时间而产生变化，因为出货的目标价位是确定的，时间不够用时股价自然就会拉得快，时间够用时则可以使用多种拉升手法。但庄家是短拉还是长拉，往往取决于大盘的走势、自身筹码的多寡、资金的使用性质等各种因素。一般来说，庄家拉升股价的方式往往有以下几种：

(1) 火箭式拉升

这是一种极端的拉升方式，被拉升的股票往往是市场普遍看好的强势概念股，因为怕散户抢筹或为了制造短期财富效应，所以股价往往拉升得很快；但也可能是趁大盘走强而跑出来的“黑马”股，因庄家预计大盘后期走势不佳，或个股概念可能如昙花一现，或庄家资金实力有限，或庄家筹码不多等原因，所以这类股票往往在短期内即想直达目标价位。火箭式拉升个股常常呈80度角往上冲，且股价往往运行在5日均线之上；其拉升时间可能是几天，也可能是半个月不等。通常在庄家要出货之前，也会出现火箭式拉升现象，其目的是制造疯狂的暴利行情，诱使旁观者失去理智从而参与其中。

(2) 斜推式拉升

这种拉升方式跟火箭式拉升比较相似，只是角度没有那么陡峭，个股通常在60度角以上快速运行，几乎是被市场“推着跑”。最明显的特征是：此阶段的股价往往不会跌破10日均线，且K线图中多数是阳线，颇有我行我素的风格。采用这种拉升方式的庄家，其控盘实力雄厚，且善于利用市场的惯性助推股票。但这样的股票一旦涨幅过多，往往就会停下来进行一周时间以上的整理（可能是横盘式整理也可能是打压式整理），待市场自动交换浮筹后，该股又会继续前进。

(3) 波浪式拉升

这种拉升比较有规律，就像间歇式拉升，也像“进三退一”的拉升方式。被拉升的个股往往基本面比较理想，而大盘同期走势也不错，透露出庄家志存高远的心态，但同时也暴露出其无意高度控盘的想法和高抛低吸的操作策略。通常此类股票的价格会一直运行在30日均线之上，一旦庄家要破坏规律强行往下打压股价，就会引起市场恐慌，致使后期拉升股价的难度增大。所以，除非庄家目光短浅或出现意外状况，否则庄家是不会轻易破坏股价运行趋势的。基金联合坐庄的股票，多数就是采取这种拉升方式进行获利的。

(4) 阶梯式拉升

这种拉升方式是一步一个台阶的拉升方式，比较稳妥，但不常见，似乎有不把该清理的清理干净就不拉升的意味。这种拉升方式比较折磨人，往往大盘不断上涨而个股似乎无动于衷，但当持股者一旦卖出股票，该股往往就开始腾飞。通常而言，以这种方式拉升的庄家，往往控盘实力强大，且不愿随波逐流。

(5) 混合式拉升

这种方式是将上述几种方式结合起来运用，也是市场比较常见的拉升方式，但不易判断。

总体来说，股价拉升是一个讲究天时、地利、人和的过程：得势，则事半功倍；冒进，则吃力不讨好。所以庄家的拉升动作，多数会选择在大盘走强时、有重大利好消息发布时或市场相关热点出现时，此时拉升股价容易获得市场的认同，同时可以减少抛盘的阻力。但在市场较为平静时，因漂亮图形构筑完毕或需要凸现个股风头时，庄家往往也会隆重登场，以快拉股价的方式聚焦市场眼球。

3. 拉升时间与空间

(1) 拉升时间

庄家拉升股价的时间有长有短。如果是庄家强行拉升，在没有获得市场热烈响应之前，其拉升的时间往往比较短暂，通常只在5日以内；如果庄家在牛市里有节奏地控制拉升过程，那么整个拉升周期可以超过1年。当然，这里的拉升动作往往带有波段性，通常一个波段的拉升时间为1周~3个月。

(2) 拉升空间

股价拉升的空间取决于公司基本面、大盘趋势、题材周期、市场人气及庄家的建仓成本、控盘程度、资金性质、获利目标等各种因素。其中，大盘趋势和庄家意愿占绝对性的控制因素。一般来说，个股一波拉升的幅度常常在30%左右，少数股票则会达到100%；若遇到大牛市，经过几个波段的拉升之后，涨幅超过1000%的股票也并不罕见。

4. 拉升与试盘的区别

有些交易者可能把庄家在个股启动前的试盘动作当作是拉升动作而匆忙介入，事实上，这两者是有区别的。比如：

(1) 发生时机不同

试盘往往是在大盘转强或利好信息发布之前就会进行的动作；拉升则是顺应趋势和消息而进行的动作。

(2) 盘面表现不同

试盘时，个股盘面震荡强烈，庄家刻意画图的动作比较明显；拉升时，则个股走势较有规律，庄家行为也比较自然。

(3) K线形态不同

试盘时，个股日K线的上下影线较长而实体较小；拉升时，个股日K线的实体较大而上下影线较短。

(4) 均线形状不同

试盘时，个股均线形态通常是混乱不堪或纠缠不清的；拉升时，个股均线形态则多数呈发散状或多头排列状。

(5) 成交量不同

试盘时，个股成交量忽大忽小，常出现单日巨量现象；拉升时，个股成交量则往往呈规律性的放大状态，且持续时间较长。

(6) 维持时间不同

试盘时间往往短则几分钟，长则不超过2周；拉升时间则往往在1周以上，长可至3个月左右。

五、出货阶段

出货是庄家坐庄过程中最重要的一个环节，也是其最重视的一个环节。只有将筹码派发出去，庄家才能使账面盈利变为真实获利，但把钱变成股票比较容易，把股票套现成钱却很难。庄家精心搜集了几个月的大量筹码要想在高位的一个月内全部抛给无组织的市场散户，其难度可想而知。因而庄家在这道环节上表现得尤为热烈和隆重，而资深交易者也在此时表现得极为谨慎和滑头。

1. 出货的征兆

庄家在出货之前，往往会透露出一些征兆。比如：

(1) 目标价位已到

庄家在坐庄之前，一般都计划好了股价上涨的高度和出货时的价格区域。如果届时大盘趋势看好，其目标价位就会提高，若大盘趋势变差，则目标价位就会降低。交易者虽然无法知道庄家的预计目标价位，但却可以根据其持仓量来估算其出货时的最低目标价位。比如，庄家持仓量在50%左有的，只要大盘状况不差，股价涨幅至少在其平均建仓价位的100%以上。

(2) 利好消息频传

庄家要出局，自然要找人接盘，而心甘情愿在高位购人股票的，多数是被重大利好消息诱惑而来。于是此时，与庄家勾结的上市公司就会频繁发布利好消息，如业绩大幅增长、大比例送股、资产重组取得实质性进展等等，而与庄家串通一气的电视、广播、报刊、互联网、股评人士等，也开始大力宣传庄家所持有的股票。正是在这些烟雾弹的释放中，部分庄家才得以全身而退。

(3) 市盈率高涨

多数庄股在轮番炒作中，股价涨幅可以达到300%左右，即使过去只有20倍的市盈率，现在也往往被炒到了60倍，而更多劣质股的市盈率则往往已达到了100~1000倍，严重透支了个股的内在价值。过度投机之后，股票通常会有强烈的价值回归要求，这意味着庄股即将出现大幅度的价格回调。

(4) 股价该涨不涨

当庄股的基本面、技术面和大盘趋势均向好的情况下，当个股利好信息仍在继续发布时，庄股理应继续攀高，但若此时股价出现了上涨乏力的情形，即在成交量持续放大的情况下，股价连续多日无法有效创出新高甚至逐步下移，则往往说明庄家正在减仓或出货。

(5) 基本面即将变坏

当政策面和上市公司基本面即将发生变化之前，庄家往往能提前获得消息。此时，庄家的动作就是先下手为强，赶紧组织派发筹码的工作，尽可能赶在市场获得消息之前顺利出局。

2. 出货的方式

(1) 拉高式出货

庄家在出货前，通常会有一个最后的拉升动作，以减轻市场抛压，同时以对倒的方式制造火热的暴利行情，刺激失去理智者入场。当股价到达目标价位或当抛压比较沉重时，庄家就会开始按计划出货，股价则应声而跌，甚至跌到此波拉升行情的起始点，因为这个价位可能才是庄家的主要出货价位，而前面的拉升过程不过是个诱饵。一般来说，拉高式出货有三种状况：

①利用拉升出货：在人气旺盛时，部分庄家会预先在卖盘处挂好单，然后借助大势向好带领散户向上通吃；当散户追涨热情不足时，庄家就会亲自出马，大笔吃掉几个卖单，为股价打开上升通道；等散户的热情被激发起来了，庄家就会停手，让散户去吃掉其早已挂H；的卖盘。如此始终维持股价上涨，但实际上庄家买得少而卖得多，一直在悄悄出货。

②利用冲高回落出货：部分庄家会在开盘后即快速拉升股价，由于此时盘中委托卖单一般很少，所以股价上涨阻力较小，庄家拉高成本也较低：此后整个上午，股价可能都会维持在高位，做出蓄势待涨的姿态，吸引散户参与；到了下午，往往庄股就会开始上演“高台跳水”的动作，于是来不及撤单的散户均被迫承接了庄家的派发筹码。

③利用涨停板出货：部分庄家在开盘时就会将股价封在涨停板上，诱惑每天关注涨停板的散户跟风参与；而一旦散户在涨停板处大量排队时，庄家则会慢慢撤掉自己在买盘处的挂单，将散户的买单推到前面，同时暗中派发筹码；等这些买单被消灭得差不多的时候，庄家义会挂上自己的买单封住涨停板，而后继续等待散户排队购买，再撤单、再派发。

(2) 震荡式出货

如果庄股的基本面比较好，使庄家有比较充裕的出货时间，而庄家的持仓量又很多，难以在半个月内抛售完毕，那么庄家往往会选择震荡的出货方式。即在一个较为宽广的幅度内（比如股价±15%的幅度内）使股价来回拉锯，以不断减少持仓数量。此时的上涨波段多数是庄家对敲的结果. 当庄家将股价拉抬到一定位置时，就会借机出货；庄家出货时，盘中卖压增高，必然造成股价下跌；当股价下跌到某一支撑位时，庄家又会做出护盘的姿态，同时利用对敲拉升来恢复市场的信心，制造股票“洗盘”后即将上攻的态势；如此来回几次，便形成了震荡出货的走势。

在这个阶段，往往有很多短线交易的机会，吸引大量的短线交易者进入；而部分前期被扎空的交易者误以为庄家是在洗盘，后期会有大动作，于是也往往会匆忙介入；这使得庄家可以暂时维持住人气，实现其减仓的意图。庄家在一定区间内反复减仓、护盘，但由于出得多、进得少，所以股价就容易出现急涨慢跌的走势。股价下跌的速度比较慢而时间比较长，这是庄家降低出货速度所造成的，为的是利用有限的空间尽量多派发一些筹码；而股价上涨迅猛但为时短暂，是因为这种拉抬方式可以节约庄家的资金。

震荡式出货的周期如果达到十几天，就会在庄股的日K线图上形成经典的M头、头肩顶和多重顶等形态；如果震荡周期在3天以内，则会出现类似于乌云盖顶、三只乌鸦、黄昏之星、岛型反转等K线形态。通常而言，震荡出货是一种常见的庄家出货方式，也比较容易识别，很多掌握技术分析的交易者都可以顺利逃顶。

(3) 横盘式出货

这是一种简单的派发筹码的方法，不需要什么操盘技巧，适用于有业绩支撑的股票。庄家完成拉抬工作后，如果股价在高位站稳，随着时间的推移，市场会慢慢承认这个价位。于是庄家见一个买单就派发一点筹码，日积月累，慢慢出货。当股价在高位站不住时，庄家就会把股价拉高后再下跌一段，使其在次高位上站稳。一般来说，次高位比较容易被市场接受，价格也容易稳住，于是庄家继续横盘整理，在这个位置再慢慢把筹码派发掉。高位和次高位的横盘出货，都是股价在高位重新定位的过程，带有价值重估的意义，所以庄家出货的手法比较温和。但当股价上涨的炒作成份较多时，股价在高位就难以站稳了，庄家必然会在短时间内完成出货，于是在暴涨的股票上就难以看到横盘式出货手法。

(4) 打压式出货

打压式出货往往出现在三种情况之中：其一，庄股高高在上长期无人接盘，庄家只有放弃维持股价的假象，明目张胆的快速出货，其特征是股价连续多日跌停，将想要出货的散户远远甩在后面；其二，当大盘状况不好或个股基本面开始变差时，庄家担心接盘状况恶化，于是夺路先逃，股价节节败退；其三，在庄家出货的最后阶段，由于筹码已经处理得差不多了，于是庄家就开始甩仓大卖。具体而言，庄家在进行打压式出货时，往往有两种手法：

①下压出货：即开盘后庄家做出小幅拉升的姿态，但当盘中出现一些买单时，庄家就开始派发筹码；当下方买单没有了庄家就会暂时停手，等积累了，一些委托买单后再继续派发；如此一个价位接一个价位的下压股价，充分利用每一段空间进行出货；同时庄家往往也会控制股价下跌的速度，减少恐慌性抛盘的出现；但庄家在盘中基本上不会做反弹的动作，使犹豫不决的高价卖单无法成交，使想趁反弹出局的交易者也无法出局。

②掼压出货：即当买盘人气更少时，庄家不再被动地等待买单出现，而是会在盘中制造股价快速下跌后的反弹行情，诱使抄底的交易者介入，

然后再向下砸盘，把抄底盘全部吃掉。一般来说，只有股价被打压得足够深、足够快才能引发抄底盘，但这样牺牲的价格空间会比较多，而且易诱发恐慌性抛盘，使人气受到较大的打击，以后市场承接的力量更弱，令庄家很难再顺利出货。所以，这是一种杀鸡取卵式的办法，庄家一般不愿采用，除非出货时间非常紧迫。

(5) 反弹式出货

反弹式出货就是后面的“扫尾”工作。虽然庄家进行了打压式出货，但不一定就能彻底清仓，于是往往会制造一波反弹行情，在股价反弹里完成最后的筹码派发土作。

一般而言，在庄家进行打压式出货时，股价往往已急跌20%以上，而部分短线交易者则一直在关注连续跌幅排在前20位的个股，同时也在构思抢反弹的计划；于是庄家某日停止出货并使用对敲拉升的手法，马上就可以引发市场的抢反弹行情。

(6) 除权式出货

这种出货的特征不明显，但很特殊。在个股除权后，如果交易者在看图时没有进行复权的处理，那么股价往往处在很低的位置，股票市盈率则维持不变。对于持币者而言，一旦优质股票的价格变得如此“低廉”，往往就会产生购买的欲望；而对于持股者而言，“填权”的概念也往往使其安然不动，以等待更好的出货时机。于是庄家就开始抢先派发筹码，其股价可以在先填补部分缺口后再开始下跌，也可以不填补缺口即开始连续下跌，将幻想“填权”的交易者甩在高位。

注意，庄家出货时，成交量往往会增大，而股价也会逐步下移；但对于基金扎堆的股票而言，即使成交量不会增大，股价也同样会逐步下移。这是因为基金在出货前不会事先通气，不再继续看好的基金会先撤退，而继续看好的基金或带有其他目的的基金则会继续坚守。

3. 出货时间与空间

(1) 出货时间

庄家出货时间受大盘趋势、上市公司意外利空消息、自身控盘能力、自身资金状况等多种因素的影响，所以即使是有计划的出货工作，也往往会出现一些调整。一般来说，短庄的出货时间为 1 周之内，长庄的出货时间为 6 个月之内，但通常庄家集中出货的时间只有 1 个月左右。

(2) 出货空间

一般来说，不管是长庄还是短庄，都会对出货时的股价震荡幅度作出相应的控制。多数庄家在股价跌幅达到 30%时就会完成大部分的出货工作，只有极少数老庄股因为崩盘才会出现股价折损过半的情形。至于基金扎堆的个股，由于基金反应速度慢且具有所谓的价值投资理念，所以其轮流出货的时间比较长，出货的空间也比较大。

4. 出货与洗盘的区别

有些交易者会把庄家洗盘当作庄家出货而提前出局，有些交易者则会把庄家出货当坐庄家洗盘而捂股不卖，这些都会导致交易者出现不应有的亏损。但两者的区别却是较大的，比如：

(1) 消息状况不同

洗盘多数是在大盘状况不好或利空消息不断时进行的；而出货则往往是在大盘高涨或利好消息频传时进行的。因为在恶劣的市场环境里，任何风吹草动都会使散户蜂拥而出，所以此时的庄家是无法顺利出货的，即使是靠连续跌停出货，其出货量也极其有限。

(2) 股价位置不同

洗盘时，股价往往处于底部阶段或是明显的上升阶段，且股价涨幅不会很高；而出货时，股价则往往处于较高的涨幅位置，且庄股已扬名于市场多时。

(3) 成交量的变化不同

洗盘时，成交量往往不大，因为庄家没有出货，即使是庄家使用对倒的手法，其成交量的增大也只是1~2日的现象；但是出货时，成交量的增大往往是很明显的（基金扎堆的股票除外），而且会出现不规则的萎缩状态，这表明庄家已无力控制筹码。

(4) 股价和均线的关系不同

洗盘时，个股股价多数会在回调到30日均线时获得支撑，少数个股股价即使跌破30日均线也往往会快速回升；但在出货时，庄家则不会顾及庄股形象，即使偶尔顾及形象也是为了更好地出货，后期股价走势将异常难看，股价持续跌破30日、60日、90日等均线是常有的事情。

六、扫尾阶段

由于庄家的筹码常常不能顺利派发完毕，于是庄家往往会制造一波反弹行情来处理最后的筹码，详见前面的“反弹式出货”。这种手法具有很大的欺骗性，在量增价涨的情况下，很多交易者会认为一波低位反弹行情即将开始. 而事实上，匆忙介入的交易者往往陷入了庄家的“回光返照”之中。那半山腰的股价位置和持续半月的整理形态并不是股价的底部区间，而是将来很难逾越的一个高位。在庄家处理完最后的筹码后，个股将陷入漫长的下跌状态，一般一年之内都不会有什么起色。

把股票转换成资金后，庄家就该处理“善后”的工作了，这包括打点各种社会关系，总结坐庄经验，评估人员绩效，结算人员开支等事项。有时候，一个坐庄过程的结束，往往也意味着一个坐庄团队的解散。

七、坐庄手法

股票的性质往往决定了庄家炒作的手法。下面简要介绍几种股票的炒作方式，以强化交易者对庄家的理解。

1. 垃圾股的炒作手法

垃圾股没有长期投资的价值，因而平时没有长庄驻守，筹码容易搜集，无须预先建仓。当概念行情或大盘行情来临时，炒垃圾股的庄家就会快速搜集筹码，但建仓量一般不多，免得吃不了兜着走。由于垃圾股不具备投资的价值，所以股价一旦涨高，往往站不稳，而庄家的控盘能力又有限，所以垃圾股就容易出现暴涨暴跌的行情。垃圾股的出货过程实则是庄家和散户比反应快慢的过程，庄家需要抢在散户看出其出货意图之前把大部分的筹码处理掉，但南于庄家往往会做好砸盘出货的准备，因而垃圾股的拉升速度不仅快而且拉升空间也往往比较大。总体来看，因为庄家在股价底部区间所获得的筹码不多，加之拉抬股价时使平均进货成本增高，而后又采用砸盘的方式出货，所以庄家真正的获利空间往往不到股价涨幅的1/4。

一般而言，炒垃圾股必须借势而动，大势一旦变坏，庄家就应马上撤出来，因而炒作时间比较短。对于垃圾股而言，庄家收集、拉抬、派发股票的过程往往一气呵成，具有鲜明的“短、平、快”特性。如果上述三个阶段里每个阶段所花的时间为5日，那么垃圾股的整个炒作周期只需三周即可完成，在看准大盘趋势的情况下，三周的坐庄时间是比较从容的。这使得炒垃圾股的资金周转率非常高，如果再算人复合利润，则一年下来的利润更为可观。这种短炒的特点是牺牲利润换时间，追求复合式的最大利润率，它比较适合于利用短期贷款来炒作的庄家。

2. 绩优股的炒作手法

炒垃圾股时，是进货容易出货难；而炒绩优股时，则是出货较易进货难。因为绩优股炒作实则是一个价值发现的过程，市场若在绩优股k给出了一个不合理的低价位就等于是犯了错，庄家只要抓住这个错误进行建仓就可以了，这是成功炒作绩优股的关键，所以炒作的难点在于进货；而垃圾股炒作则是指望将股价炒上去后会有人继续犯错，肯在高位承认此时的股价，所以炒作垃圾股的难点在于出货。概括地说，炒绩优股是抓住和利用市场已犯的错误，炒垃圾股则是期待和诱使市场在未来犯错误。

既然炒作的是有巨大上升潜力的绩优股，那么庄家在建仓时多数会希望持仓量大且建仓行为隐蔽，这就导致了其建仓时间较为漫长。为了不惊动市场，庄家通常都会在绩优股持续下跌时逆势吸筹，或通过主动打压逼出恐慌性抛盘而借机吸筹。随着外部流通筹码被庄家大量锁定，绩优股后期的卖压将逐渐减少，只要庄家稍微使点力或等大盘转强后，绩优股即可小阴小阳的节节攀升，除非大盘出现调整或庄家减仓，否则该股的上涨势头就不会停止。股价涨上去后，只要庄家不主动砸盘而大盘也没有出现暴跌的现象，那么绩优股通常可以在高位长时间站稳，使庄家从容出货。总体来看，绩优股炒作的特点是：大量吸筹、做长庄、稳步拉抬、平稳出货，以牺牲时间来换利润，追求一次性的最大利润率。

由于大部分股票处于典型的绩优股和典型的垃圾股之间，或者偏向于绩优股或者更接近于垃圾股，所以了解了这两种炒作方式，交易者即可举一反三的理解诸多股票的炒作原理。

3. 小盘股和大盘股的表现特性

在看待小盘股和大盘股时，交易者不能一味的只看流通盘的大小，还要看其股价的高低，因为即使是流通盘相同的股票，其流通市值也会因股价的不同而有所区别，庄家在对高流通市值的股票进行控盘时，必然会消耗掉更多的资金。同时，流通盘的大小对股价定位也有不可忽视的影响。比如，在业绩相同的情况下，流通盘小的股票会比流通盘大的股票定价更高，这是因为股价是由市场供求关系来决定的，股数有限的股票，价格自然就会提高；义比如，股价会随着流通盘从小到大而呈现出由大到小的价差现象，即：越是股数少的股票，其股价就越贵，因而交易时的价格差距就越大，表现在买卖盘口，就是每一档的价差可能达到了几角钱。

此外，在同样的流通市值下，高价小盘股和低价大盘股的股性也是有区别的。从坐庄的角度来看，对小盘股进行控盘的资金不会太大，因而小盘股容易被控制住走势，在炒作时应多考虑人为因素的影响；而大盘股则恰恰相反，所以在炒作大盘股时应多考虑群体心理因素的影响。从股价波动角度来看，小盘股因参与者少，所以流通性不好，且价格涨跌速度较快，股价波动幅度较大；而大盘股则恰恰相反，股价相对的稳定性和股票较好的流通性，往往能吸引大资金参与角逐，且更适合庄家做波段式操作。从定价角度来看，小盘股因参与者少，所以估值的误差较大，导致价格偏高；而大盘股由于参与者众多，容易被市场纠正估值的偏差，所以其价格往往比较合理。

但是需要注意，当庄家锁定了大量的筹码时，市场上的流通筹码将会变少，中大盘股就会变相成为小盘股，即使是一位大户，此时也可以在其上面做一把短庄。不过，这种情况只能出现在庄家洗盘之后或者是被深套之后才具有操作的安全性，因为此时大户的行为相当于是帮庄家在拉抬股价，同时促使市场交换筹码以提高市场的平均持仓成本。虽然此举会扰乱庄家的计划，但庄家却往往不敢打压股价，因为低价筹码此时往往供不应求——这也是“涨停板敢死队”频繁进出中大盘绩优股的原因所在，当其偶遇庄家暗算时，多数是因为旧庄要借反弹行情出局了。

跟庄事项

一、熟悉联合坐庄

联合坐庄多数发生在基金扎堆的股票里，也可以说是基金类庄家操作股票的一种方式。下面简要介绍一下。

1. 联合坐庄的由来

大致而言，联合坐庄的由来有三点：

其一，基金数量越来越多，取得了市场的话语权和主动权。在其倡导价值投资时，管理层对其监管也越来越严厉，因而谋求联合坐庄、集中持股是其必然的发展趋势。

其二，市场优质资源很少，这使得大量的基金和机构不得不扎堆于少数的优质股票之中，交叉持股、抱团取暖已成为了基金业的共识。

其三，随着机构交易者的增多和技术分析的普及，过去的坐庄方式已很难骗过市场监管者和交易者，于是不独占、共盈利的坐庄观念大行其道，并受到了市场的拥护。

2. 联合坐庄的特点

联合坐庄除了是多个机构共同参与外，其与单独坐庄模式的区别还有三点：

其一，炒作的基础不同。单个庄家模式炒作的往往是虚假的题材或独占的内幕消息；而联合坐庄模式炒作的往往是真实的业绩或公开的内在价值。

其二，炒作的手法不同。单个庄家模式往往采用打压吸货、对倒拉升、震荡出货等手段进行坐庄；而联合坐庄模式则往往采取依次跟进、结队而行、先知先撤等方法进行坐庄。

其三，操作理念不同。单个庄家模式的操作理念往往是唯我独大，我行我素；而联合坐庄模式则在操作上不追求资金优势，只依靠研究水平，不追求控盘比例，只希望领导潮流。

3. 联合坐庄的缺陷

大致而言，联合坐庄的弊端有三点：

其一，只能同富贵而不能共患难。即在股价突飞猛进时，大家可以共同盈利，而一旦市场出现调整，则大家各怀心思，甚至夺路先逃。

其二，庄股容易出现一边倒的行情。由于基金具有很强的羊群效应，所以跟买、跟卖的现象比较严重，往往涨起来的时候是一边倒，跌起来的时候也是一边倒。

其三，庄股容易出现掠夺式开采的后果。即被联合坐庄过的股票，往往会出现价值严重透支的状况，有强烈的价值回归要求，而资产配置的动机也会导致庄股被各大基金迅速抛弃。

二、精心挑选强庄

庄家有大小、强弱之分，交易者只有精心挑选强庄，才能实现短期内的利润最大化，所谓“擒贼先擒王，跟庄跟龙头”就是这个道理。一般来说，强庄往往具有以下的特征：

1. 我行我素

绝大多数股票都是跟随大盘趋势而动的，逆市而行的个股很少，但一旦出现，则必然是阶段性的强庄或牛股。只有庄家资本实力雄厚，个股才能在短期内我行我素，不理会大盘的涨跌。

2. 总比大盘强

强庄股还有一个特征，那就是当大盘上涨的时候会涨得更多，而当大盘下跌的时候则异常抗跌。因为强庄手中的筹码往往很多，在外部流通筹码很少的情况下，强庄股往往易涨不易跌。

3. 总比同板块股票强

每个板块里几乎都能找到阶段性的“领头羊”，板块内大量的短期资金往往会汇聚其身。无论同板块股票走势如何，“领头羊”的走势总是比同板块的其他个股更为强势。

4. 能够轻松应对利空

在大盘或个股出现突发性的利空消息时，实力不强的庄股纷纷应声而跌，暂退一步，而实力强大的庄股则不会随波逐流，往往能够接纳大量抛单，控制住股价时跌势。

5. 走势规律两极分化

一部分强庄股的走势很有规律，短、中期均线呈多头排列状态，且涨跌有度，不大受外界的影响；另一部分强庄股则常常破坏规律，走势怪异，忽上忽下，天马行空。

6. 所属概念独特持久

很多强庄股之所以能够长久发力，往往是因所属概念独特持久。比如奥运概念就曾经在股市上红火了几年，一些奥运概念股被市场挖掘出来后，常常出现翻倍的行情。

7. 股东人数变少

根据上市公司披露信息可以看出，当强庄股的股价完成一个从低到高、再从高到低的过程时，实际也是股东人数从多到少、再从少到多的过程。即筹码越集中，股东人数就越少。

三、注意跟庄事项

在跟庄时，交易者需要注意以下事项：

1. 摸清庄家的性质

一流的庄家创造机会和题材，二流的庄家追寻机会和模仿题材，三流的庄家等待机会和题材，所以跟庄首先要弄清楚庄家的性质。是基金庄、机构庄或是游资庄？是长线庄、中线庄或是短庄？等等。只有清楚了庄家的性质，才能大致了解其手法和特征，从而跟得有的放矢。

2. 保持独立的认知

庄家要从交易者手中获得筹码，就必定会折磨交易者；要在中途使交易者出局，就必然会打击交易者；要让交易者在高位心甘情愿接货，就必然会煽动交易者。因此，交易者始终要保持独立的认知，意识到庄家从头到尾的欺骗性，对任何概念、消息、图形、指标等，都要保持警惕。

3. 保持稳定的心态

在市场机会来临之前，交易者要有足够的耐心去等待；当市场机会来临时，交易者要能细心地辨别真假；当确认市场机会出现时，交易者要能果断地参与其中；当市场机会被否定时，交易者要敢于止损出局；

当市场机会丧失时，交易者要能遏制住贪婪的本性快速离场。

4. 熟悉庄家的手法

这不仅要求交易者在学习的阶段就能了解各类庄家的通用坐庄手法，还要能在实际交易过程中熟悉当前庄家的表现特征和常用手段，只有知己知彼，才能战胜对手。显然，庄家在暗处，只要稍微使用一些手段，散户的心态和筹码的松紧就一目了然，因而庄家的赢面要大得多。

5. 采用适宜的战术

普通交易者的资金量如果太大，不宜全部押进一只股票中。事实上，在你进货时庄家就能察觉出来，并会采取各类折磨方法，直到其认为必须出来的大户出来为止。资金量不大的交易者更要采用游击战术，充分利用进出自由的优势紧跟庄家，吃掉其几个主要拉升波段里的利润。

6. 不必每日看盘

如果不是做短线交易，交易者不必每日看盘。因为庄家深知你的贪婪与恐惧，因为他的阴谋要通过盘面传给你，所以只要你天天看盘，就难免患得患失、神魂颠倒。但他面对的如果是一个不看、不闻、不急的人，其任何表演都是徒劳的，最终股价会按低买高卖的规律走完它的历程。

四、庄家败因解析

从本质上来说，庄家多数是一群违反市场秩序或不按市场规则行事的人，其成败的概率大致为60:40。如果是在牛市，庄家坐庄的成功率会高很多；但如果是在熊市，那么大多数中、长线庄家都会被市场消灭。一般来说，导致庄家失败的原因主要有：

1. 战略上的失误

这个失误同操盘者的经验很有关系。很可能操盘者一开始在构思整个坐庄计划时就出现了纰漏，或者把资本运作和内幕消息放在第一位而无视市场规律，等等。

2. 战术上的错误

由于人员管理失控、局势把握不准、大盘判断失误、他庄开始抢筹、自身资金紧迫等问题，导致庄家往往会采取错误的操盘战术，并由此犯下连贯的错误，直至无法收拾残局。

3. 坐庄时间不妥

即在不该坐庄的时间开始坐庄。比如在5年熊市才开始的时候就准备坐庄，比如在国外经济环境开始变得严峻的时候准备坐庄，比如在管理层监管很严的时候开始坐庄，等等。

4. 选股发生失误

比如在选择了地产股并投入了大量的资金后，才发现国家正在对房地产行业实施调控；比如曾经跟上市公司达成了相关默契，而后上市公司管理层变更或中途变卦，等等。

5. 形势判断错误

包括国内经济预测、市场环境预测、大盘走势预测、板块走势预测、公司发展预测、自身人员控制、自身资金调度等，一旦有一个方面发生错误，都有可能导致坐庄失败。

6. 资金供应困难

虽然坐庄都是按计划进行的，但是资金却不一定够用，在资金的运用上也往往会出现意外。比如当市场严查违规资金的时候，很多庄家就不得不提前卖出股票以备还款。

7. 内部管理不严

坐庄过程会涉及很多人员，包括上市公司管理层、内部管理人员、媒体合作伙伴、资金供应方等，难免泄露坐庄计划，导致抢筹、跟风、提前出货等现象时有发生，致使庄家无法出局。

8. 发生内讧事件

有些庄股是由几个庄家合力做起来的，但有时也会因利益问题产生内讧，出现拆台、提前出局等现象。如中科创业就是因为朱大户同操盘手吕梁发生了内讧，才出现了无可挽回的败局。

可见，庄家并不是市场中战无不胜的强势群体。交易者在选择庄家时必须提高警惕，千万别跟上失败的庄家。同时，在某些关键点的分析上，宁可相信自己的判断，也不要盲目认同庄家的手法。

五、牛股庄家剖析

先来看看 2007 年十大牛股的排名状况，以 2007 年 12 月 28 日的收盘价为基准。见下表：

2007 年十大牛股状况一览表

股票名称	年度涨幅比例	年度股价涨幅区间	最高市盈率	年度流通股数	所属行业	省份	持股状况
鑫富药业	1224.63%	3.31~48.38 元	38 倍	0.4 亿~1.1 亿	医药制造业	浙江	个人
锦龙股份	912.35%	2~21.85 元	78 倍	0.5 亿~1.3 亿	房地产开发	广东	个人
广济药业	849.85%	3.33~51.48 元	66 倍	1.5 亿~2.2 亿	医药制造业	湖北	全是基金
ST 中鼎	834%	1.96~19.20 元	62 倍	0.32 亿~1.1 亿	汽车制造业	安徽	基金/个人
绵世股份	750.84%	8.01~71.45 元	84 倍	0.5 亿~0.7 亿	化学原料制造	北京	基金/机构

续表

股票名称	年度涨幅比例	年度股价涨幅区间	最高市盈率	年度流通股数	所属行业	省份	持股状况
中孚实业	720.29%	3.79~43.26 元	64 倍	1.6 亿~3.6 亿	有色金属冶炼	河南	个人
南方航空	692.23%	3.63~30.50 元	61 倍	10 亿	航空客货运输	广东	全是基金
中国船舶	690.32%	28.4~300 元	94 倍	1 亿~1.4 亿	专用设备制造	上海	全是基金
锡业股份	661.94%	8.15~102.2 元	91 倍	2.5 亿~2.6 亿	有色金属冶炼	云南	全是基金
渝三峡	646.46%	4.14~32 元	229 倍	1 亿	化学产品制造	重庆	QFIL/保险

由上表可见，如果以年度内的最高价来计算涨幅空间，广济药业的最高涨幅曾经达到了 16 倍，这说明如果交易者能捉到一只牛股，一年赚十几倍是有可能的，这比频繁捕捉个股要有效率得多；此外，从行业分布来看，能进十大牛股的股票基本上都属于 2007 年的主流热点，如金属和医药等板块；从上市公司所属区域来看，什么地方的股票都有，并不局限于上海和深圳的本地股；从价格区间来看，低、中、高价股都可以发动大行情，不受价格制约；从市盈率来看，即使是在大牛市，这些牛股的市盈率多数也没有超过 100 倍，低市盈率和高成长性仍然是大牛股诞生的源泉；从当年的流通盘来看，行情发动时的流通盘很少有超过1. 6 亿股的，这说明小盘股还是大牛股的出身之地；从持股状况来看，牛股中的控盘者既有可能是个人身份，也有可能是机构或基金身份，这意味着交易者没有必要只关注基金的建仓情况；同时由上表可见，盘子小的股票多数被个人身份和机构身份夺了先机，盘子稍大的股票则往往被机构和基金抢了头筹。下面，再来看看 2007 年 4 季度基金持仓量最大的十只股票的表现。见下页表：

2007 年 4 季度基金持股量最大的十只股票状况一览表

股票名称	年度最高涨幅	持股基金数量	流通股数	占流通市值比	行业属性
苏宁电器	326%	66	9.8 亿	32.57%	五金、交电、化工零售业
浦发银行	285%	126	35.4 亿	31.13%	其他商业银行
深发展 A	367%	52	15.5 亿	30.01%	其他商业银行
万科 A	400%	121	58.8 亿	26.73%	房地产开发与经营业
金地集团	399%	18	5.99	24.16%	房地产开发与经营业
唐钢股份	562%	21	11.1	23.13%	钢压延加工业
中信证券	425%	130	27.9	22.78%	综合类证券公司
贵州茅台	259%	91	4.08	20.39%	酒精及饮料酒制造业
招商银行	275%	207	47.1	20.34%	其他商业银行
武钢股份	367%	54	78.4	19.59%	钢压延加工业

由上表可以看出，除浦发银行没有跑赢深市大盘外，其余股票均战胜了大盘指数，尤以唐钢股份最为突出。但是，即使是基金扎堆里表现最优秀的个股，其年度涨幅也没有进入 2007 年的十大牛股之中，这意味着交易者在选股时不一定非要选基金控盘程度大的股票；同时上表数据还显示，股票的涨幅大小和基金的扎堆程度、控股比例并不成正比，这意味着交易者切不可见基金数量多或控盘比例大，就认为该股将大有作为；但在上表的十只股票中，唐钢股份却是其中知名度最小的一只，这也许就是“黑马”股的缘由，这意味着在基金大量看好的股票中，如果出现了一个陌生的名字，那么它很有可能是匹“黑马”。下面，再来看下页表：

苏宁电器股份有限公司十大流通股股东持股状况

股东名称	持股数（万股）	占流通股比例
江苏苏宁电器有限公司	13001.81	12.28%
张近东	10698.05	10.10%
陈金凤	5727.47	5.41%
交通银行一华夏蓝筹核心？昆合型证券投资基金（LOF）	2468.28	2.33%
中国建设银行–华夏红利混合型开放式证券投资基金	2065.25	1.95%
中国建设银行–中小公司板交易型开放式指数基金	1990.95	1.88%
中国工商银行–广发聚丰股票型证券投资基金	1819.98	172%
中国工商银行–汇添富成长焦点股票型证券投资基金	1809.24	1.71%
中国建设银行–银华核心价值优选股票型证券投资基金	1590.33	1.50%
中国工商银行–汇添富均衡增长股票型证券投资基金	1534.98	1.45%

2007 年四季度，苏宁电器被基金控盘的程度达到了 32.57%，但是在上表中，我们很难看到一只基金的持股比例能达到 2.5%，这说明“大众情人”往往属于基金的战略性配置品种，而不属于其主导的赢利产品。所以，这样的“大众情人”通常表现不会太优秀，多数只是比同期大盘表现要强一些（在唐钢股份同期的数据里，基金中最大的持股比例为 6.43%，并且有 7 只基金的持股比例高于苏宁电器中第一大基金的持股比例）。

第七章

做好交易管理

新手须知

交易规则

资金管理

新手须知

在新手进入证券市场之前，应该先了解一些基础性的知识。这些知识包括一些行业看法和行业特征，以及一些必要的、正确的交易准备工作。

一、交易的五个阶段

交易者虽然形形色色，但其成长过程却大致可以分为以下五个阶段：

1. 懵懂无知阶段

新手刚刚进入股市时，往往不是因为对股市有所了解而去股市投资的，相反，他们常常是在一无所知的情况下，仅凭着一夜暴富的想法就匆匆走进了市场。在他们眼里，连五六十岁的叔叔阿姨都能赚钱，那么股市就不是什么赌场而是印钞机了，几乎准进去都能拿到大把的钞票回来，何况是聪明过人、年轻有为的自己？所以，他们进入市场的第一天不是学习，而是赶紧交易，生怕失去了赚钱的机会。

在这个时候，新手们除了知道K线图的涨跌含义外，对诸如基本面分析、技术面分析、主力分析等一无所知，其买卖动作靠的是热情和期盼，其交易策略凭的是消息和股评。在无知无畏的气势下，新手们常常满仓进出而不设止损点和止赢点，对资金管理和交易规则也毫无概念。基本上买入后就是“死捂”不放，不涨不卖，涨了还想再涨，好像他就是市场主力，股票会按照他的意图行事。如果不小心亏了，他们的想法往往就是加仓摊低成本，还怕市场没有回升的那一天？

倘若新手能对个股进行基本面的分析，其行为还可以勉强叫做“投资”；倘若新手能对个股进行技术性的分析，其行为也可以勉强叫做“投机”；但在两者皆不懂的情况下满仓操作，无疑就是押点赌博了。没有哪一项生意可以在当事人一无所知的情况下获得巨大的成功，除命运之神的意外眷恋。而新手们从不去考虑这些问题，他们认为自己生来就是幸运者，无视市场规律和交易原则，一而再、再而三的冲进市场，沦为股市绞肉机的牺牲品。

2. 盲目求胜阶段

当新手们向市场缴纳了部分学费后，如梦初醒或心有不甘的交易者开始研究股市。这个时候，他们到处寻找投资秘籍和暴利方法，甚至不惜重金购买所谓的操盘手软件；或者到处打听小道消息和所谓的内幕消息，甚至加入一些交易会员俱乐部，花钱购买黑马股的拉升信息或荐股资讯。显然，这又是违反市场规律的徒劳之举，费钱、费力，还使为数不多的资金雪上加霜。

还有部分交易者，则开始买几本股票的书籍翻阅，试图从中找到马上可以见效的方法，并乐此不疲的去试验书中的交易策略和技巧；也有部分交易者开始迷信技术分析和技术指标，尤其对系统选股和买卖提示倍感兴趣，认为一切市场谜团可以从中找到答案。他们并不知道任何技术分析都是有假使前提的，任何交易方法都是有附加条件的，任何单一的技术分析都是不值得深究的。所以，尽管他们偶尔也能获利，但终究不知其然，而亏损则在盲目的市场试验中继续加大。

严格来说，这个阶段里的交易者还处在求人的阶段，他们没有意识到自己身上更深层的问题，他们总认为问题的解决方案在市场而不是在自身。态度不端正自然方法就不正确，从市场反馈回来的信息也就失去了价值。南于所学知识的片面性，此时的部分交易者即使已分成了基本面分析和技术面分析两个阵营，但是对预测市场的探求仍然很旺盛；同时，一些交易者在井底之蛙式的学习中，更是进入了主观意识顽固、过度逆市思维、盲目自我崇拜、穷尽市场研究等误区，深陷其中难以自拔，直至资金完全亏掉为止。

3. 潜心研究阶段

当交易者达到这一阶段的时候，往往都是破产之人，或是重返股市的有志之士。这些人，多数开始悉心研读股市书籍，大量吸取相关知识，以求获得对市场客观公正的认识。他们已经意识到，面对一个有人赢、有人输的市场，肯定是自己出了问题。了.解市场，了解问题，了解自身，是他们现阶段的主要任务。

在这里，要经过的门槛有三道。其一是熟悉主流的分析体系，包括政策性分析、市场热点分析、基本面分析、技术性分析、主力分析等等；其二是熟悉交易市场及其交易品种，包括他们的习性、周期、规律、风格等；其三是了解自己的特性，控制自己的情绪，制定符合自己性格的交易风格和交易系统。此时，他们开始慢慢放弃主观猜测，转向顺势而为；他们开始注重趋势本身的运行规律和特性，进行市场交易行为和投机心理等多重分析。

但是，此时的交易者又往往会进入另一个误区：想将各位大师的经验集于一身，长线做、短线也做，套利做、投机也做，短线变中线，中线变长线，等等，不一而足。虽然此时的交易者经常可以获得一点盈利，但是操作还往往不具备稳定性.在技巧、心态及自信方面，还有所欠缺。总体来说，这一阶段是还属于求知的阶段。

4. 稳定获利阶段

在这个阶段，交易者通常都会形成自己的交易体系。具体而言，就是交易者在一种市场认知观的支配下，会形成几种交易理念及其配套策略，以应对不同市道的趋势变化；同时也会自发的产生多种战术，辅以资金管理方法，以获得稳定的投资收益。交易者的综合素质，在此时起到了减少亏损并把握盈利的重要作用，它是交易者能够在盈利战术上举重若轻的“内功”。具有不同程度“内功”的交易者，其盈利水平相差甚大。

此时的交易者已经知道，交易真正的难点并不在于市场，而是在人身上。市场本身是中性的，是全面的，只有交易者眼中的市场才是残缺而情绪化的。因此，部分交易者已完全摒弃了暴利的念头，也不再按预测行事，而是依据市场的力量顺势而为，凭借良好的交易心态和娴熟的资金管理技巧，在市场中游刃有余。

在这一阶段，最重要的是“知行合一”。一些虽“知”但最终不“行”的交易者，难免成为市场最后的输家。

5. 无为而为阶段

此阶段的交易者高瞻远瞩，具有领先市场的投资理念和战略思想，能够以整个市场为假想敌人，进行统筹布局和谋略规划，同时又善于在战术层面上因势就导地进行市场伏击。这个层面上的交易者，多数已不再进行技术水平上的较量，而是在投资哲学、心态控制、情景发挥上进行着多层次、多角度的较量。

这一阶段的交易者已经得“道”，他们不仅在生活中保持着言行一致的作风，同时在工作中也保持合乎自然规范的纪律性。他们拥有的是真我的乐趣，也是“知行合一”后的达然与超脱。而这种从容的人生境界，来自于交易者的信仰、勇气和诚实。所谓“功夫在诗外”，内心修为是本阶段的重中之重。

市场经验可以积累，交易知识可以学习，而一个交易者的修养和境界，则需要有一个长期追求和领悟的过程。但一旦达到这种境界，多数交易者已不再局限于狭义的证券市场，而是广泛涉足于股票、债券、期货、外汇等相关市场，具备独特的投资个性和丰富的投资阅历。

总体来说，从感性化交易（随意交易、情绪化交易、想当然的交易、期盼式交易等）到理性化交易（有条理、有方法、有规则、有纪律等），是每一位成功交易者的必经之路。

二、学会作交易计划

学会开车很容易，但迈向职业赛车选手却很难。股票交易也一样，想成为职业交易员并不简单。迈入职业交易员的第一步就是要学会作交易计划，这是交易者的作战计划和实施框架。一般来说，交易计划需要事先考虑行情所有的变化方向与相应对策，虽然比较令人头疼，但却可以使交易者降低压力、提高信心，并形成自律性的规范动作。而非职业性的交易者是没有这套计划的，他们往往无法应对行情的非预期性变化或市场的突发性状况，并由此输在职业交易者手中。

交易计划的目的，是在充分认识市场状况的前提下，寻找成功率较高的交易机会，并确保实施过程均在自己的考虑之中。其形成过程如下：

(1) 辨认出当前大盘趋势属于基本、次级、短暂趋势里的上涨、盘整还是下跌趋势。

(2) 分析当前大盘短期趋势形成的主要原因，并搜集后期影响因素对趋势进行预测。

(3) 当大盘趋势开始向自己预测的有利方向前进时，证明预测可能正确，准备进场。

(4) 察看目标股和大盘趋势之间的关联度，挑选适合的目标股做进一步的分析研究。

(5) 按照自己习惯的短、中、长线交易风格，挑选目标股之后考虑何时进场和出场。

(6) 分析目标股后期可能出现的涨、平、跌三种走势，做好应对的措施和止损准备。

(7) 按既定的买入价格区间、买入股数、买人时间购进目标股，同时记录交易日志。

(8) 观察，考虑是否加仓或减仓，或按计划止损，或提高浮动止损点，或止盈出局。

(9) 达到预期目标或认为风险增大时止盈出局，同时做好交易过程的总结评估工作。

需要注意，在交易计划中，最不容易确定的是出局时间，但凡是不能确定出局时间的计划，往往都会出问题。而出局时间和计划的操作成败，均跟交易者对行情性质的判断以及交易风格的选择息息相关，如果它们出了问题，那么交易计划多数是难以成功的。

三、学会写交易日志

美国股票交易大师江恩在晚年的时候只专注于市场统计，他认为，从市场统计数据中寻找股市规律是最有价值的工作。但对于交易者而言，对自己所实施的交易进行统计评估工作，则更富有实际的指导意义。因为前者的统计工作针对于市场，而后者的统计工作针对于自己，认识市场和自己的特性，是交易者在股市中长期盈利的基础。

那么交易者如何对自己的交易行为进行统计呢？方法就是写交易日志。它可以帮助交易者评估自己的操作绩效，认识自己的交易风格和交易优劣，不断完善自己的心理素质和操作规范。但很多交易者不愿动笔记录，而喜欢凭记忆进行总结，可是人们的记忆往往具有选择性，很难仅凭头脑就能记住所有的交易细节并形成操作性总结。因此，学会写交易日志就成为了职业交易者的一项基础课程。每笔交易都必须记录，确实有些麻烦，但对交易者肯定有莫大的好处。见下表：

交易日志

日期：

记录对象	具体内容	自我分析
交易对象	买人了哪只股票。	
股票性质	买人股票的性质。此项可使你知道什么股票适台你的交易风格。	
交易时间	几点几分买/卖的。此项可使你知道什么时间段最适合你的交易。	
交易动机	为什么要买/卖它。此项可使你知道你的交易动机是否合理。	

续表

记录对象	具体内容	自我分析
交易对象	买入了哪只股票。	
预期获利目标	你计划的卖出点。有助于掌握你的盈利，且分析你的止赢水平。	
预期止损目标	你计划塑止损点。有助于控制你的亏损—且分析你的些损水平。	
实际资金管理	加仓/减仓的变化。有助于知道你在资金管理上的策略是否合理。	
实际盈亏情况	在该股上的盈亏。有助于知道你的成功率和平均获利及亏损额。	
预期/实际持有时间	持有该股的时间。有助于知道你喜欢或适合做多长时间的交易。	
决策过程分析	亏损交易的认赔速度是否够快？赢利交易的持有时间是否太长？是否太快出场？是否确实遵守了交易规则？等等。	

EXCEL表具有数据统计的功能，因此“交易日志“适合在EXCEL表里进行编制。通过该表，交易者可以挑选出最适合自己交易的股票类型、行情机会、交易时间和操作规则等，同时知道自己的操作盈亏水平和心态变化。但是，“交易日志”如果只是纯粹的记录工作就没有意义了，它需要交易者不断地翻阅和总结，以分析自己的长处与短处，检讨自己的交易绩效，增强自己的交易信心。交易者需要记住：成功的交易不在于一时的成败，而在于有没有执行一个好的、稳定的交易理念或操作标准。

交易规则

交易规则就是交易中的行动准则，它指导交易者能做什么和不能做什么，在什么时候做比较好，用什么方式做的成功率比较大，等等。下面一一论述。

一、明确的交易策略

简明的说，交易策略就是在什么阶段该做什么事，如同作战策略(至于如何做则属于战术层面的问题)。当交易策略明确后，一旦坚持下去，就会形成交易风格。显然，交易风格只是一种表体，而实际的交易策略则如主动脉一般贯通于整个表体。

在股市里，有很多分析指标和分析工具，如同十八般武器，但无论它们如何厉害，还必须由交易策略来保障实施，方可准确出击，有效制敌。交易策略指导着分析工具往哪里走，乂在何时发挥有效的功力，但它本身却是交易理念下的产物。交易理念形同内功心法，保证着交易策略的正确性和可实施性。简单的说，交易理念是交易者在具备了完整的市场观和股市价值观后，所形成的对股市最为纯粹的看法，以及利用股市机能并随之共振的思路。一旦对股市有了本质的了解后，交易者自然就会形成自己的交易策略和交易方法，在市场中展开博弈。

交易策略往往是惟一的，是用来指导交易的，也是经得起市场检验的。在交易过程里，将会涉及到多方面的问题，而每一方面的问题都应有相应的交易策略来指导实施。比如：

大盘环境分析之后的策略之一：如果市场资金供应充沛，则牛市不会消退，应持股待涨。

个股股质分析之后的策略之一：绩优股表现稳健，可中线持有；成长股较为动荡，应抓主升浪。

个股技术分析之后的策略之一：在股价带量向上突破 w 底时买入，在股价向下突破 M 头时卖出。

个股主力分析之后的策略之一：基金重仓的股票有助涨助跌的性质，非待市场转强时不可拥有。

市场心理分析之后的策略之一：当股评家和媒体一致看好时，若牛市持续已久，应谨慎持股。

交易时机分析之后的策略之一：当板块集体走强时，及时介入的风险较小，可选择性地介入。

值得注意的是，前面多数策略属于分析结论，并由此引发了交易的策略，但在具体实施时，会出现一个交易时机的策略问题，这是每一位交易者必然会面对的问题。很多交易者把买入过程看得太简单，那是因为多数交易者的资金太小，一次交易就可以完成，但对于大资金而言，则会出现最佳交易点、次佳交易点、适合交易点等几个交易点。这些交易点并非是事后诸葛般点评出来的，而是存在于一个多数会出现的未知时空中。

二、适合的交易方式

股票市场是单边市场，因而有三种交易方式：短线交易方式、中线交易方式、长线交易方式。但这三种交易方式能不能集于一身呢？绝大多数交易者认为这是不可能的，把价格曲线拉直是一个无法实现的梦想，这个不切实际的梦想将使绝大部分交易者陷入亏损的泥潭。所以，绝大多数交易者认为，应该根据自己的性格和股票的特性，来确定自己到底是应以短线交易为主，还是以中、长线交易为主，且一旦确定后就不要轻易改变，否则就会经常陷入到不稳定的交易之中。

但是，水无常势，兵无常法，如果交易者的意志足够坚定，经验足够丰富. 那么在熊市和震荡市做短线，在牛市做中、长线，也不是不可能的，这也许是战胜市场指数的有效方法，值得部分交易者去尝试。本书之所以花大量篇幅来介绍诸多分析方法和策略技巧，就是为使部分交易者应市场之道去尝试混合型的交易方式。要知道. 侯王将相并无种，并不是越理想、越有道理的投资（投机）理念就是越有效的，那些看起来不可能的东西，常常只是针对平庸者而言的。对于极少数智者和勤奋者，这世间往往没有常法可以约束。至于那些快乐的交易者和买人股票后即可安心睡大觉的交易者，是其有大智还是太懒惰，时间和国情会给出答案。

三、通用的交易规则

(1) 不要过度交易，在犹豫、看不准、行情剧烈动荡等情况下，要耐心等待。

(2) 交易之前，必须算好个股未来的盈利空间，只有在报酬/风险比达到 2:1 时，才值得考虑进场的问题。

(3) 做好交易计划，包括买入的价格区间和买人数量，未来的止损部位和平仓数量，目标盈利部位在哪里，等等。

(4) 买入后，按照个股的波动特性、股质情况、热点状况、主力意图、以及其他技术特征（均线、K 线、趋势线、支撑线、整数位等）确立止损位。记住，止损位只可上移而不可下移。如果持股数量庞大，则止损必须分两至三个阶段进行。

(5) 在短线交易有 5%、中线交易有 10%、长线交易有 20%的盈利情况下，应开始上移止损位，以保证即将到手的盈利。

(6) 在有盈利的基础上，可在趋势有明显突破迹象或再度发力时，进行计划性的加仓动作；否则应观望，等待股价继续上涨或下跌到止损位。若个股走势太弱，则应考虑出局。

(7) 如果股价上涨幅度太大、上涨速度太快，则最好不要加仓，应在股价回调后再次上涨时进行加仓。如果等不到这样的机会，就应放弃加仓准备，把资金留给其他股票。

(8) 一般应被动地等待反转趋势来临时再进行止损，但如果目标价格已经实现，或持股数量较大，则在高位出现重大利空消息、成交量暴增、股价连续高涨等异常情况时，应考虑立即结束交易。

(9) 如果持股数量比较大，应提前、分批清仓，以保证股票可以顺利抛出。

总的来说：没有值得进场的机会时，坚决不进；有值得进场一试的机会时，轻单进场；出现行情判断失误时，及时出场；出现重大利润机会时，分批加码；高涨后趋势停滞不前时，立刻减仓；高涨后趋势明确掉头时，马上离场。

资金管理

一般而言，基本面分析主要是针对买卖什么的问题，技术性分析主要是针对何时买卖的问题，而资金管理则主要是针对买卖多少的问题。交易对象、交易时间和交易数量构成了交易行为的整体，而交易行为的成功，则取决于这三要素的整体成功，任何一个要素的失利都可能导致整个交易行为的失败。

但是，绝大多数交易者偏重选股和选时，却常常忽略交易资金的使用策略。实际上，这里面隐藏着巨大的风险。为什么一位成功率达到80%的交易者却最终是亏损的，而一位成功率只有30%的交易者却最终是盈利的？原因就在他们的资金分配方式和资金管理技巧上。前者总是小赢，只是出现了两次重仓的大亏损，于是便把所有的盈利输完还要再搭上本金；后者则总是在小单上出错，但一旦看准了时机则会大胆加仓，于是最终扭转了，亏损的结局。可见，资金管理是一门不能忽视的学问。下面，我们把资金的头寸管理和资金的使用技巧一并进行讲解。

一、专业赌徒与资金管理

专业赌徒通常都是市场赢家，他们除了精于计算牌面概率与胜算大小之外，还擅长资金管理方法。没有人能预知未来的牌面，但赢家常常在赢，而输家往往在输，运气不会总眷顾谁，关键在于两者的下注方式有所不同。赢家的操作思维如出一辙：目前的牌面不好，不跟；有形成好牌的机会，跟；有形成大牌的机会，加码。而输家则总是在寻找预测牌面的神奇方法，或者总是在赌“下一张牌应该很好”，至于牌面概率有多大，筹码应该押多少，则没有时间去考虑。

专业赌徒不一定喜欢赌博，但他们却以赌博为生。他们往往厌恶不确定的风险，不愿接受报酬为负数的状况，所以他们精于计算，努力将60%的胜率揽在自己身上。

他们知道，只要赢率为正，哪怕始终只有51%的胜率，他也最终会是赢家，但前提是要合理控制资金使自己能够长期赌下去。所以，他们不会为追求刺激而进场，不愿承担不必要的风险；手气好时，他们知道如何保护既有获利；手气顺时，他们却未必会加码；手气不好时，他们也知道鸣锣收兵；他们很少会因稳赢的感觉或第六感而增加赌金，他们只会根据胜算的高低和对对手的心理观察来调整赌金的大小；他们只赌自己有把握的局，不会因为桌上的赌金很多就去冒险，也不急于想在下一把就亏损全部捞回；他们不在意输钱，他们认为输钱是难免的，但只要方法正确且计算合理，赢钱也是必然的；他们更知道，只有严格遵循自己的出手纪律，才能使自己随时有资本参加赌局，并成为最后的赢家。

此外，赢家的心理素质往往很好，且常常会使诈。当牌面有点看头时，他们会显示出信心十足的样子，恐吓牌面更好的对手；当牌面真的很好时，他们又常常装作信心不足的样子，吸引对手下大注（这跟股市主力“欲升先跌，欲抛先拉”是一样的做法）。尔虞我诈是赌场一贯的现象，更是赢家常用的手段，只是赢家往往用得更高明罢了。

可见，资深交易者和专业赌徒具有很多共性。即便是对于一般交易者而言，专业赌徒的行为也有很多值得借鉴的地方。比如：

（1）计算每把牌的报酬/风险比。

（2）根据牌面胜率决定是否加码。

（3）测试、跟踪对手情绪并由此调整赌金。

（4）知道如何保护已有的盈利。

(5) 知道何时该收手。

(6) 不凭感觉下注和不跟胜率不到50%的局。

(7) 在合理的范围内输钱。

(8) 严守自己的出手纪律。

(9) 知道如何管理资金。

(10) 惯于打心理战。

二、资金管理的重要作用

前面论述了专业赌徒的一些方法，但是很多交易者如同难以接受“投机”这个贬义词一样，也往往难以接受“赌徒”这种称呼。而实际上，他们的做法却远不如专业赌徒的做法，他们只在乎好听的名声和自以为是的做法。同样是博弈的舞台，很多交易者却把大量的时间花在了行情的预测上，他们认为，只有“牌”好才能赢。为了寻找“一副好牌”，他们往往将过多的精力花在了市场而不是自身上。力求找到最准确的分析方法，力求找到最值得交易的行情，力求找到交易的圣杯……不仅使他们陷入了茫然不可知的窘境，也使他们失去了，更多的市场机会。相反，即使是他们能够找到最值得交易的行情，也往往无法确信那就是最值得交易的行情。再加上复杂易变的交易心理和短暂的行情反复.看对而做不对的情况也就常常发生。

既然做对比看对更重要，那么如何才能做对呢？做对不在于交易者对行情趋势的准确把握程度，而在于其对未来趋势的应变能力。这常常涉及到交易者对风险的评价、对胜率的判断、对市场机会大小的估算、对未来行情的适应能力以及其在建仓、加仓、减仓、平仓等环节里的经验。简单的说，做对的通用做法就是：没有值得进场的机会时，坚决不进；有值得进场一试的机会时，轻单进场；出现行情判断失误时，及时出场；出现重大赢利机会时，分批加码；高涨后趋势停滞不前时，立刻减仓；高涨后趋势明确掉头时，马上离场。

上述这些正确的“下注方式”，总结起来就是资金管理，即交易者对自己资金在投资方向和投资节奏上的管理。有无资金管理方法是区别赢家与输家的关键，成功的交易员总是把正确的资金管理方法列为赚钱的头条原则。无论你是什么类型的交易者，也无论你是在用什么方式从市场中赢利，如果你不知道如何管理交易资本，是很难在市场中获得长久生存权的。最佳交易者并不是那些偶尔赚最多钱的人，而是那些总是赔得最少的人，他们的风险容忍度通常都很低。

资金管理方法，是交易者应对不确定市场的盔甲，她能增强你抵抗市场风险的能力，获得异于常人的生存时间。好的资金管理方法往往具有以下重要的作用：

(1) 使你将注意力集中在高成功率的机会上。

(2) 使你能够重拳出击具有高回报的机会。

(3) 使你了解自己能够承受多大的风险。

(4) 使你能够应对最糟糕的状况。

(5) 使你能够处理如何使利润最大化的问题。

(6) 使你知道什么方法是最合适的出场方式。

(7) 使你能够将亏损降到最低点。

(8) 使你能够保住最珍贵的交易资本。

(9) 使你能够处理大资金的稳定增值问题。

(10) 使你可以避免赌博式的交易心态。

三、资金管理的三个方面

资金管理是对投资资金在投资方向和投资节奏上的管理，如果投资资金仅仅运作于股票市场，那么将涉及到组合、仓位、时机三个方面的管理。当然，交易者也可以将资金用于“打新股”、“参与定向增发”等特色交易，但这里不作阐述。

1. 组合：投入方向

对于大资金而言，集中投向于某一只股票所面临的风险比较大，所以必须做分散投资的动作，建立投资组合。所谓投资组合，就是交易者依据某些市场理论和经验，将资金分别投到多只不同属性的股票或不同交易市场中，以避免单一品种、单一市场出现反向运动时的重大亏损，而这些被交易者锁定并介入的多个品种和市场即为投资组合。

投资组合的目的不只是为了赢利，更重要的是为了防止大资金的系统性风险。因为相关性越强的股票，趋势同步反向时的风险就越大；而越是重仓的单一股票，趋势反向后的风险也越大。组合式投资的原则就是要求交易者最大程度地降低单一品种的投资风险，不要“将鸡蛋放在一个篮子里”，同时也不要对投资对象采取平均主义的做法，而应有侧重、有技术地进行分散投资。

投资组合往往涉及到三个层面的内容：

(1) 不进行单一品种的投资交易。交易对象可以包括股票、债券、权证等品种。

(2) 不进行关联行业的组合投资。比如生产制造业和公用事业的关联度较低，可以同时考虑。

(3) 进行多周期的投资组合。即交易中应包括长线投资品种和短期交易品种。

但是在运用投资组合时，交易者要注意把握资金分散的度。分散是指对非关联交易品种的分散，但它本身也要讲究集中的原则，不能无限制地进行分散，造成开杂货铺的现象。一般来说，面对千余只股票，交易者能有精力管好的股票数量不会超过9只，这9只股票还有可能涵盖了短、中、长线三类交易品种。但是要注意，在漫长的熊市里，对于大资金而言，空仓才是明智之举。

2. 仓位：投人多少

所谓仓位，就是交易者在个股上的持股数量或资金投入。仓位往往有两种界定方式，一种是额定仓位，即计划在某股上的持股数量或资金投入总额；另一种是流动仓位，即仓位将有一个从零到部分满额直至全额、而后又逐渐减至零的过程，它始终处于一种流动的状态。

对额定仓位的计算比较简单，只需要符合交易者一贯的交易风格，并对报酬/风险比进行评估后即可确认；而对于流动仓位的管理则比较复杂，它需要交易者严格执行建仓、加仓、减仓、平仓等环节上的管理标准，同时需要交易者具有丰富的交易经验。

对于仓位的管理，最简单的方法就是：风险大而盈利大时，持仓数量减少；风险小而盈利大时，持仓数量增大；做短线交易时，持仓数量减少；做长线交易时，持仓数量视报酬/风险比而增加；对于大盘股，持仓数量可以视其他综合条件而增加；对于小盘股，持仓数量应相对减少，除非是想坐庄。

具体到策略上，可分三步走：

其一，根据大盘性质来确定人市资金。比如，牛市中使用90%的资金，平衡市中使用50%的资金，熊市中使用30%的资金等等。

其二，根据交易对象的报酬/风险比来确定建仓资金。比如对于个股，当风险<收益时可及时介入，甚至加仓；当风险>收益时不可介入，若有股票应考虑减仓：当风险=收益时，没有必要进场，若有股票可继续持股。

其三，根据交易者的交易风格来控制仓位。不同的交易者有不同的交易风格，自然就会看准不同的交易时机进行建仓、增仓、减仓、平仓等动作，于是其流动仓位就可以得到有效控制。

3. 时机：如何进出

在买卖股票的时候，如果资金量或持股量比较大，交易者往往很难一次性交易完所要买卖的股票数量，于是就应该给自己规定一个交易时间和买卖价格的限制。比如，在购买股票时，交易者可预先确定好最佳买入区间、次佳买入区间和适合买人区间，并做好每个价格区间上的资金投入准备；而在减仓和平仓的时候，也必须考虑好适合的价格区间和时间段，避免和主力出货时间相冲突。

事实上，股票市场和股票的运作是有周期的，在什么时段介入什么品种是交易者应该具备的市场经验；而在什么时段进行建仓、加仓、减仓、平仓等动作，则是技术分析混合市场经验的结果；随同的操作数量，则取决于长期进行资金管理后所获得的经验。

组合、仓位和时机，这三个方面常常牵一发而动全身。当市场风险增大的时候，不仅投资组合应作出调整，品种仓位也会作出调整，调整的时机也会同步考虑。

四、报酬/风险比与获胜率

1. 报酬/风险比与获胜率

报酬/风险比是预期回报与未来风险的比值。假设在某段时间内某股即将上涨的空间是 2 元，而可能下跌的空间是 0.5 元，那么报酬/风险比就是 4:1。报酬/风险比是一个普通交易者从来不去考虑的问题，但却是职业交易者每次进场之前都必须深思的问题。因为资金是有限的，而机会是无穷的，只有专注于大机会，集中资金打歼灭战，才有获取大利润的可能性。

获胜率则是买人股票后在某一段时间内最终赢利的可能性，即将来是获利卖出而不是亏损卖出的概率是多少。

报酬/风险比和获胜率之间具有紧密的联系。假设交易者有 10 万元的本金，始终选择报酬/风险比为 3:1 的行情满仓做 10 次，同时设止损位为买入价的 3%（盈利目标为买入价的 9%），那么：

0 胜时：亏 3 万元

1胜9负时：亏1.8万元

2胜8负时：亏0.5万元

3胜7负时：赚0.6万元

4胜6负时：赚1.8万元

5胜5负时：赚3万元

6胜4负时：赚4.2万元

7胜3负时：赚5.4万元

8胜2负时：赚6.6万元

9胜1负时：赚7.8万元

10胜时：赚9万元

可见，只要交易者能在十次交易中赢得三次，即可小有盈利（这里均没有考虑复利和交易成本的问题）；而如果交易者能在行情的报酬/风险比为4:1时入场，那么只要在十次交易中赢得两次，即可勉强保住本金。十局实现三胜或两胜，这种胜率对于一名职业选手而言，显然很容易达到，但关键是其入场时的报酬/风险比要能达到3:1或4:1，否则，就要增加对获胜率的追求了。

报酬/风险比是交易者入场时首先要关注的问题，但这是一个上涨空间和下跌空间的测量问题，是一个静态的问题，只须通过丈量股价未来阻力区间和支撑区间即可得到答案。高报酬/风险比的机会看起来很多，但个股行情会不会如期启动则往往限制了交易者的介入时机。一般来说，个股会不会启动、启动的能量有多大、市场是否配合等问题，是属于获胜率的问题。也就是说，交易者若想在交易中获利，一是要考虑个股的报酬/风险比问题，二是要考虑该股的获胜率问题，只有高启动概率、高报酬/风险比的个股才值得介入。但遗憾的是，交易者很难找到两者都很高的入场机会，在熊市里就更是如此。

交易者无法等到完美的交易时机，却不等于不能交易。在把握报酬/风险比和获胜率两者关系的基础上，交易者仍有较大的出击机会。一般来说，在能确定报酬/风险比的情况下，交易保本时所需的获胜率=1÷

(报酬/风险比的分子及分母之和) ×100%。比如：某交易者打算买人一只股票，经过周密分析后，预计其买人价为 10 元，止损价为 9.7 元（亏损 0.3 元），止赢价为 11.2 元（盈利 1.2 元），那么其预测的报酬/风险比为 1.2:03=4:1，所需获胜率=1÷（4+1）×100%=20%。即在不计算交易成本的情况下，交易者只需要 20%的胜率就可以保住本金。与此类推，保本时的报酬/风险比与所需获胜率的关系见下表：

保本时的报酬/风险比与所需获胜率的关系

报酬/风险比	所需获胜率
1:1	50%
15:1	40%
3:1	25%
4:1	20%
7:1	12.5%

若想交易取得成功，在股票的报酬/风险比越小时，对获胜率的要求就越高；而当股票的报酬/风险比越大时，则对获胜率的要求就可以低一些。但是，仅仅从获胜率的角度来说，交易者必须长期进入获胜率超过 50%的交易中，才能在市场中生存下来，因为你每次预测的报酬/风险比往往只是一幅静态的画面，它的真实性具有很大的不确定因素。

如果你不能经常抓住 50%以上的获胜率的股票，那么任何资金管理方法或部位管理策略都将爱莫能助，这跟前面讲到过的专业赌徒的赢利策略是同样的道理。

总体来说，交易者长期获利的关键是能正确评估出个股的报酬/风险比和获胜率。这里的报酬，不是指交易者能预测到的个股最高目标收益，而是在正常情况下个股可能达到的合理价位目标；这里的风险，是指交易者能够承受的最大亏损额度，一旦亏损达到这个额度，交易者就必须出局；这里的获胜率，是一个极富个性的经验判断问题，它需要交易者对个股发展趋势的正确认知和准确判断。

2. 获胜率和报酬/风险比与人市资金的关系

在报酬/风险比固定的情况下，是不是在获胜率越高的行情上投入的资金越多，其投资回报就越高呢？有研究者在长期获胜率分别为63%、60%、57%且报酬/风险比恒定的基础上，以电脑随机的方式进行了100次模拟交易，在不计算交易成本的情况下，得出了下述结果：

长期获胜率与入市资金的关系

胜率	投入5%资金	投入10%资金	投入14%资金	投入20%资金	投入30%资金	投人40%资金
63%	3.24倍收益	8.22倍收益	14.50倍收益	25.28倍收益	2799倍收益	9.95倍收益
60%	2.40倍收益	4.50倍收益	6.23倍收益	7.49倍收益	4.37倍收益	0.78倍收益
57%	1.78倍收益	2.46倍收益	2.67倍收益	2.22倍收益	0.68倍收益	0.06倍收益

在长期获胜率为63%的情况下，资金收益的增长倍数似乎一直随着人市资金的增加而增大；但是当入市资金达到了30%的比例时，资金收益的递增速度开始变慢；而当人市资金达到了40%的比例时，资金收益则开始大幅递减。为什么会出现这样的现象呢？这因为在大资金上所产生的小概率损失会大大影响总资金的收益率，这一点尤其应被大资金交易者关注。

在高胜率和高报酬/风险比恒定的情况下，入市资金并非和投资收益保持正比的关系，这是一个绝大部分交易者都不知道的问题，那些以为胜算大就加大投入的交易者，即使吃过很多亏，也往往不会知道真正的原因在哪里。即使他们知道要使自己的年度投资回报率保持为正数，但在实际的操作过程中，他们却往往因为不懂模拟交易而使交易过程与期望结果南辕北辙。在此，资金管理的价值越发表现得突出。很多交易者崇尚实战而忽视理论，事实上，当这些交易者决定入市的时候，往往就注定了其失败的历史，这就是其忽视理论研究和理性分析的代价。

由上述表中结果及其推论可知，当长期获胜率较小时（比如55%左右），最佳人市资金为总资金的10%左右；当长期获胜率较大时（比如

60%左右），最佳人市资金为总资金的20%左右；当长期获胜率更大时（比如65%左右），最佳人市资金为总资金的30%左右；当长期获胜率为75%时，最佳人市资金是不是为总资金的50%左右呢？建议交易者自行检验。

上面论述了长期获胜率与人市资金的关系，那么报酬/风险比与入市资金是不是也有类似的关系呢？答案是肯定的。国外大量的统计结果表明，对于固定胜率为50%而报酬/风险比不同的交易行为，都会有一个最佳的入市资金比例。见下表：

报酬/风险比与入市资金的关系

报酬/风险比	最佳人市资金比例
15:1	15%
2:1	25%
3:1	30%
4:1	40%
5:1	45%
7:1	50%

报酬/风险比更高的交易，其最佳人市资金比例趋近于胜率。

可见，如果交易者对每次进场的胜率把握都能达到100%，那么每次满仓操作将是明智的选择；但如果交易者承认自己也会有失误时，那么就该谨慎地控制入市资金的比例了。从理性和合理的角度来说，最高的进场胜率不会超过80%，而最大的报酬/风险比也不会超过7:1，所以，最佳的入市资金比例应介于10%~50%之间，且入市资金比例可随着获胜率或报酬/风险比的逐步增大而相应提高，但最高不应超过总资金的50%——这与前面建议交易者自行检验的推测结果也是相吻合的。

有些交易者在理解上述常识后，往往会继续深入研究，并在交易过程中去实践这些研究。但在实践的过程中需要注意，我们对胜率和报酬/风险比的判断都是一些主观的看法，具有很大的不确定性和失误率，因而上述结论往往很难被正确应用，而10%~50%的资金投入比例才是值得交易者重点关注的部分。即：最好将你在个股上的资金投入比例控制在30%以内，这也是分散投资以获取长远盈利的要求。

3. 高胜率与高成功率之间的关系

很多人以为成功的交易需要有很准确的预测水平或很高的获胜率，因而穷尽所有去研究那些不可知也不可控的市场行情，却反而忽视了自己能够控制的交易节奏和资金管理，导致“小赚大赔”或“大赚大赔”的现象此起彼伏，并最终陷入亏损的泥潭。所以这里需要再次重申：高胜率虽然很重要，但它不决定成败，决定成败的是你的做法。

一些交易者没有在高胜率上下功夫，却在高成功率上花了很多时间。对于绝大多数技术型交易者而言，这又是一个误区。一般来说，业余交易者容易出现“大赚大赔”的现象，并往往因为单笔损失巨大而走向破产；而职业交易者却容易出现“小赚大赔”的现象，并往往受困于高成功率的陷阱之中。要知道，在商品期货市场里，专业人士的交易成功率只有 35%，而股市赢家的成功率也不超过 40%。

五、如何建仓/加仓/减仓

对于职业交易者而言，特别是对于拥有大量资金的交易者而言，其持股策略不可能是一成不变的。如果一直满仓操作，容易造成因判断失误所带来的巨大亏损；如果一直轻仓操作，又容易失去获取大利润的宝贵机会。交易者不能控制市场，只能控制自己的交易，因而仓位管理就显得极为重要。对仓位的管理其实就是对资金（股票）的管理，而对资金(股票）的管理，则常常包括建仓、加仓、减仓、止损、止盈等内容。仓位是一个很重要的概念，它将直接影响交易者的交易心理和决策实施，并最终影响交易者的投资收益和投资效率。

1. 如何建仓

建仓是一个比较专业的问题，通常有两种方式。一种是根据自己的一贯原则来调配仓位，即先明确资金投入额度，再考虑最大亏损承受额度。比如，交易者将9万元的资金三等分（也可以以3:4:3来分成三份），计划买入1只股票；在购买第一只股票时，无论如何看好该股行情，都只会投入3万元；开始购买股票时，按照小单试场、顺势加仓、势明满仓的原则，将3万元资金全部投入；在资金分批投入的时候，再根据技术止损的方法，设立止损点位并随股价的上涨而抬高止损点位；止损点可以是现今股价的–5%，也可以是–10%等，根据个股股性和技术形态以及交易者的最大单笔风险承受能力来确定。假使交易者非常看好某股和某时，而当时该股的股价是100元。交易者也可以用手中的3万元资金一次性买入300股，同时设置止损位为购买价的–10%处，当股价下滑到90元的时候，交易者将以亏损3000元的结局离场。

另一种建仓方式比较死板，是一种先确立止损额度、后考虑资金投入的方法。例如，假使交易者有总资金10万元，单次交易能承受的最大亏损额为3%（即3000元）。如果当时某股股价为100元，而交易者考虑的止损点位是90元，即每股能承受的最大风险为10元，那么其能购买的股数为3000元÷10元=300股，能投入的资金为100元×300股=3万元；交易者可以一次性将这3万元都投入到该股中，也可以分批买入；但是当股价下滑到90元的时候，交易者会以亏损3000元的结局离场。这种方法对不知道如何分散资金的交易者有用，由于既定的3%风险额度的存在，使其被迫将剩余的7万元资金分离出来，避免了以全部资金持有某股的风险。

一般而言，前一种方法适合于有资金管理经验的人，而后一种方法适合于按计划执行交易（如基金公司的交易员）或没有资金管理经验的人，两者最终要达到的结果都是一样的。但是，如果前一个交易者将全部9万元资金投入后，再采用股价下滑10%即止损的方法，那么其所承受的风险将达到1万元，远远超过上述两种方法所设定的风险——这显然是不懂资金管理经验的交易者的常态。

2. 如何加仓或减仓

对于资金的加仓或减仓，往往有三种方式：

(1) 递减加码法

当交易者认为未来股价还能上涨但涨幅空间有限时，即可以采用递减加码的方式进行建仓，这种方式又称为金字塔加码法。比如首次建仓的资金为10万元，第二次追加的资金为5万元，第三次追加的资金为2万元，等等。当然，出现这种状况时，更多的时候是因为交易者首次入场的资金已经占据了该股应投资金的一半以上，由于后期能投入的资金有限而行情又被谨慎看好，所以就会以递减加码的方式继续建仓。

(2) 递增加码法

当交易者认为未来股价还有很大增长空间时，即可以采用递增加码的方式进行建仓，这种方式又称为倒金字塔加码法。比如首次建仓的资金为10万元，第二次追加的资金为20万元，第三次追加的资金为30万元，等等。之所以这样操作，一方面是因为股价的未来涨幅空间很大，另一方面则是交易者轻单少量谨慎测试行情的结果。当交易者在赢利概率为70%的时候投入20%的资金时，如果行情能继续展开，快速且大量追加投入也就成为了必然。递增加码法也属于长线交易中的越跌越加码方式，但要求此时的交易者对个股非常熟悉且对个股后期走势胸有成竹。该方法相对于递减加码法更为激进，交易者可能最终获得的利润空间很大，但可能遭受的损失也很大。

(3) 平均加码法

平均加码法是一种简单的加码方式，它只用将备用资金分为2~4等份，在行情看好的时候继续追加即可，每次追加的资金为1等份。此方法介于前面两种方法之间，较为中庸。交易者对个股后续获利空间的判断和对行情准确把握的程度，都介于前两者之间。

以上方法同样适用于减仓。当行情不易判断的时候，交易者可以采用递增减码法，即先少量减仓，而后见势不好时再加大减仓量；当行情有犹豫退缩的现象时，交易者则可采用递减减码法，即先大量减仓，保住大部分利润，只留小部分股票在市场中继续承受风险。当然，面对上述行情时，也可以采用平均法进行减仓。

以上三种方法，是根据交易者对风险程度和机会程度的把握来实施的。但是需要注意，它们都只适合在市场上升趋势或下降趋势明朗时使用；而当行情在震荡区间进行整理时，就不大适合运用上述方法了。此时，交易者最好是轻单人场、轻单出场，一次性或一天内即完成买或卖的交易。

六、如何进行科学的止损

1. 为什么要止损

关于止损的重要性，市场上最好的比喻是“鳄鱼法则”。该法则的寓意是：假定一只鳄鱼咬住你的脚，如果你用手去试图解脱你的脚，鳄鱼便会同时咬住你的脚与手。你愈挣扎，被咬住的地方就越多。所以万一鳄鱼咬住你的脚，你唯一的办法就是牺牲一只脚。按此逻辑，股市里的止损法则就是：一旦股价趋势开始反向，你必须立刻按照原定的止损计划卖出股票，不得抱任何侥幸心理，更不能延误时间，否则，你可能马上就会被市场一段段地吞没。当然，作为散户，你也可以捂住亏损股几年不卖，但那不是职业交易者的做法。

但是，对于经常止损的交易者而言，多数人似乎对于小亏损不甚在意，认为亏损百分之几很正常，也可以承受。于是在不经意的情况下，其资金规模越来越小，直至翻本越来越难。下面，以 10 万元的交易本金为例，看看亏损后翻本的代价有多大，见下页表：

亏损与翻本的对比

亏损百分比	剩余本金（万元）	需要追回的本金（万元）	需要获利的比例
10%	9	1	11%
20%	8	2	25%
30%	7	3	42.9%
40%	6	4	66.7%
50%	5	5	100%
60%	4	6	150%
70%	3	7	233%
80%	2	8	400%
90%	1	9	900%
95%	0.5	9.5	1900%

通过上面的分析可以看到，翻本所需获利的比例会随着亏损的增加而变得越来越大，当交易者的资金亏损比例达到30%的时候（还没有包括交易的成本），要扳回败局就已经是圜难重重了。比如，2008 年上半年，国内 12 只阳光私募基金的亏损比例高达 40%，面对 2008 年的全年熊市行情，这些基金经理人已经很难使资金恢复到原有水平了，而主要靠投资收益提成的获利方式，则几乎使他们一年之内颗粒无收。所以，做自己能理解的行情，同时合理运用止损的方法，使每次交易的风险限定在小额内，是一位长期交易者必须具备的交易习惯。

通常而言，进入股市后，交易者一方面要应对永远无法确定的市场风险，包括国外经济及金融局势的恶化、国内宏观经济及货币政策的重大调整、地震/洪水/暴雪等自然灾害、上市公司突发性利空消息、庄家资金链断裂或操盘手被抓、市场群体心理出现巨变等风险（上述风险可统称为市场内在的风险）；另一方面，交易者还要为自己的片面识别能力、错误性预测、情绪化交易、非合理化操作、不稳定的交易水平等买单（上述风险可统称为交易者自身的风险）。可见，交易者每一次的交易其实都是不确定的交易，面对无数次不确定的交易，如果交易者没有一套合理的止损准备，就意味着没有一副盔甲保护自己免于“意外死亡”。从另一个角度来说，止损就等于新生，只有放开那只紧抓亏损股的手，交易者才有机会把握新的赢利行情。市场永远是涨和跌的循环，永远会给失败者提供反败为胜的机会，但前提是交易者必须还有运作的资本。

学会止损之前，先要学会面对自己的亏损，但要交易者面对自己亏损的事实却是一件比较困难的事情。在账面获利而未卖出股票时，大家心中都有一种赚钱的感觉，而实际上，将来能否顺利卖出股票以及真正卖出股票时是否会出现亏损等，都是一些未知数；一旦出现亏损，大家又都认为那只是账面亏损，只要不卖出股票，就不会形成真正的亏损，因而往往没有亏损的真实痛感。肯定账面盈利而否定账面亏损，这是典型的自欺欺人的做法，究其原因，是交易者不具备诚实的心态，而这种心态显然来自于生活中的习惯。可见，诚实不仅是生活中应该具备的良好品质，更是交易者必须具备的交易品质——非诚实，就无法真正理解止损并执行止损。

交易者在进场之前，必须进行风险评估，以知道自己在这笔交易中所愿意承受的晟大损失程度。预先知道你能容忍的亏损幅度，并坚决执行已有的止损计划，这是止损的根本要义。

2. 止损的方法

无论是证券市场、期货市场或是外汇市场，资金管理都是交易过程里的重中之重，而止损又是资金管理的灵魂所在，惟有落实交易策略并严守止损规则，交易者才能在股市中长久生存。俗话说“留得青山在，不怕没柴烧”，股票市场上每天都有获利机会，交易者不必留恋那些连主力都不眷恋的股票，更没有理由长期保留亏损股，把股票交易当作集邮行为。如果你手握的亏损股将来会出现反弹机会，那么同期市场往往会有更多的股票反弹机会，而且在主流资金的推动中，这些个股的获利能力常常比你所持的亏损股要强得多。

止损是职业交易者的常规动作，但止损又往往是一把难用的“钝刀”，它将一点一点地割去交易者的资金，使交易者难以接受连续亏损的现实，因而容易回到持股期盼的状态。所以，对于立志成为职业交易者或操盘手的投资者而言，合理运用止损是其必须具备的交易能力。

前面提到过，很多交易者之所以不愿意止损，一个是观念上的问题，一个是习惯上的问题，再一个是技术上的问题。下面，就来谈谈止损的技术方法。

止损可以分为主动止损和被动止损，前者是在买入股票的时候就预先计划好了止损点，后者则是当股票下跌后才开始考虑止损的部位。尽管可能都是在同一个点位止损离场，但前者属于理性交易，难以出现意外的损失，而后者则属于感性交易，难以获得令人满意的止损点，因而容易出现较大的亏损。

一般来说，主动止损通常分为以下几种：

(1) 固定止损法

对于投入资金而言，有两种止损的方法：

①固定金额止损法

固定金额止损法是指设定某一明确的止损金额，当资金亏损达到该金额时执行止损。比如，在某股上的投入资金为10000元，可以选择当亏损达到1000元的时候止损离场。

②同定比例止损法

固定比例止损法是指设定某一明确的止损比例，当资金亏损幅度达到该比例时执行止损。比如，在某股上的投入资金为10000元，可以选择当资金缩水到90%的时候止损离场。

对于个股价格而言，也有两种止损的方法：

①固定价格止损法

固定价格止损法是指设定某一明确的止损价格，当股价跌破该价位时执行止损。比如，买人某股时的价格为10元，可以选择当股价跌破9元时止损离场。

②固定比例止损法

固定比例止损法是指设定某一明确的止损比例，当股价跌幅达到该比例时执行止损。比如，买入某股时的价格为10元，可以选择当股价下滑10%的时候止损离场。

上述几种方法中，用得最多的是在个股价格上的固定比例止损法，但该方法必须根据交易者的交易风格和个股股性来使用。比如，做短线交易的，其止损比例可以定为3%~5%，因为这种交易只追逐强势趋势，允许行情折返的余地很小；做中线交易的，其止损比例可以定为10%~15%，允许行情有较大的折返余地，以避免在个股调整时自动出局；做长线交易的，其止损比例可以定为20%~50%，允许行情折返的空间更大，其锁定的是公司的长期价值而非短期的市场价格波动。

一般来说，交易者在使用这些止损法时，必须注意四点：

①对不同的交易市场应该有不同的止损额度，因为各个市场的风险程度不一样；

②对不同的交易风格应该有不同的止损额度，因为其所追逐的价值及附加风险不一样；

③应该综合考虑股价所处高低位置、个股流通盘大小、个股历史波动性（股性）等因素；

④需要做大量的统计分析工作，以寻找适合自己操作风格的最佳止损额度。

固定止损法的优势是：

①止损位置跟个股技术面不挂钩，防范了雷同性技术止损所带来的风险；

②跟交易者多年的交易经验挂钩，经验越丰富的交易者，其止损的点位往往越好；

③由于该方法会经过市场长期的检验，所以其操作的时间越长，有效性就越明显。

固定止损法的缺点是：

它没有确定的止损技术依据，如果交易者没有丰富的市场识别经验和交易经验，那么可能在该方法上就会吃亏，导致该缩小亏损幅度的没有缩小，该扩大折返余地的没有扩大。

(2) 技术止损法

技术止损法是国外很多技术型交易者的做法。他们认为，股价将在某些技术形态的关键点位处获得支撑，因为这几乎是所有技术分析者的共识. 这道心理上的支撑线往往难以破除，所以应该在这根支撑线的附近设置止损点位，以防范股票行情出现超乎预期的反转情况。

既然是技术止损法，则止损点必然和交易者通常所用的技术参考对象息息相关。通常而言，根据个股的技术状况，技术止损法可以分为:

①指标止损法。有些交易者喜欢看技术指标，因此可以根据 MACD 或 KDJ 等指标作为止损出场的依据。即：当技术指标处于死亡交叉、顶背离、超买等状态时，可以立即抛出股票。但需要注意的是，绝大部分技术指标反映的是股价的短期趋势，难以作为中、长期股价操作的止损依据。

这里面，最重要的是均线止损法，因为很多交易者已经把均线当作股价的一部分来看待，所以它的重要性远远超过其他技术指标，而其年线也往往可以用来作为长线交易的决策依据。具体来说，某些周期的移动平均线可视为股价在某一阶段可能获得的支撑位，因而可据此设置止损点。比如，做短线交易的，可以以 5 日或 10 日均线为参考，一旦股价跌破 5 日或 10 日均线，则立即出场；做中线交易的，可以以 30 日或 60 日均线为参考，一旦股价跌破 30 日或 60 日均线，则立即出场；做长线交易的，可以以 120 日半年线或 250 日年线为参考，当股价跌破它们时立即出场。

②形态止损法。这是将各种 K 线形态所形成的支撑位作为参考，把止损点设置于支撑位之下的一种方法。这些特定的 K 线形态包括各种反转形态，如头肩顶、多重顶、双重顶、V 型顶、圆弧顶等，当股价向下突破这些形态的支撑线（颈线）之后，即可按计划止损离场。但是需要注意，如果交易者将止损点设置在支撑线上，当股价略微试探支撑线过头时，或主力引导股价假破支撑线时，就会引发大量交易者止损离场的

动作，所以绝大多数交易者在使用该方法进行止损时，都会将止损点设置在支撑线的下面，和其保持适当的距离（比如：当股价向下突破支撑线3%的时候才开始进行止损的动作，这也符合“有效突破”的确认标准）。至于极短线交易者和短线交易者，则最好以K线组合的形态（也包括缺口、单日反转K线、近期大阳线、前日收盘价等等）来确立止损位，这样的止损反应最为迅速，也最贴近市场的变化。

③切线止损法。在进行技术分析时，多数交易者会利用切线来对股票行情进行预测，这包括趋势线、水平支撑线、百分比线、黄金分割线等等。由此，部分交易者的止损位是根据它们来设置的，只要股价向下突破它们，那么交易者就会立刻止损离场。

通常而言，切线的止损方法适合于做波段的短、中线交易，因为它们有明确的趋势线或水平支撑线可以用来作参考。

④时间止损法。时间止损法往往是用来作离场的辅助判断的。在技术分析里，有周期分析一说，比如短线交易的时间周期往往在5个交易日之内，中线交易的时间周期往往是20个交易日左右，而大盘趋势本身也有大周期和小周期之说，甚至有“时间之窗”和“四周规则”之说。因此，当某些时间达到时，部分交易者也会考虑止损离场。

上面介绍了一些常用的技术止损法，但交易者需要清楚，这些方法是根据交易者平时的技术分析来确定的，具有很强的技术特征和心理特征，可是这种在实战中最常采用的操作模式，却往往会导致交易者一卖出股票就会出现股价上涨的现象。究其原因，有两点值得交易者注意：

其一，市场主力都是技术分析的高手，可以预测到市场三种类型交易者的大致止损价位。因此，他们常常会利用筹码多的优势，故意砸盘击破股价的支撑位，迫使交易者止损出局，而后马上展开反弹行情或反转行情，为自己谋取最大的利益。

其二，均线、趋势线、K线形态等提供的支撑位，本身就具有较大的主观性，不同的交易者有不同的看法，因而缺乏值得信赖的依据，据此所设置的止损点位也就难免不出问题。

所以，如果交易者还是习惯用技术止损法，那么就应多研究股票的波动习性，同时将止损的幅度放宽些，尽量避开那些关键性的支撑位，以免受到触发性止损行为的波及。此外，交易者还要多研究趋势的运动能量和市场的热点转换，及早防范未知的市场风险。

(3) 基本面止损法

严格来说，这种止损法是不在计划之内的，是不可控制的，因为交易者无法预料到个股的基本面何时会发生恶化，因而也就无法在某一点位设置止损的计划。但当个股基本面确实有恶化的迹象时，部分交易者就会扭转思维，甚至不计成本的夺路而逃，个股技术形态在其眼里已没有任何的意义了。基本面止损法一般适合于长线交易者使用，跟交易者重点关注的几个公司指标息息相关，也跟公司的经营状况密切相关。总体来看，基本面止损法属于时间止损法的一种，当个股基本面恶化的时局出现时，部分交易者就会斩仓出局。

3. 止损的说明

在运用止损的时候，交易者需要知道由止损所派生的几个问题：

其一，在具体设置止损的时候，有一些技巧需要掌握。比如，要确定当时市场是属于有可见趋势的市场还是无可见趋势的市场，在有可见趋势的市场里，止损的幅度可以适当放宽些，在无可见趋势的市场里，止损的幅度应该缩小些；止损时还应考虑个股的波动性，这是一个个性化的因素，因而也是适合市场状况的因素；止损点可以随着股票价格的上涨而提升，但绝不可向下作调整，当止损的部位到达时应立刻执行止损的动作；当股价高得难以巩固时，应及时设置一个仅仅是针对当日的新的止损点，以保证在获得高收益的情况下可以顺利出局。

其二，当交易者被迫执行止损时，肯定是原有预测出现了重大失误，或是市场出现了较大的意外状况，但无论是主观原因还是客观原因，都需要交易者停下来冷静思考。所以止损后，交易者最需要做的事情就是等待和反省。每次交易后心态重新归零，且不带主观立场地再次入场，才是明智之举。

其三，对于超长线交易的止损问题需要另行对待。例如巴菲特就没有止损的概念，他做的是超长线交易，只关注上市公司的发展状况。当上市公司状况好而其股票表现不佳时，他可能会逢低吸纳股票；当股票价格严重超过其估值水平时，他可能就会减仓；只有当上市公司经营出现严重恶化或周期性股票即将面临周期性调整时，他才会考虑平仓离场。

其四，交易者需要知道，庄家是不需要止损的，因为他的筹码太多，在市场表现不好的时候，抛售行为难以进行。他要么有资金实力以抵抗股票的跌势，要么做波段交易以获取差价收益，要么加仓以摊低持仓成本并等待大盘趋势好转，要么压低股价以快速出货。一般来说，只要庄家是以自有资金在运作，那么他就能以波段套现的方式度过熊市。

其五，交易者还需要知道，止损不一定是明智的做法，明智的做法是选好你要交易的股票和时机。即：在熊市里尽量少买卖股票，在牛市里则尽量少做短线交易，而无论交易哪一只股票，都要先进行“三位一体”的盈利考虑，尽可能减少操作的失误率或亏损额。

七、如何进行合理的止赢

止赢就是放弃风险日益增高的盈利机会，转而收获已有的获利成果的行为。其本意是为了防止到手的盈利变成了损失，因而宁可放弃高风险的继续获利机会。但这和有利就落袋为安的做法是有本质区别的，它放弃的是高风险部分的盈利机会，而且是有技术依据和理性原则的放弃，并非是放弃一切的上涨机会，更非是凭想象作自我了断。如果说止损是对恐惧和侥幸心理的挑战，那么止盈则是对贪婪和期盼心理的挑战，这需要交易者具有前瞻性的眼光和大度的胸襟，敢于舍弃后续的小利润而勇于收获眼前的胜利果实。

实际上，很多交易者对止损看得很重，但对于止赢则没什么概念，因为交易实战中有一条法则：看住你的亏损，让你的盈利奔跑。但是，树是长不到天上去的，适时止赢是交易者必须学会的功课。要知道，再沉甸甸的稻谷也要收割后才有价值，再多的账面利润也要转化成现金后才能归属自己，靠着账面盈利而沾沾自喜的交易者，不是理性的交易者。股票的买卖是有风险的，夜长梦多的现象比比皆是，只有离场才意味着风险的终结，才能彻底回避不确定的价格波动。所以，止赢是交易者在市场上持续获利的晟后一道关口。

离场和进场虽然是一个对立的动作，但两者所需要的条件是不一样的。进场的理由必须是充分的、审慎的、有把握的，而离场的理由却可以是简单的、朦胧的、直觉式的，如果交易者非要寻求充足的离场理由，那么交易必将陷入困境，导致交易者最终很难顺利出局。需要注意，建仓前交易者所预测的目标价位是用来衡量报酬/风险比的，是不能作为止赢依据的，即使后来交易者又根据行情趋势提出了第二甚至第三目标价位，但那些都只是交易者主观的看法，仍然不能作为止赢或平仓的依据——止赢必须参考当时的趋势发展特性。当实际趋势发生改变时，交易者应抛弃先前的主观看法，顺势而为的进行交易，因为只有这样，才能在风险最小的情况下使利润具有最大化的可能。可见，止赢须以应变性止赢为主，以计划性止赢为辅，但其核心目的是在市场风险加大的时候，出色地完成赢利目标，使资金获得自由。

严格来说，止赢其实也是一种止损，只是它更贴近股价的阶段性高点。因为交易者一般很难卖在股价阶段性的最高点，往往都是在股价大幅上涨之后的某日——当股价无法再创新高或遇到新的阻力位而开始回调时，才会出售股票；此时，股价已在达到阶段性高点之后开始回落，相对于最高价而言，交易者的盈利已经开始缩水，所以此时的止赢动作其实也就是止损动作。及时止损而保持盈利，即是止赢的核心要义。理解了这一点之后，我们就应该知道，对于小资金的交易者而言，止赢往往是被动性的滞后动作，都是价格开始下滑后才采取的止损措施；而对于大资金的交易者而言，止赢才是主动性的提前动作，因为他需要考虑提前出场，否则赶在行情最高峰时，在散户和主力的出货夹击下，就很难顺利脱身了。他可能将股票卖在了该段行情中的最高点，也可能在他卖出股票之后股价依然持续高涨，但他仍然出色地完成了赢利目标，使资金获得了自由。

总体来说，无论是提前的直觉式止赢，还是滞后的被动式止赢，多数源自于以下几种因素：

1. 市场直觉

当你觉得股价上涨趋势开始变慢，感觉趋势回调甚至趋势反转即将来临时；当你觉得自己已经获利颇丰，预期目标已经实现时；当你看不懂市场行情，或心有不安时……你都可以立刻离场，选择落袋为安。如果你能卖到阶段性行情中的最高价，应该感到幸运；如果不能，也不必沮丧。

2. 技术分析

当你根据均线或其他指标、K 线形态或组合、切线、成交量、周期等技术工具，判断市场趋势即将回调甚至反转时，即可考虑立刻出场，保住到手的利润。但不要等到整数价位出现或前期高点到达时才考虑离场，因为有很多交易者也准备在那里离场，所以你要提前一步准备出局。

3. 基本面改变

当大盘或个股基本面发生不利的转变时，即使个股仍然“欣欣向荣”，你也要考虑离场的必要性了。只有比市场对手早一步行动的人，才能获得资金的主动权。这一点，对于大资金尤其适用。一般而言，当大资金出局后，股价即使还能再创新高，也往往只是强弩之末了。

总结本章，正确的操作方法是：

(1) 牛市尽量持股，熊市尽量空仓；

(2) 当胜率为 70%以上、报酬/风险比为 2:1 以上时，才值得进场；

(3) 先考虑风险和本金安全，将单笔交易的最大风险控制在 5%以内；

(4) 按照轻单试场、有亏止损、有利加码、滞涨减码、势危出局的策略进行操作；

(5) 对于预期盈利丰厚的股票，集中持有，但投入资金不要超过总资金的50%；

(6) 盯住自己的亏损，任由盈利增长，直至趋势或基本面发生变化；

(7) 不能使自己的年投资回报率为负数。